Zeraschi DREHORGELN

Repertoirezettel

HELMUT
ZERASCHI

Drehorgeln

HALLWAG VERLAG · BERN UND STUTTGART

© 1976 Koehler & Amelang (VOB), Leipzig · Printed in the German
Democratic Republic · Klischees von H. F. Jütte (VOB), Leipzig
Gesetzt aus der Janson-Antiqua, gedruckt und gebunden von den
Druckwerkstätten Stollberg (VOB)

Ausgabe für die Bundesrepublik Deutschland, die Schweiz und Österreich
© 1978 Hallwag AG Bern
ISBN 3 444 10237 2

Vorbemerkung

Bei allen mit Bildern reich ausgestatteten Bänden unserer Kulturhistorischen Reihe haben Autoren und Verlag keine Mühen gescheut, bestes Anschauungsmaterial in hoher Qualität darzubieten. Auch bei diesem Buch über die Drehorgeln sind die Anstrengungen nicht geringer gewesen. Aber was ist schon ein Leierkasten! Auf gar keinen Fall ein Instrument, das würdig wäre, neben kostbaren alten Geigen und Cembali die Museen zu zieren oder daß man sich mit seiner Geschichte befaßte. Erst in unserer Zeit ist ein Wandel eingetreten. Man möchte nicht nur die Schauseite der Medaille sehen, sondern auch die Rückseite. Wenn auch in neuer Zeit Museen und Spezialsammlungen in aller Welt entstanden sind, die sich der mechanischen Instrumente angenommen haben, so mußten sie zwangsläufig das Schwergewicht auf die Erzeugnisse einer auf Gewinn gerichteten Industrie nach etwa 1870 legen, weil die übrigen Zeugen einer Musica minoris generis bereits verloren waren. Nur einzelne derartige Kostbarkeiten waren erhalten geblieben, solche aus dem 18. Jahrhundert und dem Anfang des 19. Jahrhunderts.

Die Drehorgeln sind für sich zwar interessant genug, aber ihr sehr unterschiedlicher Wirkungskreis nicht minder. Beide gehören zusammen, nur sagt das Instrument selbst darüber nicht immer genügend aus. Um der Geschichte der Drehorgeln soweit wie möglich auf die Spur zu kommen, bedarf es schon der Einbeziehung der Literatur und vor allem der bildenden Kunst. Die Ikonographie — das Wort stammt aus dem Griechischen und bedeutet «Bildbeschreibung» — ist mehr und mehr auch in der Musikwissenschaft zu einem wertvollen Arbeitsmittel geworden und hat auch in diesem Falle erlaubt, aus den Bildinhalten Schlüsse auf das Forschungsobjekt zu ziehen.

Die Quellen solcherart zur Geschichte der Drehorgeln sind spärlich für die ersten anderthalb Jahrhunderte, und auch später sind sie, wenn auch zahlreicher, nicht immer ergiebig. Es konnte daher auf die Wiedergabe von Illustrationen aus Büchern, ja sogar aus Zeitungen und Zeitschriften nicht verzichtet werden, deren Wiedergabe natürlich nicht schöner ausfallen konnte, als es die Originale selbst sind. Auch private Amateurfotos aus der Zeit um die letzte Jahrhundertwende — der Autor verdankt sie unter anderem dem letzten Bänkelsänger in Berlin-Moabit — konnten nicht außer acht gelassen werden. Ihre Unmittelbarkeit hat einen eigenen Wert. Wenn auf diese bescheidenen, jedoch unersetzlichen Bilddokumente nicht verzichtet wurde, so glauben Autor und Verlag durchaus im Interesse des verehrten Lesers gehandelt zu haben.

Autor und Verlag

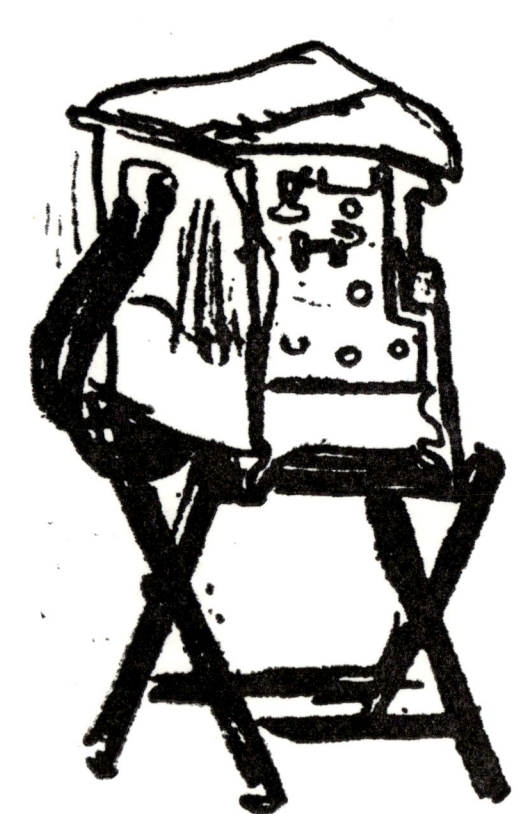

Die Liebe zu den drei Drehorgeln

In Parma war es, wo ich an einem frühlingsträchtigen Märznachmittag des Jahres 1939 den Linienbus bestieg, der mich nach dem kleinen Städtchen Bardi im Ligurischen Apennin, in etwa 700 Meter Höhe oberhalb der Mündung der Noveglia in den Ceno gelegen, bringen sollte. Nach vierstündiger Fahrt erreichten wir dieses liebenswerte, von jeder Eisenbahn weit gemiedene Miniaturstädtchen in völliger Dunkelheit. In dem damals einzigen Albergo, dem Bue Rosso, bekam ich das wohl ebenfalls einzige Fremdenzimmer, dessen spartanische Bescheidenheit durch Sauberkeit und die Liebenswürdigkeit der Padrona reichlich aufgewogen wurde. Der nächste Tag brachte mir in der Kommunalverwaltung — im reizvollen Castello auf einer die Täler beherrschenden Bergkuppe zu Hause — die erste Berührung mit meinen Vorfahren: Als ich mich in dem dickleibigen Gästebuch verewigte, stand mir deutlich die Erinnerung an meinen Onkel Raimondo Zeraschi vor Augen. Freilich hütete ich mich, ein Wort darüber zu verlieren, daß er in ebendiesem Castello einige Jahre früher das Vergnügen gehabt hatte, auf längere Zeit einzusitzen — wegen Landstreicherei.

Dann aber ging es auf einem Saumpfad, wie das Meßtischblatt diese einzige und bescheidene Verbindung nannte, zu dem zwei Stunden Fußmarsch entfernten und etwa 850 Meter hoch gelegenen Chiesa Bianca, das wir in unserer Sprache Weißkirchen nennen würden. Die knapp zwanzig Häuser, aus kaum behauenen Felsensteinen gefügt und eines gegen das andere gelehnt, in die Kategorie Dorf einzureihen widerstrebt mir. Dieses ärmliche, nur vom Ansehen her romantische Nest war also der Geburtsort des Lazaro Zeraschi, meines Großvaters, der sich in der kleinen, in dieser Umgebung dennoch sehr repräsentativen Kirche S. Laurentii Albae im Jahre 1875 mit Anna Paganuzzi aus dem benachbarten Recisa hatte trauen lassen. Recisa stand Chiesa Bianca nur insofern nach, als es keine Kirche und noch weniger Häuser hatte. Kirchen sah ich in der weiten Umgebung in nicht geringer Zahl, aber an Schulen scheint es gefehlt zu haben. Kein Wunder, daß Anna und Lazaro zeit ihres Lebens des Schreibens und Lesens unkundig blieben. Um so mehr ist ihr Mut zu bewundern, als sie spätestens im Jahr nach ihrer Verheiratung — genau läßt sich das nicht mehr sagen — nach Berlin auswanderten, um dort ihren Lebensunterhalt mit der Drehorgel zu verdienen. In den achtziger Jahren verlegten sie ihren Wohnsitz aus unerfindlichen Gründen nach Görlitz, wo nicht wenige Italiener dem gleichen Gewerbe oblagen.

Tafel 1, 2

Heinrich Zille (1858–1929)
Leierkasten

7

Zu ihnen gehörte auch Giuseppe Paganuzzi, ein Bruder der Anna. Ihm war ein Wandergewerbeschein für den damaligen Regierungsbezirk Liegnitz ausgestellt worden. Warum er in Deutschland unter dem ganz und gar nicht zutreffenden Namen Abramo Genocchio lebte? Er war nicht der einzige, der sich, wenn es zweckmäßig schien, selbst umtaufte. Das Geheimnis nahm er 1924 mit in sein Grab, das auf dem kleinen Friedhof von Chiesa Bianca ein prächtiger Marmorstein mit seinem Bild und seinem Namen ziert.

Das verkarstete Gebirge ernährte seine Menschen nicht. Es blieb ihnen nichts anderes übrig, als in fremden Ländern ihr Brot zu suchen. Viele nahmen die Drehorgel. Andere stellten Drahtwaren her und verkauften sie. Sie handelten sich den Namen «Mausifalliratzki» ein. Wieder andere füllten *Tafel 5* und verkauften Kinderluftballons. Auch Lazaro befaßte sich nebenbei damit und verunglückte 1891 in einem Städtchen im Riesengebirge tödlich, als ein Gasbehälter explodierte.

Diese ambulanten Gewerbe sind so gut wie ausgestorben. Doch das Land ernährt seine Bewohner noch immer nicht. Mehr als früher suchen sie ihre Arbeitskraft so günstig wie möglich zu verkaufen — und werden oft genug verkauft. Als ich nach fünfundzwanzig Jahren wieder nach Chiesa Bianca kam, waren nur noch zwei Häuser bewohnt, die anderen leer und verfallen. Drehorgler, so vernahm ich, hatte freilich in dieser Zeit Chiesa Bianca nicht mehr in die Welt hinausgeschickt.

Die Drehorgel als Lebenserhalter! Das gab es auch schon ein Jahrhundert früher. Der Kriegsinvalide bekam zum Beispiel in der k. u. k. Österreichischen Monarchie statt der Rente vom Staat eine Drehorgel. Auf diese wenig komplizierte Weise wurde der «Dank des Vaterlandes» für kaum freiwillig geopferte Gliedmaßen abgestattet. Heinrich Zille meinte auch nichts anderes, als er unter eine Zeichnung von müde marschierenden Soldaten den Hinweis auf die Wandlungsfähigkeit des Tornisters zum Leierkasten setzte. *Tafel 90*

In der Hand eines alle Erdteile bereisenden Virtuosen bringt etwa eine kostbare Stradivari oder Guarneri oder Amati vielen Menschen Freude und dem Maestro außer harter Arbeit die Befriedigung künstlerischen Schaffens. Und natürlich das banale Geld. Es muß sein — reden wir nicht weiter darüber.

Der italienische Maestro der Drehorgel, schon in den 1780er Jahren zum Londoner Straßenbild gehörig und in den Straßen Hamburgs wie Danzigs gleichermaßen beliebt, bereiste gewiß nicht die Erdteile. Die Welt war ja auch noch viel kleiner. Aber harte Arbeit mußten auch die drehorgelnden Söhne der Scipionen, wie sie in Christoffer Suhrs «Ausruf in Hamburg» 1806 genannt wurden, leisten. Die Handkurbel läuft durchaus nicht auf Kugellagern. Und die zentnerschwere Drehorgel den ganzen Tag auf dem

1, 2
Chiesa Bianca — ausgestorbenes Dorf, das einst,
wie viele seiner Art auch,
Drehorgler und andere
«Professionisten» in die Welt
schickte. Unten rechts das
Portal zum kleinen Vorhof
der Kirche

3
Lazaro Zeraschi,
geboren 1846
in Chiesa Bianca,
gestorben 1891
und begraben
in Görlitz

4
Drehorgel mit Becken, großer und kleiner Trommel in Berlin in den dreißiger Jahren.
Yehudi Menuhin gibt seinen Obolus mit den Worten: «We musicians must stick together.»
(Wir Musiker müssen zusammenhalten.)

5
«Mausifalliratzki» bei Baumgartenbrück an der Havel vor dem ersten Weltkrieg.
Die amtliche Bezeichnung hieß «Drahtwarenhändler».

6
Edmond Texier:
Le joueur d'orgue
(Der Drehorgel-
spieler), 1852

Tafel 6 Rücken oder vor dem Bauch zu schleppen — ein Wägelchen zu benutzen war den Italienern in Deutschland versagt — war nicht eben vergnüglich.

Über die Kunst selbst wollen wir nicht reden. Es reisen ja nicht nur Oistrach und Menuhin durch die Welt. Auch die Frage nach der zahlreichen Zuhörerschaft sei unterdrückt. Daraus wolle jedoch niemand auf Gegensätze diskriminierender Art schließen. Ich halte mich an das Wort Yehudi Menuhins, der einmal zu einem Drehorgelspieler sagte: «Wir Musiker müssen *Tafel 4* zusammenhalten.»

Bliebe noch der Frack. Sein Ansehen scheint nicht unerschüttert zu sein. Wohl tritt der seriöse Virtuose — wie der seriöse Oberkellner — in ihm als der gemäßen Berufskleidung auf, andere jedoch brechen heftig aus dieser Konvention aus. Von der Berufskleidung meines Großvaters — den ich verehre, ohne ihn gekannt zu haben, weil er bedauerlicherweise vor meiner Geburt starb — weiß ich von Augenzeugen aus der Umgebung von Görlitz. Er trug ein locker sitzendes Samtjackett über einem weißen, offenen Hemd, weite Beinkleider, um den Bauch einen roten Kaschmirschal, dessen Enden malerisch herabhingen, und die ganze Figur war gekrönt von einem gewaltigen Kalabreser. Die stattliche Figur, der buschige Backenbart und das sorg- *Tafel 3* fältig ausrasierte Kinn gehörten natürlich zu den individuellen Attributen eines reisenden Drehorgelvirtuosen.

Die in kleiner Münze eingenommene Gage kann nicht unbeträchtlich gewesen sein. Zwar war es dem Großvater nicht vergönnt, wie einem der italienischen Hofmusiker in Görlitz, sich vor dem ersten Weltkrieg nach getaner Orgelei in Breslau ein Weinrestaurant zu kaufen und sich dergestalt ansässig zu machen. Sein Geld ging andere Wege: Lazarus hatte eine Familie gegründet — mit viel Erfolg: Von zwölf oder dreizehn Kindern (genau läßt sich das nicht mehr sagen), darunter ein Mädchen, überlebten zwar nur sieben; dieses familiäre Großunternehmen blieb dennoch eine recht kostspielige Angelegenheit.

Als ich mich später der Zunft der Musikwissenschaftler anschloß, konnte es bei solcher starker erblicher Belastung nicht ausbleiben, daß ich der Geschichte der Drehorgel und des Leiermannes nachspürte. Überraschend fand ich nur in Jacob Adlung, der sich auch der Musik verschrieben hatte, einen Kollegen, der nicht in Bösartigkeit verfiel, wenn er von der Drehorgel sprach. Aber er hatte 200 Jahre vor mir gelebt. Ich fand auch heraus, daß die Engländer sich ganz anders zu diesem Instrument verhielten. Sie gaben ihm ein gewichtigeres Format, stellten es in die Hallen ihrer Landsitze und scheuten sich auch nicht, ihm einen Platz in den Landkirchen zuzuweisen. Noch heute — seit über anderthalb Jahrhunderten — versieht eine solche Barrel Organ (Walzenorgel) in Shelland in der Grafschaft Suffolk allwöchentlich ihren

13

Dienst in dem kleinen Dorfkirchlein. Natürlich kannten die Engländer, wie schon erwähnt, auch die samt den Leiermännern aus Italien importierte Straßendrehorgel.

Bei den Franzosen gehörte die Orgue de Barbarie, eben die Drehorgel, schon um 1700 zu den bekannten Musikinstrumenten. Und sie bedienten sich ihrer nicht nur auf der Straße: Sie pflegten eine besondere Art, die Serinette. Das war ein kleines Drehörgelchen, mit dem man gekäfigten Vögeln die «Schlager des Tages» beibrachte. Die Leidenschaft für solche Vögel kostete eine Menge Geld, und daraus erklärt sich, daß die Serinette im 18. Jahrhundert in Frankreich in den besten Kreisen zu Hause war. Auch in Deutschland wurde sie als Serinette oder Vogelorgel, in England als Bird Organ bekannt.

Dennoch gehört die Drehorgel zu den «Lumpeninstrumenta», und deshalb schien sie nicht würdig, wissenschaftliche Beachtung zu finden. Als ich, mit leichtem Herzklopfen, den Herren Professoren Heinrich Besseler und Richard Petzoldt von der Karl-Marx-Universität Leipzig das Dissertationsthema «Drehorgel, Serinette und barrel organ» vorschlug, fand ich allerdings volles Verständnis, wofür ich ihnen immer dankbar sein werde. Es ging nicht nur um die Instrumente, nicht nur um meine Liebe zu den drei Drehorgeln. Es ging auch darum, daß die Musikkultur nicht ausschließlich gekennzeichnet wird durch Zahl und Qualität niedergeschriebener Sinfonien, sondern auch durch Leistungen, von manchen — ob berechtigt oder nicht — als Fehlleistungen interpretiert, aber von einer weitaus größeren Resonanz als jene.

1.
Kerbe

Von den mechanischen Musikinstrumenten

Ein mit Noten beschriebenes oder bedrucktes Blatt Papier ist noch keine Musik, sondern eine Anweisung, wie ein Stück Musik zum Klingen gebracht werden sollte. Die Notenschrift, das sei nebenbei bemerkt, ist immer der musikalischen Praxis ihrer Zeit angeglichen und verändert sich unter dem Einfluß der Musik selbst im Laufe der Entwicklung. Die Noten sollen dem Musikanten oder Sänger ungefähr sagen, was er mit seinem Instrument oder mit seiner Stimme beginnen soll, um die musikalischen Absichten ihres Urhebers zu verwirklichen. Der Komponist befindet sich gegenüber anderen Kunstschaffenden, zum Beispiel dem Bildhauer, in einer fatalen Situation. Dieser legt schließlich Hammer und Meißel aus der Hand in dem angenehmen Gefühl, ein Werk vollendet zu haben. Jener aber muß durch andere anhand der von ihm geschaffenen Notenblätter sein Werk zum Klingen bringen lassen. Nur auf diese Weise kann es für eine kurze Zeit überhaupt erst gegenwärtig gemacht werden. Ob der Interpret den Absichten des Komponisten dabei immer entspricht, das kann die Notenschrift nicht garantieren. Sie läßt trotz aller Feinheiten dennoch reichen Spielraum für den Interpreten. Die sehr unterschiedlichen Auffassungen bedeutender Dirigenten von ein und demselben Werk lassen sich anhand von Schallplatten ebenso schnell wie deutlich erkennen.

Die Notenschrift ist bei aller Sachlichkeit dennoch ein Stück Musik insofern, als sie sich nach der Musik ihrer Zeit richtet und von dem in ihr lebenden Komponisten nach seinen Vorstellungen gebraucht wird. Deutlich ist das in der Gegenwart zu spüren, in der — im Gesang wie auf Instrumenten — bisher nicht gebrachte Effekte neue Notierungsformen verlangen, weil die herkömmliche Art der Notation nicht mehr ausreichen will. Sie ist ohnehin oft weniger präzis als bisher, weil dem improvisatorischen Können des Interpreten weitaus mehr Möglichkeiten eingeräumt werden.

Ähnlich verhält es sich mit dem Musikinstrument, das nicht treffend gekennzeichnet wäre, würde man es als Werkzeug bezeichnen. Zumindest reicht diese Charakterisierung nicht aus. Der Komponist der letzten beiden Jahrhunderte bezieht in die Komposition die Klangfarben ein, die an die Instrumente gebunden sind. Er kalkuliert auch deren charakteristische Beweglichkeit in den Tonfolgen ein, die zum Beispiel bei einer Flöte anders ist als bei einer Tuba. Es kommt hinzu, daß die Musik das Instrument beeinflußt und umgekehrt Verbesserungen der Instrumente sich auf die Musik auswirken.

Der Wandel des Klangideals einer Epoche bringt notwendigerweise auch einen Wandel des Instrumentariums mit sich. Instrumente passen sich den neuen Anforderungen an – oder sie müssen abtreten. Die Harfe, ursprünglich ein schlichtes, diatonisch gestimmtes Saiteninstrument, entspricht zu jeder Zeit deren musikalischen Anforderungen. Ihr Weg führt über die Hakenharfe (etwa ab 1650), die Pedalharfe (etwa ab 1720) zur Doppelpedalharfe (etwa ab 1811). Die Klappen der Flöte nehmen mit dem größeren Anspruch an ihre Leistungsfähigkeit an Zahl zu. Sie erfährt darüber hinaus weitere klangliche Veränderungen. Trompete, Horn und andere Instrumente ließen sich als Beispiele dafür nennen, daß ihre Entwicklung mit der der Musik synchron läuft. Dagegen treten das Cembalo, das Clavichord, die Blockflöte, die Gambe und andere Instrumente Ende des 18. Jahrhunderts ab. Trotz zahlreicher Versuche der Instrumentenbauer gelingt es nicht, sie den Forderungen an die Ausdrucksfähigkeit und auch der veränderten Musikpraxis (große Konzertsäle, große Theater) anzupassen. Wenn ein Teil dieser Instrumente in unserem Jahrhundert wieder zur Geltung kam, dann war die Renaissance der vorklassischen Musik, der etwa des 17. und des größten Teils des 18. Jahrhunderts, die Ursache. In die stilgerechte Wiedergabe dieser Musik bezog man auch folgerichtig den Klang jener Instrumente ein, für die sie geschrieben war.

Für die mechanischen Musikinstrumente gelten andere Gesetze. Sie brauchen nicht den innigen Kontakt mit einem Menschen, der ein Werk, und sei es ein noch so bescheidenes, nachgestalten will. Er kann auf eine gewisse Spieltechnik nicht verzichten wie auf die innere Erlebnisfähigkeit, um nach seinem Vermögen aus sich und dem Instrument «das Beste» herauszuholen. Seine Interpretation wird immer wieder eine andere sein, wenn es sich bei den Varianten manchmal auch nur um Nuancen in den Unterschieden handelt. Die Wiedergabe von Stücken durch ein mechanisches Instrument ist dagegen stets gleichbleibend. In der Arbeit des Noteurs, der die Walze bestiftet – davon wird an anderer Stelle noch die Rede sein –, steckt die Interpretation eines Stückes durch diesen Mann. Sie kann mit bestem musikalischem Geschmack vorgenommen sein. Doch ist sie unveränderlich. Eine Wiedergabe gleicht der anderen völlig.

Das Wort Mechanik, es kommt aus dem Griechischen, bedeutet soviel wie «Maschinenkunst». Dahinter verbirgt sich die Lehre von der Bewegung der Körper unter dem Einfluß auf sie einwirkender Kräfte. Der Mensch – durch Arbeit zum Menschen geworden – hat sehr bald die Erleichterung gespürt, die ihm Erkenntnisse der Mechanik bescherten. Daß aus so gewonnenen Erkenntnissen und Erfahrungen zu jeder Zeit auch Spielmechaniken entstanden, beispielsweise das bewegliche Bergwerk, das ein alter, invalider Bergmann auf Jahrmärkten zeigte, ist gewiß vielen noch in unserer Zeit in Erinnerung.

Von mechanischen Musikinstrumenten wird bereits im Altertum berichtet. Im Musikalischen mögen sie sicher nur bescheidensten Ansprüchen genügt haben. Im Hinblick auf die Technik nahmen sie schon einiges aus dem 19. Jahrhundert voraus. Heron von Alexandrien, über dessen Lebensdaten Genaues nicht bekannt ist — wahrscheinlich lebte er im 1. oder 2. Jahrhundert n. Chr. —, hat als Mathematiker und Techniker einige Schriften über die Mechanik verfaßt.* Daß er darin auf die Wasserorgel, die Hydraulis, ausführlich einging, ist in diesem Zusammenhang weniger interessant. Diese Orgel war zwar ein technisches Wunderwerk für damalige Zeiten, jedoch durchaus kein mechanisches Instrument. Heron beschreibt aber neben einem automatischen Schlagzeug den Entwurf eines Miliariums, eines Badeofens, der den Badenden mit einer selbstblasenden Trompete und mit künstlichen zwitschernden Vögeln unterhielt. Wasserdampf war das Zaubermittel, mit dem diese «Musik» zu Gehör gebracht wurde. Als Grieche kam Heron wahrscheinlich nicht auf die Idee, dieser Erfindung — von der man übrigens nicht weiß, ob sie auch in der Praxis erprobt wurde — einen schönen, klingenden griechischen Namen zu geben, wie das im 19. Jahrhundert Mode wurde. Der Amerikaner A. S. Denny kannte wahrscheinlich die Schriften Herons nicht. Als er während des Amerikanischen Sezessionskrieges (1862 bis 1865) seine «Calliope» auf den Dampfern, die als Truppentransporter dienten, einsetzte, verwendete er auch den Dampf als Antriebskraft. Calliope bedeutete etwa die «Schönstimmige». Bei der Verteilung der künstlerischen Ressorts unter den neun Musen, denen bekanntlich Apollo vorstand, hatte Calliope das Referat Epische Dichtung erhalten, zu der natürlich auch die heroische gehörte. Woran Denny gedacht hat, läßt sich kaum sagen — möglicherweise an die Musen und an Heron. Seine Calliope jedenfalls war eine Riesendrehorgel, auf deren Stiftwalzen die neuesten Kriegslieder notiert waren. Die Pfeifen selbst und die Walze wurden durch den Dampf betrieben. Der Erfolg war außergewöhnlich. Wie berichtet wird, konnte man das Konzert einer Calliope auf stundenweite Entfernung hören.*

Gehen wir ein Stück weiter in der Geschichte der mechanischen Instrumente. Albrecht von Scharfenberg, ein mittelhochdeutscher Dichter aus dem 13. Jahrhundert, hat in seinem Ritterroman «Der jüngere Titurel» das mechanische Vogelgezwitscher ebenfalls beschrieben. Es muß dahingestellt bleiben, ob es seiner Phantasie oder der Anschauung eines wirklich funktionierenden Werkes entsprang. Letzteres liegt näher, weil er nach der Schilderung eines rotgoldenen Baumes, auf dessen Ästen verschiedene «süß singende Vögel» saßen, die durch einen Balg den erforderlichen Wind für die Tonerzeu-

* Wilhelm Schmidt, Heron von Alexandrien, in: «Neue Jahrbücher für das Klassische Altertum, Geschichte und Deutsche Litteratur und für Pädagogik», 2. Jg., Leipzig 1899

* Rudolf Winkler, Die Dampforgeln des Mister Denny, in: «Instrumentenbauzeitschrift», 10. Jg., 1955/56

gung bekamen, auch von dem Meister spricht, der allein den Schlüssel kannte, nach dem die Vögel sangen.

Später taucht am burgundischen Hofe ein Orgelbauer mit Namen Jan van Steenken (auch Johann von Aire à Arscot) auf, der für den Herzog von Burgund in der Zeit von 1458 bis 1467 tätig war. In seinem Vertrag wurde dieser Jan als «Meester van orgelen spelende bij hen selven» bezeichnet. Werke von seiner Hand sind nicht erhalten, auch nicht nachweisbar. Immerhin hat diese Vertragsformulierung ihm als Meister mechanischer Musikinstrumente später den unberechtigten Ruf eingebracht, Erfinder der Barrel Organ, der mechanischen Walzenorgel, zu sein. Die Britische Enzyklopädie aus dem Jahre 1910 ist darin diesem Irrtum auch unterlegen. Im folgenden 17. Jahrhundert erhält der Bau mechanischer Instrumente durch Anregungen von Athanasius Kircher, Kaspar Schott, Salomon de Caus und Roberto Fludd alias de Fluctibus erheblichen Auftrieb. Sie gaben umfangreiche Veröffentlichungen heraus und versahen sie zum Teil mit außerordentlich detaillierten Zeichnungen. Von der Barrel Organ, wie sie in England im 18. Jahrhundert in Mode kam, und auch den übrigen Formen der Drehorgel berichten jedoch diese Klassiker mechanischer Instrumente absolut nichts. Dagegen entstanden mechanische Flötenwerke, die durch eine Feder angetrieben wurden, ebenso wie die Musikautomaten in sogenannten Kunstschränken, in Tafelaufsätzen oder in prunkvollen Uhren. In der Wiener Instrumentensammlung befindet sich noch ein selbstspielendes Spinett aus der Zeit um 1600, im Kunstgewerbemuseum in Berlin-Köpenick ein musikalischer Kunstschrank von dem berühmten Pierre Jaquet-Droz (1721–1790). Größere mechanische Musikwerke, die im Freien – in Parks, die der Fuß nicht jedes subalternen Untertanen betreten durfte – standen und ein ausgewähltes Publikum hatten, wurden durch Wasserkraft über oberschlächtige Räder in Betrieb gesetzt.

Das alles waren Kostbarkeiten, die in den Schlössern, fürstlichen Häusern und in zugehörigen Parkanlagen ihren Platz hatten. Nicht die Befriedigung musikalischer Bedürfnisse stand dabei im Vordergrund – dafür hatte die Hofkapelle von vornherein die besseren Voraussetzungen. Vielmehr galt die Freude dem mechanischen Kunstwerk, der technischen Spielerei, die es zuwege bringt, daß ein schön klingendes Flötenwerk oder ein sauber gearbeitetes Spinett bekannte Melodien ganz von sich selbst spielt. In jedem Falle sind die Schätze individuell gebaute Instrumente, die von einem Kunsthandwerker im speziellen Auftrag hergestellt wurden. Ihrer Kostspieligkeit wegen konnten sie nur in einem kleinen und mit materiellen Gütern wohlversorgten Kreis ihre Bewunderer finden. Die Betonung des kunsthandwerklichen Wertes, nicht des musikalischen, schloß von vornherein aus, daß solche Instrumente auch nur den geringsten Einfluß auf die Musikkultur gewinnen konnten.

Im 18. Jahrhundert, insbesondere in dessen zweiter Hälfte, beginnt das Bürgertum an dem Musikleben lebhaften Anteil zu nehmen. Das gilt aber auch für das Interesse an mechanischen Instrumenten. Das Flöten- oder Harfenwerk als selbständiges Instrument, meist aber eingebaut in schöne Standuhren oder in stilvolle Schreibsekretäre und in spezialisierten Handwerksbetrieben hergestellt, wird zur Zierde des Haushalts eines gutsituierten Bürgers. Es geht aber schon nicht mehr allein um die technische Spielerei. Das Interesse an der Musik selbst tritt ganz besonders von dem Zeitpunkt an in den Vordergrund, als Instrumentenbauer dazu übergehen, die Walze spiralig zu bestiften, so daß längere Musikstücke abgespielt werden können. Die Stiftwalzen waren bis gegen Ende des 18. Jahrhunderts – und bei einfachen Instrumenten wie der Straßendrehorgel bis in unser Jahrhundert – so bestiftet worden, daß eine Umdrehung der Walze der Länge eines Stückes entsprach. Es mußte naturgemäß kurz sein, wenn das Instrument klein war und die Walze demzufolge nur einen geringen Durchmesser haben konnte. Nun aber, auf den spiralig bestiften Walzen, konnte eine Ouvertüre oder ein Sinfoniesatz untergebracht werden. Für ein Instrument wurden von einem Musikliebhaber mehrere Walzen angeschafft, die sich ohne Schwierigkeiten auswechseln ließen. Die Funktion des Instruments hatte sich so geändert, daß sich ein Vergleich mit unseren Single- und Longplay-Platten aufdrängt.

Um die Mitte des 18. Jahrhunderts kündigen sich Produktionsformen im Instrumentenbau an, die sich im folgenden Jahrhundert auch durchsetzen. Unter dem Pseudonym Myrmidon erschien 1755 ein «Sendschreiben von Fabriquen, insonderheit aber in Ansehung der Musicalischen Instrumente, und vornehmlich der Orgeln», in dem vorgeschlagen wurde, Fabriken für den Bau von Instrumenten einzurichten. Seine Begründung ist durchaus einleuchtend: Die Preise müßten sinken, die Qualität steigen. Vornehmlich die Preise der Orgelbauer haben dem Verfasser mißfallen. Deren Folgen schildert er drastisch so:

«Eben deshalb ist aber der Gebrauch und Nutzen rechter Orgeln nicht allzu gemein, wie man denken möchte, wenn man von jeder Dorfkirche höret, daß sie Orgeln, oder von vielen Häusern vernimmet, daß sie Positive oder Trageorgeln haben und brauchen, ob es gleich offt nur heulende Katzenkasten sind.»

Sicher war es nicht das Verdienst Myrmidons, daß solche Fabriken geschaffen wurden. Wie das Musikinstrument der Musik verpflichtet ist, so seine Herstellung der Technik, sei sie handwerklich oder maschinell. Daß Profit dabei keine geringe Rolle spielte, kann unter kapitalistischen Verhältnissen des 19. Jahrhunderts nicht überraschen. Die fünf Milliarden französischer Goldfranken als genau abwägbares geschäftliches Ergebnis des Krieges von 1870/71 beschleunigt die Entwicklung auf dem Gebiet des industriellen Instrumentenbaus. Es bleibt die Frage nach den Ergebnissen unter den gegenüber dem 18. Jahrhundert neuen Produktionsformen und Produktionsverhältnissen. Neben Spitzenleistungen trat eine Unzahl von Surrogaten, für die mit bedeutendem Reklameaufwand Bedürfnisse erzeugt wurden – nach dem alten Sprichwort: «Es ist kein Kaufmann / der nit Mäusdreck for indisch Pfeffer verkaufen kann.» Daß die mechanischen Instrumente dabei einen besonders großen Raum einnahmen, war nur natürlich und ist von unserer Zeit, der Rundfunk, Fernsehen, Schallplatte und Magnettonband Selbstverständlichkeiten geworden sind, nicht a priori als eine Entgleisung des musikalischen Geschmacks zu verurteilen. Es gab Entgleisungen, aber sie können die bedeutenden Leistungen auf diesem Gebiet nicht diskreditieren. Unsere modernen Geräte gehen natürlich von ganz anderen Konservierungsprinzipien aus. Sie sind Tonträger, zählen auch nicht zu den Musikinstrumenten.

Für die Wiedergabe von Orchester-, instrumentaler Kammer- und Solomusik waren die Ansprüche an die Spielfertigkeit im 19. Jahrhundert erheblich gestiegen. Die Aufführung eines Werkes wurde mehr und mehr schon bei seiner Schöpfung vom Konzertpodium aus gedacht. Der Musikliebhaber mußte sich in den meisten Fällen mit billigen Bearbeitungen begnügen, er konnte aber auch der Technik den Vorzug geben, die seine unzureichenden Fertigkeiten gänzlich entbehrlich machte. Auf diese Weise wurde oft ein musikalischer Hochstand vorgetäuscht, der in seiner Unehrlichkeit zahllose Parallelen auf allen Gebieten der Kultur in der Gründer- und ihrer Nachfolgezeit hatte. Es sei an die herrschaftlichen Wohnhäuser an den Hauptstraßen erinnert, deren Rustika nicht mehr Naturstein, sondern einfaches Ziegelmauerwerk mit Gipsauflage, deren balkontragende Karyatiden oder muskelstrotzende Atlasse nicht mehr Werke des Bildhauers, sondern Machwerke des Stukkateurs waren, deren protzige Fassade zu dem lichtarmen Hinterhof mit durchaus unherrschaftlichen Wohnungen (dafür mit einem separaten Eingang für Dienstboten) in krassem Gegensatz stand. Die Zeugnisse aus der angewandten Kunst sind so zahlreich wie bekannt, so daß darüber kaum ein Wort zu verlieren ist.

Umfassend und nachhaltig wurde die Technik nicht nur beim Bau mechanischer Instrumente eingesetzt, sondern schon bei der Einrichtung der Fabrikationsstätte selbst. Zunächst gilt die Fabrik «mit Dampfbetrieb» als modern und werbewirksam. Doch bald läuft ihr die Fabrik mit elektrischem

Kraftantrieb den Rang ab. Der Elektromotor ist nicht nur moderner, sondern er hat der Dampfmaschine gegenüber bemerkenswerte Vorzüge, so daß man ihn auch zum Beispiel in der Orgel selbst für die Windversorgung gebrauchen konnte. Musik und neueste Technik gehen eine praktische Verbindung ein, gelegentlich allerdings in einer Form, die dem kunstgewerblichen Kitsch damaliger Zeit durchaus ebenbürtig ist, wie das Beispiel einer Werbeanzeige aus dem Jahr 1912 zeigt. Die Pflege des Werkes Felix Mendelssohn Bartholdys, von ihm stammt die fast zum Volkslied gewordene Weise, ist, wie man sieht, in der Vergangenheit seltsame Wege gegangen:

Solange mechanische Instrumente an die Stiftwalze als Träger der Musiknotation gebunden waren, blieb eine industrielle Fertigung ohne größere Profite, denn die Walze zu bestiften mußte bis auf den heutigen Tag (nur noch selten kommt das in unserer Zeit vor) Handarbeit bleiben. Um Massenfabrikation zu ermöglichen, galt es, ein neues Verfahren auszuklügeln: Die gelochte Papiernotenrolle wurde erfunden. Dadurch wurde ein Musikstück in seiner Länge von dem Umfang einer Walze unabhängig. Nun konnte die Musik nach Metern gehandelt werden. Während die Preise für eine bestiftete Walze mit acht Stücken — die folgenden Preise galten in der Zeit vor dem ersten Weltkrieg — 75 bis 100 Mark, wie aus einem Prospekt der Firma Frati & Co. in Berlin zu ersehen ist, betrugen, waren nun auf einem etwa gleich großen Instrument für einen Meter Musik nur 90 Pfennig zu zahlen. Ein anderes Verfahren, auf ungefähr gleichem Prinzip beruhend, ersetzte die Stiftwalze durch die runde, gelochte Zinkblechplatte. Eine solche «Schallplatte» kostete, je nach Größe, von 35 Pfennig aufwärts. Die Massenproduktion war nach Anfertigung eines Mutterstreifens oder einer Mutterplatte kein Problem, der Gewinn auch nicht. Das musikalische Niveau sank beängstigend. Der Aufsichtsrat der «Fabrik Leipziger Musikwerke» (die Messestadt war in der Welt eine Hochburg dieser Industrie) beschloß zum Beispiel im Jahre 1885, eine Dividende von 65 Prozent vorzuschlagen. Diese Empfehlung hatte nicht den gewünschten Erfolg, denn wenig später wurde in der Fachpresse berichtet, daß «nur»

Claritons

System Frati
(tragbar).

Ganz neue Construction,
mit
vernickelten sichtbaren Piccolos
und
sichtbaren Messing-Clarinetten,
die mit Lack überzogen sind und
daher nicht schwarz werden.

Nr. **53–57.**

		Mk.	Ungefähres Gewicht in Kilo.
Nr. 49.	50 Tasten, 20 Rohr-Clarinetten, 18 sichtbare Piccolos, Bass dreifach, Contra-Bass, Walze 80 Tacte, 9 Stücke, ca. 1,18 mtr. hoch, 1,05 mtr. lang, 0,64 mtr. tief . . . . Mk.	650.—	
	Jede weitere Walze . . . . „	110.—	
Nr. 50.	Dasselbe mit Trommel . . . . „	750.—	
Nr. 51.	47 Tasten, 17 sichtb. Clarinetten, 19 sichtb. Piccolos verdoppelt, Bass dreifach, chromatisch, neueste Constr., extra grosse Walze, 80 Tacte, 9 Stücke, ca. 0,95 mtr. hoch, 0,84 mtr. lang, 0,53 mtr. tief . Mk.	650.—	45
	Jede weitere Walze . . . . „	100.—	
	Nr. 49—51 sind für kleinere Caroussels u. Tanzsäle besonders empfehlenswerth; dieselben sind nicht tragbar.		
Nr. 52.	46 Tasten, 15 sichtbare Messing-Clarinetten, 21 sichtbare vernickelte Piccolos doppelt, Bass dreifach, grosse Walze mit 8 Stücken, ca. 0,83 mtr. hoch, 0,80 mtr. lang, 0,43 mtr. tief . . . . . Mk.	550.—	42
	Jede weitere Walze . . . . „	85.—	
Nr. 53.	44 Tasten, 13 sichtb. Messing-Clarinetten, 19 sichtb. vernick. Piccolos, grosse Walze, ca. 0,65 mtr. hoch, 0,72 mtr. lang, 0,38 mtr. tief . Mk.	490.—	32
	Jede weitere Walze . . . . „	85.—	
Nr. 54.	38 Tasten, 12 sichtbare Messing-Clarinetten, 16 sichtbare vernickelte Piccolos, 8 Stücke, ca. 0,62 mtr. hoch, 0,64 mtr. lang, 0,39 mtr. tief Mk.	430.—	27
	Jede weitere Walze . . . . „	75.—	
Nr. 55.	Dasselbe mit grosser Walze . . . . Mk.	450.—	28
	Jede weitere Walze . . . . „	85.—	
Nr. 55a.	38 Tasten, 12 Clarinetten, 16 Piccolos, 8 Stücke . . . . . Mk.	475.—	29
	Jede weitere Walze . . . . „	85.—	
Nr. 56.	33 Tasten, 10 sichtbare Messing-Clarinetten, 14 sichtbare vernickelte Piccolos, 8 Stücke, ca. 0,60 mtr. hoch, 0,55 mtr. lang, 0,37 mtr. tief Mk.	400.—	23
	Jede weitere Walze . . . . „	75.—	
Nr. 56a.	33 Tasten, 10 Clarinetten, 14 Piccolos, 8 Stücke . . . . . Mk.	420.—	24
	Jede weitere Walze . . . . „	75.—	
Nr. 57.	35 Tasten, 11 Clarinetten, tiefer Bass, grosse Walze, 8 Stücke, ca. 0,61 mtr. hoch, 0,58 mtr. lang, 0,37 mtr. tief . . . . Mk.	435.—	25
	Jede weitre Walze . . . . „	80.—	
Nr. 57a.	35 Tasten, 11 Clarinetten, tiefer Bass, 8 Stücke . . . . . Mk.	455.—	26
	Jede weitere Walze . . . . „	80.—	
Nr. 57b.	24 Tasten, Clarinetten, tiefer Bass, 8 Stücke, ca. 0,57 mtr. hoch, 0,48 mtr. lang, 0,33 mtr. tief . . . . Mk.	250.—	14
	Jede weitere Walze . . . . „	60.—	

Nr. 55a, 56a und 57a sind Violino-Claritons.
Dieselben haben je 1 Register Violinen-Pfeifen extra.

Werbeseite aus einem
Katalog der Firma
Frati & Co., Berlin,
für «Claritons»
unterschiedlicher Größe.
Auch das Clariton
war ein Leierkasten.
Anfang
des 20. Jahrhunderts

60 Prozent zur Ausschüttung kommen könnten. Als Trost wurde den Herren Aktionären versichert, das Stammkapital und der Spezialreservefonds seien erhöht worden, auch habe man genügend Abschreibungen vorgenommen. Aber man hätte natürlich auch 75 Prozent wie im Vorjahr zahlen können.

Diese Dividendensätze ergaben sich nicht aus Geschäften der Schwerindustrie oder dem Schiffbau oder sonst einem der attraktiven Produktionszweige. Vielmehr ging dieser Ertrag aus der Produktion einer Zungendrehorgel mit dem klangvollen Namen «Ariston» hervor. Die Stiftwalze ist durch die Zinkplatte ersetzt, die Orgelpfeifen durch Zungenstimmen, wie sie bei der Ziehharmonika üblich waren und als zusätzliches Register selbst in den Drehorgeln Eingang gefunden hatten. Der Name Drehorgel wurde selbstverständlich aufgegeben, denn diese und zahlreiche ähnliche Instrumente waren für das Haus bestimmt, selbst für das vornehme. Man brauchte dafür einen standesgemäßen Namen, der etwa auf einer Ebene mit humanistischer Bildung stand. In einem französischsprachigen Prospekt hielt es die Herstellerfirma allerdings für notwendig, die Überschrift «Ariston und Aristonette» mit dem erklärenden Zusatz «orgue à manivelle» (Drehorgel) zu versehen. Das Geschäft sprach sich herum, die Firmen schossen im warmen Regen des Profits wie Pilze aus der Erde. «Herophon», «Aurephone», «Amorette», «Dolcine», «Lux», «Ariosa», «Manopan», «Diana» und viele andere phantasievolle Namen wurden für die degenerierten Drehorgelinstrumente gewählt. Im Streben, höhere Bildung zur Schau zu tragen, mußte selbst die traditionelle Straßendrehorgel, der Leierkasten, sich gefallen lassen, als «Clariton», «Harmonipan», «Meloton» und unter anderen vermeintlich klangvollen Namen eine Welt vortäuschen zu sollen, die nicht die ihre war.

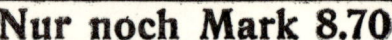

Es blieb auch nicht bei den Drehinstrumenten, sondern in mögliche und
vor allem unmögliche Gebrauchsgegenstände wurden mechanische Musik-
werke eingebaut, die das Entzücken der musikalischen Kundschaft waren   *Tafel 8, 9, 12, 14*
und die ihren nicht unbeträchtlichen Gewinn abwarfen. Die Anzeige einer
Berliner Firma, Hugo Hennig, unterrichtet über das reichhaltige Angebot.
Es fehlt allerdings eine Reihe von begehrten Artikeln, die möglicherweise
aus feinstem Taktgefühl heraus unterschlagen wurden: das Nachtgeschirr
mit Musik und der musikalische Papierrollenhalter für abseitige kleinere
Gemächer. Von Tafelaufsätzen mit Musik war schon früher die Rede. Dreihundert Jahre zuvor waren sie die Zierde fürstlicher Tafeln gewesen. Aber
die Tafel im Salon der Makart-Zeit war schließlich nicht weniger — wenn
nicht mehr. Wurde zu jener Zeit die Musik in der Kammer gemacht — man
unterschied zum Beispiel zwischen Musica da Camera und Musica da Chiesa
(Kirche) —, so vollzog sich das häusliche Musizieren nun in den Salons.
Das Wort Kammer war als Bezeichnung für einen Wohnraum nicht mehr
zu ertragen, hauste doch schon eine vielköpfige Proletarierfamilie, wenn sie
es nicht zu schlecht getroffen hatte, in Stube, Kammer und Küche. In den
24 Salons waren die Amoretten, Dolzinen und dergleichen zu Hause.

Freilich konnte man sich auch anspruchsvollere Instrumente leisten. Findige Köpfe kamen darauf, Notenrollen auch in anderen Instrumenten zu verwenden. Mit ihrer Hilfe konnte selbst der Unmusikalischste plötzlich Ziehharmonika oder Zither spielen und sogar Trompete blasen. Dieses einer Trompete ähnlich aussehende Instrument bekam den Namen «Trombino». In Werbeanzeigen wurde der Leser darüber aufgeklärt, daß das Trombino «die sensationellste Erfindung der Gegenwart» sei und er es «ohne Unterricht und ohne Notenkenntnisse» sofort blasen könne.

Die Notenrolle fand auch im Klavier und in der Orgel Verwendung und hat in diesem Bereich ein gewichtiges Wort gesprochen. Das Klavier als weitverbreitetes Hausinstrument bot sich für eine solche Ehe natürlich an. Die Klaviermusik des 19. Jahrhunderts war unter anderem auch dadurch gekennzeichnet, daß ihr Schwierigkeitsgrad ständig wuchs und dem Musik-

Anzeige aus dem Jahre 1898

liebhaber im allgemeinen nicht erreichbar war. Folglich ergab sich ein Bedarf nach konservierter Musik. Die Erfindung Edisons — der Phonograph, vor dem ersten Weltkrieg von der Industrie als Sprechmaschine bezeichnet — fiel nicht zufällig in diese Zeit. Es kommt jedoch beim Bewerten einer Erfindung darauf an, wie sie genutzt wurde. Die Entwicklung der Musikinstrumente mit Notenrollen, selbst wenn nur die Tasteninstrumente berücksichtigt werden, ging zweifellos sehr widersprüchlich vor sich.

Das mechanische Klavier ist nicht eine Erfindung des ausgehenden 19. Jahrhunderts, sondern geht in seinen Anfängen auf die Mitte des 18. Jahrhunderts zurück. Man kann ihr allerdings den Rang einer selbständigen Wiedererfindung einräumen. Im Jahre 1752 hatte der braunschweigisch-lüneburgische Hofrat Unger der Akademie der Wissenschaften in Berlin den Entwurf einer Maschine vorgelegt, die alles aufzeichnete, was auf dem Klavier gespielt wurde. Unger war selbst Akademiemitglied. Kein Geringerer als Leonhard Euler, Direktor der Mathematischen Klasse der Akademie, Astronom und Physiker, ließ diese Maschine in Berlin bauen, nachdem er selbst noch kleine Verbesserungen vorgesehen hatte. Die Erfindung wurde einer Reihe von Komponisten vorgeführt, die sich aber an der Sache glücklicherweise nicht interessiert zeigten. Euler und Unger hatten offenbar die Absicht, dem Komponisten die Arbeit dadurch zu erleichtern, daß dessen Improvisation auf dem Klavier in einer Notation festgehalten wurde. Dort aber lag nicht die Chance für den Erfolg dieser Erfindung. Sie lag vielmehr in der Konservierung von Musik für den Hörer. Dafür wiederum bestand jedoch in dem Maße wie anderthalb Jahrhunderte später offenbar noch nicht die Notwendigkeit, weil man durchaus in der Lage war, seine Bedürfnisse dieser Art selbst zu befriedigen.

In England wurde ein ähnliches Verfahren kurz nach 1840 für die Orgel in die Praxis umgesetzt. Die Stücke waren noch auf der Stiftwalze notiert, und der Apparat, der die Walze enthielt, wurde vor die Tastatur der Orgel gestellt. Man nannte ihn Dumb Organist, das heißt stummer Organist. Darauf wird noch einzugehen sein, wenn die englische Barrel Organ zu behandeln ist. Zweifellos sind aber Unger und Euler nicht Paten dieser Erfindung, die unabhängig von ihnen entstand. Es ist überhaupt fraglich, ob der Dumb Organist auf dem Festland bekannt wurde und ob nicht, wiederum unabhängig von Unger und Euler wie vom stummen Organisten, Ende des 19. Jahrhunderts das mechanische Klavier und der Klaviervorsetzapparat neu erfunden wurden.

Der Mechanismus ist im Prinzip einfach: Der gelochte Papierstreifen einer Rolle läuft über eine luftsaugende, mit Kanzellen (wie bei einer Mundharmonika) versehene Leiste. Trifft ein Loch der Papierrolle auf eine Kanzelle, kann Luft angesaugt werden. Sie löst einen mechanischen Vorgang aus und läßt einen zu dieser Kanzelle gehörigen Hammer die Saite anschlagen. Dasselbe Prinzip wurde auch bei der runden, gelochten Metallscheibe angewendet in Instrumenten, die mit Zungen und Bälgen ausgestattet waren wie die für den Salon und die «gute Stube» bestimmten Pseudoleierkästen.

Schließlich hatte man zwei Verfahren gefunden, wie eine originale Notenrolle, die Mutterrolle, hergestellt werden konnte, nach der sich dann auf maschinellem Wege beliebig viele Tausende Kopien zum Verkauf produzieren ließen. Einmal konnte man so verfahren, wie man das vom Bestiften der Walze schon kannte: mit einem gezeichneten Plan auf der Rolle, nach dem jede Note in der genauen Länge zu ihrer bestimmten Zeit erklingt. Der Eindruck, den ein auf diese Weise reproduziertes Klavierstück auf den Hörer hervorruft, erinnert an ein kritisches Wort Mozarts über einen Klaviervirtuosen seiner Zeit: «ein bloßer Mechanikus».* Notwendigerweise fehlt die Interpretation des Ausführenden. Daß der Noteur sich mit solchen Problemen befassen konnte — bis zu einem gewissen Grade sind sie zu lösen —, war bei einem Zugang von etwa 100 Musikstücken monatlich zum Phonolarepertoire nicht zu erwarten. Dabei handelte es sich um das Angebot nur einer Firma. Andererseits war der Noteur in der Lage, gleichzeitig in Stimmlagen so zu operieren, wie es ein Pianist allein auf der Tastatur nicht bewältigen könnte. Er brauchte die Physiologie der Hände nicht zu beachten. Der Zuhörer kann nicht immer mit Sicherheit bestimmen, ob er zwei- oder vierhändiges Klavierspiel hört.

Die Industrie dachte natürlich auch an die unzähligen Klaviere, die sie schon hergestellt und verkauft hatte. Um die Käufer nicht in Verlegenheit setzen zu müssen, entweder auf den gepriesenen technisch-musikalischen Fortschritt — der, vertraute man den Werbeschriften, auch ein künstlerischer war — zu verzichten oder ein neues Klavier zu kaufen, baute man den sogenannten Klaviervorsetzapparat. Er enthielt die gelochte Notenrolle. Durch Fußschemel (wie sie das Harmonium auch hat) wurde auf pneumatischem Wege die Notenrolle in Bewegung gesetzt, der gelochte Papierstreifen lief ab und wirkte auf senkrechte Abstrakte (Hebel) auf der Rückseite dieses Apparates, die jeweils die Tasten des Klaviers im geeigneten Zeitpunkt herunterdrückten. Genau das hatte der Dumb Organist schon vorausgenommen.

Doch blieb es nicht bei dieser schlichten Maschine, denn sie wurde mit einigen Finessen — daß es solche seien, war man fest überzeugt — ausgestattet. Der «Spieler» konnte mit verschiedenen Handgriffen für Crescendo und Decrescendo sorgen und das Tempo nach Belieben verändern. Über ein

Briefe des Wolfgang Amadeus Mozart an seinen Vater vom 12. und 16. Januar 1782

Klaviervorsetzapparat
«Rex».
Nach einer Anzeige
aus dem Jahre 1902

Harmonium mit der Einrichtung einer solchen «Phonola», die von der Leipziger Orchestrionfabrik angepriesen wurde, sagte ein Prospekt:
«Selbst der Laie ... vermag eine solche mächtige Tonfülle zu entwickeln, eine derartige Wärme des Ausdrucks und lyrische Weichheit in sein Spiel zu legen, daß man vermeint, einen hervorragenden Klavierkünstler zu hören.»
Womöglich kam ein weltberühmter Virtuose mit seiner Fingerfertigkeit zur Geltung, aber die «künstlerische Gestaltung» geriet in die Hände sowohl hochempfindsamer wie stockunmusikalischer Personen.
Die im Jahre 1903 auf den Markt gebrachte «Organola» bediente sich des gleichen Verfahrens für die Orgel. Aus einem Werbeprospekt, wahrscheinlich aus dem Jahre 1908, seien einige Stellen zitiert:
«Die Organola empfiehlt sich vor allen Dingen durch ihre verblüffende Einfachheit. Über dem Spieltisch ist ein kaum auffälliger Windkasten ange-

bracht, der durch einen gläsernen Schieber verschlossen wird. In demselben läuft ein durchlöcherter Pergamentpapierstreifen über eine Holzleiste, die der Länge nach mit ebensoviel Löchern versehen ist als die Klaviatur Tasten zählt. Der ganze Mechanismus spielt sich vor den Augen des Organisten ab, der die beiden freien Hände zum Registrieren und zur Bewegung eines Hebels, durch den das Tempo genau reguliert wird, verwenden kann.»

Die Organola übernimmt also nur den mechanischen Teil des Spiels, während der Organist, «hier eigentlich Spielleiter, wie ein unbeschränkter Herrscher über dem reinen Klangkörper seiner Orgel thront und nach freiem künstlerischen Ermessen über Rhythmik und Dynamik verfügt». Der Gipfel in dieser «Abhandlung über die Organola» wird allerdings erst in diesem Satz erreicht:

«Welch ein erhebendes Gefühl für einen Organisten, aller Handwerksarbeit enthoben zu sein und mitgenießend sich ausschließlich der geistigen Wiedergabe der Orgelkomposition hingeben zu können!»

Dieser Gipfel steht für den Tiefstand verlogenen Dilettantismus, der in seiner Unehrlichkeit mit den Karyatiden und Atlassen wetteifert.

Die «Organola» fand den Weg in einige Kirchen und wurde dort nicht selten begeistert aufgenommen. Um nur ein Beispiel zu nennen: Die «Straßburger Zeitung» berichtet am 10. Oktober 1905 von einem Konzert in der Stefanskirche unter anderem:

«... Im gestrigen Konzert hatte die Orgel als Organola einen vollen Erfolg und feierte einen gewaltigen Triumph.»

Auf dem Programm standen: «Marche funèbre et chant séraphique» von Guilmant, «Les Préludes» von Liszt, im übrigen Kompositionen von Bach und Händel, «die großen Anklang fanden».

Eine bedeutende Erfindung wurde durch geistlose und nahezu kulturfeindliche Praktiken in Mißkredit gebracht. Die Firma Welte in Freiburg baute technische Wunderwerke mechanischer Orgeln und ließ die Mutterrollen von den bedeutendsten Organisten bespielen. In der Sammlung Heinrich Weiss-Stauffacher in Seewen (Schweiz) befindet sich ein solches Instrument, das um 1912 gebaut und zum Preise von 300 000 Mark verkauft wurde. Die Disposition dieses Werkes mit 23 klingenden Stimmen – die übrigens durch die Papiernotenrolle ein- und ausgeschaltet wurden – stammte von Max Reger. Er bespielte auch Mutterrollen. Wie seine bedeutenden Kollegen hat er sich lobend über die «Welte-Philharmonie-Orgel» geäußert. Am 26. Juli 1913 schrieb er:

«Die Welte-Philharmonie-Orgel hat mir ganz ausgezeichnet gefallen; ich wünsche diesem prachtvollen Instrumente die weiteste Verbreitung.» *

* Die Welte-Philharmonie-Orgel der Sammlung Heinrich Weiss-Stauffacher in Seewen (Schweiz) – Einweihung der Orgel 30. Mai 1970, Privatdruck (1970)

Sein nicht weniger bekannter Organistenkollege Enrico Bossi aus Mailand ließ sich im September 1912 unter anderem so aus:

«... Die Wiedergabe der auf der ‹Welte-Orgel› gespielten Stücke ist in dem Masse getreu, dass sie in uns die höchste Überraschung und den vollkommensten Genuss auslöst; nicht nur die Ausführung des Künstlers sind in vollendetstem Grade gewahrt und wiedergegeben, auch das Mittel, das uns die Übereinstimmung einer Wiedergabe mit dem vom Künstler ursprünglich Geschaffenen nahe bringen soll, erweckt in uns nicht so sehr das Gefühl einer Wiedergabe, als vielmehr einer nochmaligen eigentlichen Wiederholung durch den Künstler selbst ...»

Tafel 7, 10 Insbesondere die mechanisch oder elektrisch spielenden Klaviere und Klaviervorsetzapparate fanden weite Verbreitung. Das «Weltadreßbuch der gesamten Musikinstrumenten-Industrie» nennt in der Auflage von 1912 nicht weniger als 150 Firmen – die meisten entfielen auf Deutschland –, die Vorsetzapparate herstellten. Auch der Phonolakatalog, in dem das Notenrollenrepertoire enthalten ist, hatte in demselben Jahr immerhin einen Umfang von 694 Seiten im Großformat. Die Industrie konnte ja auch mit besten Referenzen aufwarten. Ein sehr anspruchsvoller Werbeprospekt zählte Namen und Rang von ungefähr 220 Käufern des Vorsetzapparates auf, von denen der rangoberste Kaiser Wilhelm II. und der geringste ein Flottenkapitän war. Aus dem Jahre 1910 ist einer Anzeige zu entnehmen:

«Phonola / In letzter Zeit lieferten wir an folgende fürstliche Persönlichkeiten: Prinzessin Max von Baden / Fürst Leopold zu Lippe-Detmold / Erzherzogin Isabella, Wien / Erzherzog Friedrich, Preßburg / Prinz Rangsit von Siam, Heidelberg / Großfürst Peter Nikolajewitsch, St. Petersburg.

Der fortgesetzte Eingang der Phonola in die höchsten Kreise läßt erkennen, daß man sich jetzt auch dort, wo früher wenig oder gar nicht musiziert wurde, durch die Phonola die Pflege guter Hausmusik angelegen sein läßt.»

Unter dem Eindruck solcher gewichtiger Empfehlungen mußte ja wohl der Untertan, der seinen blaublütigen Vorbildern in jeder Weise nachzueifern bestrebt war, musikalisch nachziehen, wenn es seine Börse erlaubte. Andernfalls blieb ja immer noch der griechisch-lateinisch benamte Leierkasten.

Die Bemerkung über die Musikalität dieser «höchsten Kreise» führte, soweit bekannt ist, nicht zu Beleidigungsklagen. Sie trifft die Sache wohl nur, wenn man unter «früher» das 19. Jahrhundert versteht, denn noch im 18. Jahrhundert spielten die weltlichen und geistlichen Fürsten und Fürstchen vom Großoktav bis zum Duodez ganz ohne Zweifel eine bedeutende Rolle innerhalb der Musikkultur.

Charakteristisch ist auch dieser Zusatz in der erwähnten Anzeige:

«Wie alle unsere Lieferungen an höchste Personen, sind auch die obigen ausnahmslos *regelrechte Geschäfte*, nicht etwa Schenkungen oder Verkäufe zu außergewöhnlichen Bedingungen.»

Zur Abrundung des Bildes von den mechanischen Klavieren und Vorsetzapparaten sei nun auch die Meinung eines «Spielers» zitiert, die er in seinen Lebenserinnerungen beiläufig als amüsantes Erlebnis niedergelegt hat. Der Begründer der modernen Thoraxchirurgie, Ferdinand Sauerbruch (1875 bis 1951), schreibt: «In meiner Jugend hatte ich Trompete geblasen, das tat ich jetzt nicht mehr, aber ich kaufte mir ein Phonola, auf dem es sich leicht musizieren läßt. Mein Lieblingsstück war die Egmont-Ouvertüre, die spielte ich mir und meinen Gästen mit großem Schwung vor. Kräftig zog ich die Register dieses Instruments.» *

* Ferdinand Sauerbruch, Das war mein Leben, München 1951

Mit gleichen technischen Mitteln wurden aber auch Leistungen vollbracht, denen noch heute die Anerkennung nicht versagt werden kann. Es ist bereits erläutert worden, daß die Herstellung der Mutterrolle nach einem gezeichneten Plan vor sich gehen kann. Die zweite Möglichkeit ist jene, bei der nicht nur das Konservieren und Reproduzieren von Musik beabsichtigt ist, sondern auch die Interpretation des Künstlers einbezogen wird, der die Mutterrolle bespielt. Wenn in Flügel von Steinway & Sons oder Feurich und anderen elektrische Spielvorrichtungen eingebaut wurden, dann spricht das schon für den Ernst, den man solchen Bemühungen entgegenbrachte. Wenn ferner in unseren Tagen Schallplattenfirmen zum Beispiel Klaviermusik Claude Debussys, von diesem selbst gespielt, anbieten können, dann verdanken sie diesen Umstand einer «Künstler-Rolle», deren Mutterrolle Debussy vor über einem halben Jahrhundert bespielt hat. Max Reger, Eugène d'Albert, Wanda Landowska, Wilhelm Backhaus, Ferruccio Busoni und viele andere Virtuosen von unbestechlichem künstlerischem Verantwortungsbewußtsein haben es durchaus nicht für abwegig gehalten, solche Rollen in der Leipziger Firma Hupfeld, die sich mit dem Bau solcher Geräte Weltruf verdiente, zu bespielen. Das Ergebnis durfte ohne Nachteil mit den strengsten Maßstäben gemessen werden, soweit die reine Klaviermusik in Betracht kam. Es konnte selbst durch die Schallplatte bester Qualität nicht wieder erreicht werden, weil zwischen dem originalen Klavierklang, der dem Spiel über die Notenrolle zugrunde liegt, und dem über die Schallplatte (oder das Tonband) reproduzierten Klavierklang ein nicht unerheblicher Abstand, zumindest bis auf den heutigen Tag, besteht. Ignaz Paderewski, Moritz Moszkowski, Emil Sauer und andere Klaviervirtuosen erwarben für sich selbst solche Instrumente. Das darf als weiterer Beweis für den musikalischen Wert elektrischer Reproduktionsklaviere gelten. Es diente dem Künstler zur eigenen Kontrolle, wie man sich in gleicher Weise heute des Tonbandes bedient.

Tafel 15

7

Elektrischer Flügel mit eingebauter «Pianola». Aus einer Anzeige im Jahre 1908

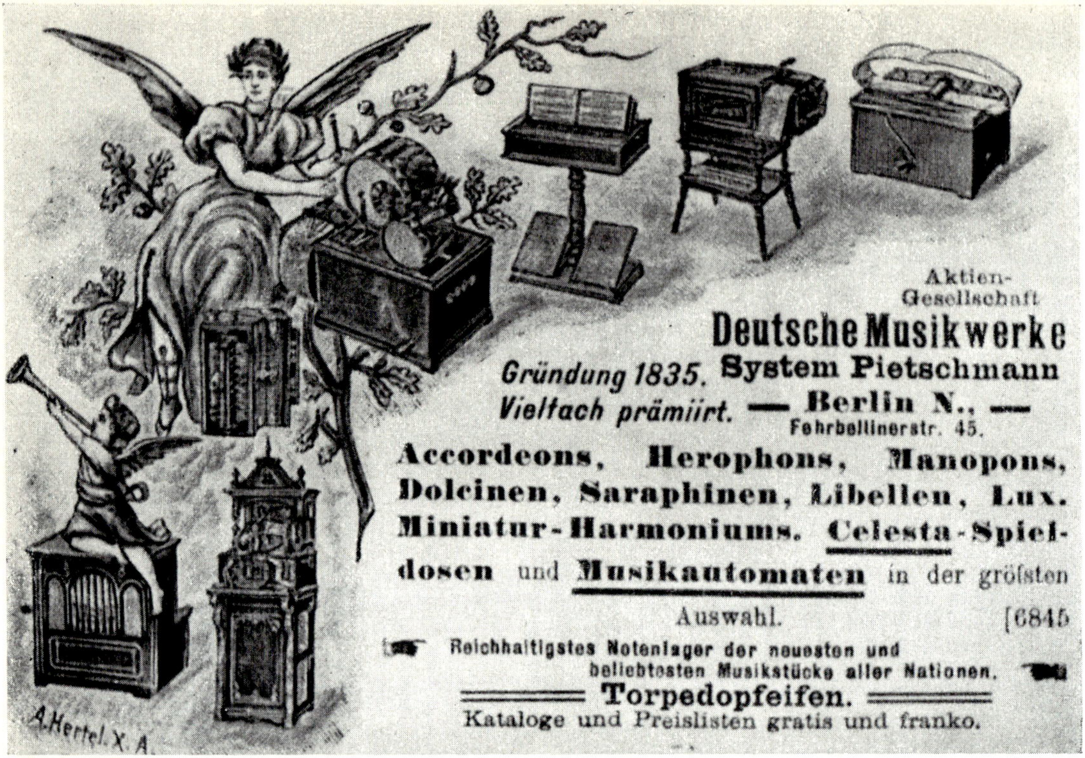

Erste u. älteste Fabrik „Selbstspielender Pianos"

mit Kurbel-Elektromotor oder Wassermotor-Betrieb.

Mehrere Neuheiten auf dem vollständigen Musterlager in der **Dauernden Gewerbe-Ausstellung, Leipzig,** am **Blücherplatz. Eintritt frei.**

Elektrische Pianos

Streich-Concert-Orchester-Pianos mit leuchtenden sowie bewegl. Figuren, **bewegliche Figuren-Automaten** mit auswechselbaren Notenblättern, **Symphonion, Kalliope, Adler,** sowie alle anderen **Musikwaaren** liefert **gut ausprobirt zu billigsten Preisen** [7031

C. H. Weigel, Leipzig 7.

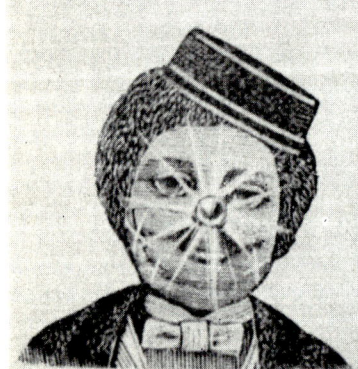

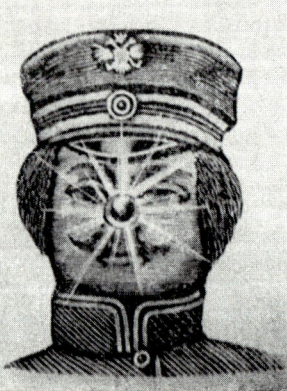

8, 9
Anzeigen aus
dem Jahre 1899

Illustration zu einer Werbeanzeige für «selbstspielende Pianos»
der Firma Ludwig Hupfeld, Leipzig, im Jahre 1899

13
Oberteil der Phonoliszt-Violina, eines Automaten,
der das mechanische Violinspiel mit mechanischer
Klavierbegleitung ermöglicht, gebaut von der Firma
Hupfeld in Leipzig im Jahre 1914

14
Wandbild mit aufziehbarer Uhr und Spielwerk. Links
neben der Turmuhr der Schlitz für den Einwurf einer
Münze, unten links neben den Brückenbögen der
Aufziehschlüssel für das Spielwerk

15
«Prof. Dr. Max Reger beim Aufnahmespiel für Künstlerrollen» bei der Firma Hupfeld in Leipzig

Zweifellos ist in dem Reproduktionsinstrument hohe technische Leistung mit nicht geringem musikalischem Wert verbunden. Wenn dennoch dieser Weg aufgegeben werden mußte, so lag das an der Beschränkung des Verfahrens auf eine Gruppe von Instrumenten. Mit ziemlicher Vollkommenheit ließ es sich nur beim Klavier, bei der Orgel und dem Harmonium anwenden. Das erste mechanische Klavier wurde 1892 gebaut, aber erst kurz *Tafel 13* vor dem ersten Weltkrieg gelang es, mit der «Violina» auch das Geigenspiel unter Verwendung von Notenrollen mechanisch wiederzugeben. Doch schlugen alle Versuche fehl, eine Mutterrolle durch einen Virtuosen bespielen zu lassen, um auch seine Interpretation zu konservieren.

Es hatte seinen Grund, daß die mechanischen Instrumente eine so außergewöhnliche Verbreitung fanden, die sich mit der unserer Plattenspieler und Tonbandgeräte vergleichen läßt. Ihre Aufgaben waren die gleichen, sie befriedigten die gleichen Bedürfnisse. Die neueren Medien erwiesen sich als überlegen, weil sie keine Begrenzung kannten: Jedes Instrument, auch die menschliche Stimme, jedes Ensemble beliebiger Zusammensetzung «kam an». Die industrielle Produktion großen Stils erlaubte hohe Produktivität, Massenauflagen konnten auch die Rentabilität erhöhen – und natürlich den Profit.

In dem Konzert der mechanischen Musikinstrumente vor dem ersten Weltkrieg spielte die Drehorgel ihre gleichbleibende Rolle. Sie blieb, soweit es sich um die Straßenorgel handelte, dem Hergebrachten verbunden. Wenn sie auch Zungenstimmen mit aufnahm, so gab sie doch die Pfeifen nicht auf und nicht die Stiftwalze. Doch teilte sie das Schicksal aller mechanischen Musikinstrumente. Sie mußte abtreten. Um ihre Geschichte zu erfahren, schieben wir die Stiftwalze bis zur 2. Kerbe.

2. Kerbe — *Die Drehorgel*

Die Académie Royale des Sciences, die Königliche Akademie der Wissenschaften, in Paris hatte im Jahre 1702 einem Monsieur Carré den Auftrag gegeben, alle Musikinstrumente ausführlich zu beschreiben, die zur Zeit in Frankreich in Gebrauch waren. Es sollten etwa ihrer sechzig sein. Man hatte sie nach schon damals bewährtem, wenn auch nicht sehr präzisem Muster in die Gruppen Saiten-, Blas- und Schlaginstrumente unterteilt und zu jeder

41

Gruppe auch einige Instrumente als Beispiele aufgeführt. Die Konstruktion jedes Instruments sollte möglichst vollkommen dargestellt werden, desgleichen auch lückenlos sämtliche Teile, die man zur Herstellung des betreffenden Instruments brauchte. Carré hatte zu diesem Zeitpunkt bereits mit dem wichtigsten und am meisten benutzten Saiteninstrument, dem Cembalo, begonnen. Es wird ausdrücklich vermerkt, daß er kein Detail, ob es groß oder klein sei, vergessen habe. Sogar die Durchmesser der Saiten habe er mit aufgeführt und sich solcherart ganz zweifellos für diese Entreprise générale (für dieses Hauptunternehmen) bestens empfohlen. Ihm war es zu verdanken — der amtliche Bericht hielt auch das fest —, daß man nun wußte, ein Cembalo setzte sich aus nahezu 4000 Einzelteilen zusammen und welche das waren.

Bedauerlicherweise ist dieses Unternehmen nicht, wie zu wünschen gewesen wäre, gefördert worden. Monsieur Carré, ein angesehener Mathematiker und Akustiker, verstarb darüber. Erst viel später und leider auch in weit bescheidenerem Ausmaß als ursprünglich beabsichtigt, wurde eine solche Arbeit in der Encyclopédie Méthodique / Arts et Métiers Mécaniques, Paris—Liège 1785, veröffentlicht.

Der Zeitverzug und die Reduzierung des Programms sind aus mehreren Gründen zu bedauern. Einmal hätte man sonst den besten Einblick in das französische Instrumentarium um 1700 bekommen. Das wäre um so wertvoller gewesen, als man von vornherein beabsichtigt hatte, auch die Instrumente darzustellen, die man gewöhnlich zu den «Lumpeninstrumenta» zählte. Was diese auf den Straßen und in Wirtshäusern beheimateten Instrumente angeht, verfuhren die Autoren üblicherweise so, daß sie sich mit einigen wenigen, aber starken Worten über sie hinwegsetzten. Man schreckte nicht davor zurück, mit den Instrumenten minoris generis auch den Satan in Verbindung zu bringen.

Diesen engherzigen Standpunkt vertrat die Akademie glücklicherweise nicht. Nach ihrer Absicht wäre sicher auch eine ausgezeichnete Beschreibung der Orgue de Barbarie, der Drehorgel, zustande gekommen, so daß die Nachfahren einer Reihe von Ungewißheiten über dieses Instrument enthoben gewesen wären, die bis zum heutigen Tag nicht beseitigt sind.

Das beginnt schon damit, daß die Orgue de Barbarie in dem Akademiebericht mit den Kastagnetten, Trommeln, Becken, Glocken, Xylophonen und der Trompete d'acier (wörtlich übersetzt: Stahltrompete; aber was mag das gewesen sein?) zu den «instruments à percussion», zu den Schlaginstrumenten, gezählt wurde. Das haben schon französische Musikwissenschaftler des 18. Jahrhunderts nicht begreifen können. Manche haben stillschweigend eine Berichtigung vorgenommen, weil sie einen Irrtum im Akademiebericht vermuteten. Sie gingen davon aus, daß die Drehorgel in der französischen Sprache den Namen Orgue de Barbarie erhalten hat, die natürlich kein Schlaginstrument ist. Auszuschließen ist aber nicht, daß dieser Name vorher tatsächlich einem Schlaginstrument zugehört hatte, das selbst aus dem Gebrauch kam oder auch einen anderen Namen annahm. Hat doch selbst noch im Jahre 1728 ein Monsieur Demotz de Salle, allerdings anonym, in Paris eine «Méthode de Musique», offenbar als Lehrbuch «nach einem neuen System», das vom Autor als «sehr kurz, sehr leicht und sehr sicher» bezeichnet wurde, erscheinen lassen und sich darin zur Orgue de Barbarie ähnlich unverständlich für uns geäußert. Er berichtet, daß die Orgue de Barbarie auch Tintinnabulum genannt wird. Das ist nun zweifellos als ein Glocken- oder Stahlstabspiel den Schlaginstrumenten zuzurechnen. Der Sache wäre nicht allzu große Bedeutung beizumessen, wenn nicht die Erwähnung der Orgue de Barbarie in jenem Sitzungsbericht der Akademie gewissermaßen die französische Geburtsurkunde dieses Instruments darstellen würde. Im «Dictionnaire de l'Académie Françoise» aus dem Jahre 1699 kommt der Name Orgue de Barbarie noch gar nicht vor!

Auch aus einem anderen Grunde bleibt der frühe Tod des Monsieur Akademiemitglied Carré zu beklagen. Er hätte sicher dargelegt, wie der Name überhaupt zustande gekommen ist. So ist der Streit über den Ursprung des Namens Orgue de Barbarie bis heute nicht entschieden. Die einen meinen, daß Barbarie eine Verballhornung des Namens Barberi sei. Hinter diesem aber steckt ein Giovanni Barberi aus Modena, der um 1700 gelebt hat. Nach Angaben des Musikwissenschaftlers Luigi Francesco Valdrighi (1837 bis 1899), Kenner der Musikgeschichte Modenas und selbst Modeneser, war Giovanni Barberi auf den Bau von Organetti portatili (kleinen Tragorgeln) spezialisiert. Unter diesem Namen kann man eine Drehorgel verstehen, aber auch das schon seit Jahrhunderten bekannte und in Barberis Zeiten noch einigermaßen beliebte Portativ. Valdrighi selbst sah jedenfalls die Behauptungen anderer Fachkollegen — einer von ihnen behauptete, im Museo Civico in Modena habe sich noch eine Drehorgel Barberis erhalten, was aber leider nicht nachweisbar ist —, die Barberi zum Vater der Drehorgel machten, als «curiosa notiza» an. Aber auch das darf man nicht übersehen: Wörtlich übersetzt bedeutet der französische Name «Orgel aus der Barbarei».

Eine Drehorgel, die bei Wind und Wetter Straßen und Plätze, Hinterhöfe und Gartenkolonien als die ihr gemäßen Konzertsäle hat, die Staub, Regen, Temperaturschwankungen ausgesetzt ist, deren Walzen durch allzu häufigen Gebrauch schon derangiert sind und deren Pfeifenreihe nicht mehr sauber, aber dezimiert tönt, die muß ja freilich barbarisch klingen! Und diese

Leiden hat sie immer gehabt, wenn der Drehorgler sich neue Bestiftung und laufende Durchsicht nicht leisten konnte. Daraus sind dann der Drehorgel mitunter heftige Vorwürfe gemacht worden, aus gebildeten Kreisen vor allem. Im Hasslerschen «Handlexikon der Tonkunst» (1867) kann man unter anderem über den Leierkasten lesen:

«... Ein nicht genug gewürdigtes Instrument, bis jetzt nur von Bänkelsängern und sonstigen zahmen Stegreifrittern anstelle des Pistols dem harmlosen Wanderer auf offener Straße behufs Gelderpressung auf die Brust gesetzt ...»

Der im vorigen Jahrhundert bekannte und auch wegen seines Humors und seiner Parodierfreudigkeit hochangesehene Wiener Komponist Moritz Kässmeyer (1831–1884) gebar eine «Höchst schauderöse Ballade von einem grausamen Ritter, welcher sein Ehegespons zu Tode leyern ließ». Und das natürlich mit Hilfe des Leierkastens in fünf Bildern, «lebenswahr dargestellt» von W. Wiesberg.

Tafel 75

Doch zurück zum Streit um den Namen Barbarie. Selbst wenn Giovanni Barberi aus Modena mit seinem Namen Pate gestanden haben sollte, hätte der französische Esprit sicher nicht versäumt, eine kleine Korrektur anzubringen, um einerseits einen ehrbaren Namen zu bewahren und andererseits eine dem Esprit treffender erscheinende Variante damit zu verbinden.

Nicht auszuschließen ist auch, daß das Wort Barbarie in diesem Zusammenhang im Sinne von Nichtfranzösisch, Ausländisch gebraucht wurde, was so ungewöhnlich nicht wäre. Legrand d'Aussy hat 1782 ein Buch erscheinen lassen mit dem Titel «Histoire de la vie privée des François», eine Geschichte des Privatlebens der Franzosen. Die Küche spielt darin keine unwesentliche Rolle. In ihr wiederum steht die Ente mit an der Spitze, und der Verfasser kann nicht umhin, sie ausführlich zu behandeln, damit das Gelingen der zahlreichen Gerichte für seine interessierten Leser nicht in Frage gestellt wird. Nun gibt es ja nicht nur eine Entenart, und jede verlangt offenbar ihre spezielle Behandlung, meint d'Aussy. Er setzt dann hinzu: «Mais il en est une autre espèce nommé, je ne sais pourquoi, canards de Barbarie, et qui a été de l'Inde au commencement du seizième siècle ...» (Aber es gibt noch eine andere Art, die, ich weiß nicht warum, Ente der Barbarei genannt wird und die aus Indien Anfang des 16. Jahrhunderts hergebracht wurde.) Ohne Zweifel, wenn auch die Geburtsdaten des Giovanni Barberi nicht genau bekannt sind, in diesem Falle ist er an der Namensgebung nicht beteiligt.

Es liegt nahe, auch die Wörterbücher aus jener Zeit zu befragen. Sie hielten ja fest, in welcher Bedeutung die Wörter gebraucht wurden. Ein Beispiel sei angeführt: Im Dictionnaire de Trévoux in der Ausgabe von 1752 wird

Edmonde Bouchardon
(1698–1762):
«L'orgue de Barbarie
ou plutost d'Allemagne»,
1737

zum Wort Barbarie gesagt: «Barbarie, en termes de mer, se dit des choses et
marchandises étrangés d'une autre nation et pay.» (Barbarie, in der Sprache
der Seeleute, bedeutet Dinge oder fremde Waren von einer anderen Nation
oder aus einem anderen Land.) In diesem Sinne hat der berühmte französische Bildhauer Edmonde Bouchardon (1698–1762), der natürlich auch ein
guter Zeichner war, diesen Namen offenbar gebraucht. Er schuf im Jahre
1737 eine Serie von Zeichnungen unter dem Titel «Cris de Paris», wie sie   45

vor ihm und nach ihm andere Maler und Zeichner von anderen Städten auch hinterlassen haben. Es ging bei diesen «Rufen» um die charakteristischen Ausrufe von Straßenhändlern, deren einige sich hierzulande noch bis in unser Jahrhundert gehalten haben, nun aber auch verschwunden sind. Die Heidelbeerverkäufer und der ambulante Scherenschleifer waren wohl die letzten Ausrufer, die in unseren Straßen zu hören waren.

Bouchardon zeigt auf einem Blatt eine Drehorgelspielerin, die eine Laterna magica auf dem Rücken trägt, und setzt diese Unterschrift darunter: «L'orgue de Barbarie ou plutost d'Allemagne» (Orgel aus der Barbarei oder vielmehr aus Deutschland). Ohne diese Namensgeschichte in Frankreich weiterverfolgen zu wollen, sei hier nur festgestellt, daß der Name Orgue de Barbarie für die Drehorgel in den dreißiger Jahren des 18. Jahrhunderts nun wirklich für die mit Pfeifen ausgestattete Drehorgel benutzt wird. Weiter läßt sich ablesen, daß die Drehorgel wohl keine französische Erfindung war, möglicherweise auch nicht eine des Giovanni Barberi aus Modena, vielleicht aber eine deutsche.

Abb. Seite 45

Der Bericht über eine Sitzung der Königlichen Akademie der Wissenschaften aus dem Jahre 1702 ist leider nicht eindeutig. Gehen wir der Frage nach, was denn außer diesem Bericht und der leider auch nicht sicher verbürgten Nachricht über Giovanni Barberi über die Drehorgel vor der Wende vom 17. zum 18. Jahrhundert festzustellen ist.

Der nach universellem Wissen strebende Jesuitenpater Athanasius Kircher, Autor mehrerer umfassender Darstellungen der verschiedensten Wissensgebiete (Theologie, Orientalistik, Musik, Philosophie u. a.), Professor für Mathematik, Philosophie und Orientalische Sprachen an der Universität Würzburg, Mathematiker bei Kaiser Ferdinand III. in Wien, schließlich von Lehrverpflichtungen freigestellt und allein der Forschungstätigkeit, mit großen Reisen verbunden, nachgehend, setzte seine Zeit und selbst die Nachwelt mit klug durchdachten Vorschlägen und Erfindungen in Erstaunen. Er war 1601 in dem Rhöndorf Geisa als Sohn eines Doktors der Philosophie und der Theologie geboren worden und verstarb 1680 in Rom. Er war es wohl auch, der die Laterna magica erfunden hat, weniger zu einem Spielzeug für Kinder als wohl zur Geisterbeschwörung, die er Erwachsenen vorflunkerte. Aber er baute auch die Arca Musarithmica, eine Komponiermaschine, wie sie 100 Jahre später Unger auch versuchte; in der 1. Kerbe wurde davon berichtet. Er befaßte sich mit akustischen Abhörgeräten, mit der Schallübertragung über weite Entfernungen, und das verrät doch eine bewundernswerte Voraussicht auf die Bedürfnisse aller Menschen, die nach ihm kamen. Die Musik hat ihn ungewöhnlich stark beschäftigt. Dabei spielen die Musikautomaten keine geringe Rolle, doch liegen seine Verdienste

I
Johann Joachim Kändler
(1706–1775):
Drehorgelmann mit der
Laterna magica.
Aus der Serie «Pariser
Ausrufer», zwischen 1756
und 1763

keineswegs in erster Linie auf diesem Gebiet. In seinem umfangreichen Werk «Musurgia universalis», das 1650 in Rom veröffentlicht wurde, hat er seine musikalischen Erkenntnisse niedergelegt. In diesem Werk ist auch über die mechanischen Instrumente einiges Wichtige geschrieben.

Dieser Athanasius Kircher hatte in Rom eine Sammlung von Antiquitäten und Raritäten zusammengebracht, die auf eine Stiftung des römischen Senatssekretärs Alfonso Domini zurückging, der 1651 starb. Domini hatte sie dem Collegium Romanum vermacht. Auf die gleiche Art kam noch eine im Charakter ähnliche Sammlung an das Collegium. Athanasius Kircher hatte darüber bis zu seinem Tode im Jahre 1680 die Aufsicht. Danach aber zerfiel sie. Erst 1698 bekam Filippo Bonanni (1638–1725), ebenfalls ein Jesuitenpater, der seit 1676 Präfekt der Bibliothek des Collegium Romanum war, den Auftrag zur Wiederherstellung dieser Sammlung. Das Ergebnis seiner Arbeit legte er in einem umfangreichen Katalog nieder, der im Jahre 1709 in Rom unter dem Titel «Musaeum Kircherianum ...» erschien. Dieses Museum stellte durchaus nicht nur eine Musikinstrumentensammlung dar, ging sie doch aus einem Antiquitäten- und Raritätenkabinett hervor. Als im Jahre 1770 der englische Doktor der Musik Charles Burney das «Kirchersche Museum» besuchte, berichtete er darüber in seinem «Tagebuch einer musikalischen Reise» (in deutscher Übersetzung 1772 erschienen) unter anderem:

«Alte Gemählde, Urnen, Vasen, Juwelen, Gemmen, Cameen und andere Elterthümer giebt es hier in solcher Menge, daß ich zu Portici zu seyn glaubte; allein die Merkwürdigkeiten, welche ich hier vornehmlich sehen wollte, waren Pater Kirchers musikalische Instrumente und Maschinen ... Ihre Einrichtung ist würklich merkwürdig, und ein Beweis, sowohl von der Erfindungskraft als dem Eifer dieses gelehrten Jesuiten bey seinen musikalischen Untersuchungen und Erfindungen.»

In Bonannis Katalog von 1709 ist nun eine Drehorgel mit diesen Worten beschrieben:

«Secundum Organum est Pneumatic pariter, ex quo dum manus cylindrum circumagit, in parva capsula inclusum, viginti quatuor fistulae ventum excipientes e folle duodecim diversas symphonias efformant.»

Das heißt immerhin, daß die Walze dieser Orgel (dieser zweiten Orgel, vorher ist von einer anderen die Rede) mit der Hand gedreht wurde — sie hatte also eine Kurbel —, daß das Instrument 24 Pfeifen hatte und daß auf die Walze 12 verschiedene Stücke geschlagen worden waren. Das Instrument existiert nicht mehr, man weiß weder etwas von seinem Ursprung noch Verbleib. Damit ist auch nicht sicher, ob diese Drehorgel schon aus Kirchers Zeit stammt, ob sie erst von Bonanni eingebracht wurde oder ob sie gar in der herrenlosen Zeit des Museums, also zwischen 1680 und 1698, auf eine unbekannte Art in die Bestände der Sammlung geraten ist. Auch diese Geburtsurkunde ist, wenn sie schon über den Sachverhalt keinen Zweifel auslöst, hinsichtlich des Zeitpunktes unzuverlässig. Mit Sicherheit kann nur gesagt werden, daß die Drehorgel um 1700 vorhanden war, daß sie mehrere Stücke auf der Walze hatte, daß sie mit mehr Pfeifen ausgestattet war als die Vogelorgel, die Serinette (von der noch zu sprechen sein wird), und daß sie demzufolge älter ist als diese. Immerhin gebührt dem Padre Filippo Bonanni der Dank dafür, daß er zum ersten Mal eine zwar kurze, aber sehr aussagekräftige Beschreibung der Drehorgel gegeben hat. Zum anderen hat sich Bonanni durch sein prächtiges, vorzüglich illustriertes Buch «Gabinetto armonico pieno d'Istromenti sonori indicati e spiegati» verdient gemacht, das 1722 in Rom herauskam. Diese Beschreibungen der im Collegio Romano vorhandenen Musikinstrumente und die Darstellung ihrer Geschichte sind sicher nicht unanfechtbar. Zweifellos waren in manchen Fällen die damaligen Erkenntnisse gerade hinsichtlich der Geschichte einzelner Instrumente umfassender, als sie Bonanni darstellte. Einen großen Anteil an dem dennoch wertvollen Werk haben die 151 schönen und präzisen Illustrationen, für die sich Bonanni des Kupferstechers Arnould van Westerhout (1651? bis 1725) versichert hatte, eines Niederländers, der seit 1680 in Rom lebte und dort auch verstarb. Bonanni gab im Vorwort des «Gabinetto» an, die Instrumente aus der Sammlung des Athanasius Kircher beschreiben zu wollen. Tatsächlich gewinnt man aus Westerhouts Stichen den Eindruck, zumindest Teile eines Raritätenkabinetts vor sich zu haben.

Ein Blatt ist der Organo portatile, der Drehorgel, gewidmet. Bonanni gibt dem Instrument den nicht ganz präzisen Namen tragbare Orgel, der ja auch für das Portativ zutrifft, das mit einer Tastatur versehen ist. Richtiger wäre die Bezeichnung Organo a manovella, wie sie in späteren Zeiten in Italien auch gebraucht wird.

Ein Umstand scheint indes darauf hinzuweisen, daß diese Drehorgel tatsächlich aus dem Museum Kircherianum stammt. Bonanni hat die eigene Beschreibung von 1709 sicher und verständlicherweise als eine Grundlage für sein «Gabinetto» gedient. Im «Museum Kircherianum» beginnt er seine Anmerkungen zur Drehorgel mit den Worten «secundum organum» = die zweite Orgel. Vorher ist von einer «primum organum» die Rede. Im «Gabinetto» ist die Reihenfolge dieselbe. Voraus geht in beiden Fällen die Erwähnung eines Positivs von Filippo Testa, das dieser römische Künstler für den Vatikan gebaut hatte. Hier ist ganz offensichtlich, daß Bonanni für sein «Gabinetto» auf seine Beschreibung des Museums aus dem Jahre 1709 zurückgegriffen hat. Das wiederum läßt es zur Gewißheit werden, daß auch die Abbildung im «Gabinetto» ein Instrument aus dem Musaeum Kircherianum darstellt. Daraus könnte man ableiten, daß die Drehorgel möglicherweise schon vor 1680 zum ersten Mal gebaut worden ist. In Kirchers

Arnould van Westerhout
(1651?–1725):
Organo portatile (Drehorgel)

«Musurgia universalis» ist eine Fülle von Ideen, Vorschlägen und Experimenten angeführt, wie bereits erwähnt wurde. Doch von der Drehorgel war nicht die Rede. Wenn in der 5. Kerbe die Funktionsweise der Drehorgel, ihre Walze und deren Bestiftung abgehandelt werden, dann wird noch einmal von Kircher zu sprechen sein. Er ist verdächtig, Erfinder auch der Drehorgel zu sein.

Zurück zum «Gabinetto» und seiner frühen Abbildung der Drehorgel. Bonanni gibt dazu folgende Erläuterung:

«Es fehlen nicht andere, noch kleinere [hinzuzufügen: organi portatili; von der von Filippo Testa war vorher die Rede], die man auch beim Reisen um den Hals gehängt tragen kann, die man spielt, indem man mit der rechten Hand eine Walze dreht, die mit Stiften ausgerüstet ist, die die Bewegung der Finger ersetzen, wie die hier abgebildete Figur zeigt, die einen armen deutschen Pilger darstellt, wie etliche dieser Nation musizierend und Almosen empfangend sich nach Italien wenden.»

Diesem Text ist gewiß nicht nachzusagen, daß er üppig sei und die Geschichte der Drehorgel oder wenigstens ihre Geburtsstunde klarlege. Aber: hier ist schon wieder ein Hinweis auf Deutschland. Der arme Pilger kommt aus Deutschland. In Bonannis Originaltext heißt es «un Tedesco povero pellegrino». Das könnte nun allerdings auch ein Niederländer sein, denn um jene Zeit steht das italienische tedesco noch sowohl für niederländisch wie für deutsch. Wahrscheinlich kommt jedoch eher Deutschland in Betracht, weil auch Bouchardons Erläuterung zum Namen Orgue de Barbarie auf Deutschland verweist. Ob nun aber dieser Pilger die Orgel aus Deutschland mitbrachte, oder ob er sie in Italien erstand? So abwegig scheint es nicht zu sein, einem nach Italien wallfahrtenden Pilger zu unterstellen, daß er sich nach Überschreiten der Grenze zunächst einmal eine kleine Drehorgel kaufte, damit er sich auf dem Wege zum Wallfahrtsort Loreto oder gar zum Heiligen Vater in Rom mit Speis und Trank versorgen könne. Früher sangen die Pilger, damit der Strom aus Milch und Honig heftiger flösse. Ob sich die mehr oder weniger unfreiwilligen Zuhörer daran delektieren konnten, sei dahingestellt. Aber zu Zeiten Bonannis war natürlich eine kleine Drehorgel das Modernste auf diesem Gebiet und zweifellos in der Praxis ein musikalischer Fortschritt. Und beides wird die Gebefreudigkeit gehoben haben.

Die frommen Männer mußten mit der Zeit gehen und sich etwas Neues einfallen lassen, denn ihr Ruf war schon arg ramponiert. Der Italiener Thomas Garzoni hatte in seinem Buch, das 1626 in deutscher Übersetzung in Frankfurt unter dem Titel «Piazza Universale Das ist: Allgemeiner Schauplatz oder Marckt und Zusammenkunft aller Professionen, Künsten, Geschäfften, Händeln und Handtwerken ...» erschien, in dem 71. Discurs die Bettler im allgemeinen und die Pilger im besonderen aufs Korn genommen. Beiden wirft er arge Täuschung vor und schreibt:

«Etliche sind andächtige Pilgram / mit dem Stabe in der Hand / den besteckten Hut auff dem Kopff / und den Mantel uff den Schultern / singen über die Gassen / reden Latein / und andere fremde Sprachen / zeigen Bullen und Briefe / geben vor / sie ziehen nach Rom / nach Loret, nach S. Jacob / nach dem heiligen Grab / vnd wo man sonsten mehr Wallfahrten zu besuchen hat: wollen aber nit leer gehen / sondern fordern vberall jre Steuwer / welche jnen nützer ist / als wenn sie daheim blieben / vnd einer ehrlichen Handarbeit abwarteten ...»

Schon 1568 war in Frankfurt das Werk «Stände und Handwerker mit Versen von Hans Sachs» (1494–1576) erschienen, dem die Illustrationen des Schweizer Malers, Zeichners und Kupferstechers Jost Amman (1539–1591) beigegeben waren. Beide ergänzten sich aufs beste. Da findet sich folgendes Gedicht zu einem entsprechenden Bild:

«Wir Jacobsbrüder mit grossen Hauffen Im Land sind hin und her geloffen / Von Sanct Jacob / Ach vnd gen Rom Singen und betteln one schom / Gleich anderen presthafften armen / Offt thut uns der Bettel Stab erwarmen In Händen / alsdenn wir es treiben Vnser lebtag faul Bettler bleiben.»

In solcher Umgebung taucht die Drehorgel also auf! Echte und unechte Bettler sind ihre Spieler. Das Almosen ist ein ziemlich vordergründiger Zweck dieses Instruments. Das gilt bis in die letzten Stunden der Drehorgel — soweit sie als Straßendrehorgel genutzt wird. Aber zur Ehrenrettung: Es gab auch andere Verwendungszwecke, auf die später noch eingegangen werden soll.

Die Zeugnisse über die Verbreitung und Wirksamkeit der Drehorgel fließen dann recht spärlich. Über die Gründe ist an anderer Stelle schon ausführlich gesprochen worden. Unter den wenigen Belegen aus dem Anfang des 18. Jahrhunderts sind zwei bildliche Darstellungen von besonderem Wert. Einmal handelt es sich um eine undatierte Zeichnung Guiseppe Maria *Tafel 16* Crespis (1665–1747), der auch «Lo Spagnuolo» genannt wird. Sie stellt einen Drehorgelspieler und eine Frau dar. Es wird angenommen, daß dieses Blatt zwischen 1700 und 1720 entstanden ist. Crespi, ein gebürtiger Bolognese, unternahm Studienreisen nach Venedig, Parma, Pesaro, Urbino und Modena, hielt sich dort jeweils längere Zeit auf und vervollkommnete sich auf diese Weise in seiner Kunst. Die Vermutung liegt nahe, daß er in Modena mit Drehorgeln des Giovanni Barberi bekannt geworden ist. Zweifellos hat dieser naturalistische Maler sie aber auch in Aktion gesehen, wovon die Zeichnung Zeugnis ablegt. Der Drehorgelspieler zieht mit seiner Frau umher, beide fristen mit dieser mechanischen Orgel ihr Leben. Auch das hat sich nicht geändert. Später stellen das Honoré Daumier, Ludwig Richter, Albert Hendschel, Max Buri, Robert Rabe, Heinrich Zille, um einige Namen zu nennen, immer wieder dar.

Tafel 87, Abb. Seite 226, 228
Farbtafel III, Tafel 90–92

Endlich findet sich auch eine reizende bildliche Darstellung der Drehorgel bei Johann Christian Weigel, seines Zeichens sowohl Kupferstecher als auch Kunsthändler. Es scheint das erste deutsche Zeugnis der Drehorgel zu sein, jedenfalls ist ein älteres bisher nicht festzustellen gewesen. Wahrscheinlich ist sein «Musicalisches Theatrum, auf welchen alle zu dieser edlen Kunst gehörigen Instrumenta in anmuthigen Posituren lebhafft gezeiget und zu gefälliger Belustigung vorgestellt werden» um 1720 entstanden. Seine Absicht war, in einer Reihe bildlicher Darstellungen die Musikinstrumente der Zeit so abzubilden, daß nicht nur das Instrument selbst, sondern auch der Spieler und damit die Spielhaltung gezeigt werden sollte. Nicht zuletzt ist aber auch das Milieu erkennbar, in dem das jeweilige Instrument zu Hause ist. Eines von diesen Blättern, ausdrücklich als dem «Musicalischen Theatrum» zugehörig bezeichnet, stellt eine Orgelträgerin dar. Der Name ist nicht gerade sehr anschaulich und scheint darauf hinzuweisen, daß in Deutschland für die Drehorgel noch kein fester Name geprägt worden war. Zweifellos handelt es sich auch bei der Drehorgel um eine Orgel, aber für ihre genaue Bezeichnung reicht das Wort Orgel nicht aus. Über die Profession der Trägerin wird niemand in Zweifel gelassen: Die unter den Kupferstich gesetzten Verse sagen deutlich, daß es sich um eine ambulante Straßenmusikantin handelt. Sie lauten:

Tafel 18

«So geht die Kunst nach Brod: Arbeit ist mein Gevatter,
drum treib ich sie nicht gern; diß trägt auch etwas ein,
wenn meiner Hände Fleiß und meines Mauls-geschnatter
mus vor ein bagatell, zu jedes diensten seyn.
Jch reise hin und her, wer nur was schönes will hören,
den kan jch alles Leid um einen zweyer stören.»

Die Ähnlichkeit mit den von Westerhout und Crespi dargestellten Instrumenten ist deutlich erkennbar. Das läßt den Schluß zu, daß die Datierung um etwa 1720 mehr für sich hat als die frühere, die etwa die Zeit um 1740 angab. Vergleicht man mit diesen die Darstellung Edmonde Bouchardons aus dem Jahre 1737 – auch wenn das Instrument nur von der Seite dargestellt ist –, dann läßt sich ein frühes Stadium der Drehorgel bei den drei Darstellungen der erstgenannten Stecher und Zeichner nicht übersehen.

16
Guiseppe Maria Crespi
(Lo Spagnuolo)
(1665–1747):
Drehorgler mit Frau,
zwischen 1700 und 1720

17
Kupferstich von Claude du Bosc nach Antoine Watteau (1684–1721):
Musizierende Bettler, zwei von ihnen mit Drehleiern, Anfang des 18. Jahrhunderts

18
Johann Christoph Weigel:
«Orgel Trägerin», um 1720

Des
Musicalischen
Theatri
Lustiges
nach Spiel.

19
Jean-Michel Moreau
(le jeune) (1741–1814):
Laterna magica und
Drehorgel, 1776
20
Laterna magica,
anonymer französischer
Kupferstich, Ende des
18. Jahrhunderts

22, 23
(folgende und übernächste Seite)
Mattheus Deisch (1718–etwa 1789): Laterna magica und Drehorgelspieler.
Aus «Danziger Ausrufer», 1763

21
Edmonde Bouchardon (1698–1762):
«La charmante Catin», Radierung aus
den «Cris de Paris», um 1745

Charmante Katrinn · Katrina charmant Kan

Loehne Dans, ha, ha, ha.

Laterna Magica, Zattenspiehl an der Hanat.

Die
verhängnißvolle
Schachtel.

Diebstahl

24
Selbst dieser Moritatensänger hat noch den Leierkasten mit
beweglichen Figuren, erste Hälfte des 19. Jahrhunderts,
anonym

25
Holzschnitt von G. Czacki nach einem Gemälde
des polnischen Malers Antoni Kozakiewicz:
Drehorgelspieler, 1880

Drehorgel, unsigniert, Anfang des
19. Jahrhunderts

Drehorgel für das Haus, wahrscheinlich schwedische Arbeit aus dem
Ende des 18. Jahrhunderts

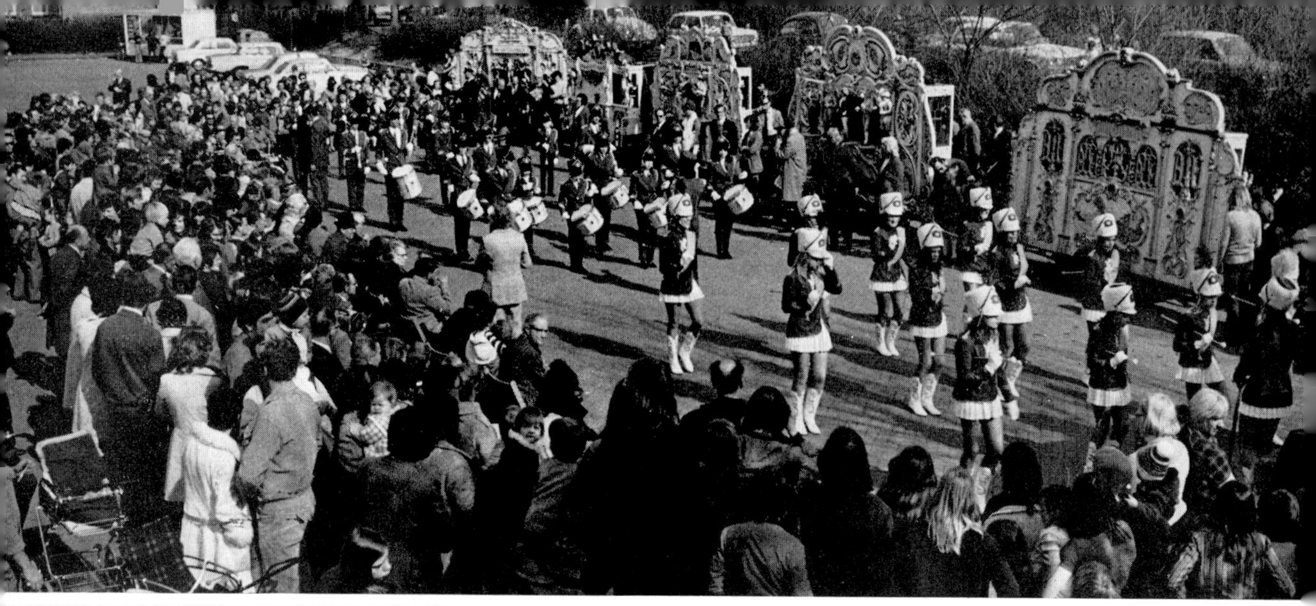

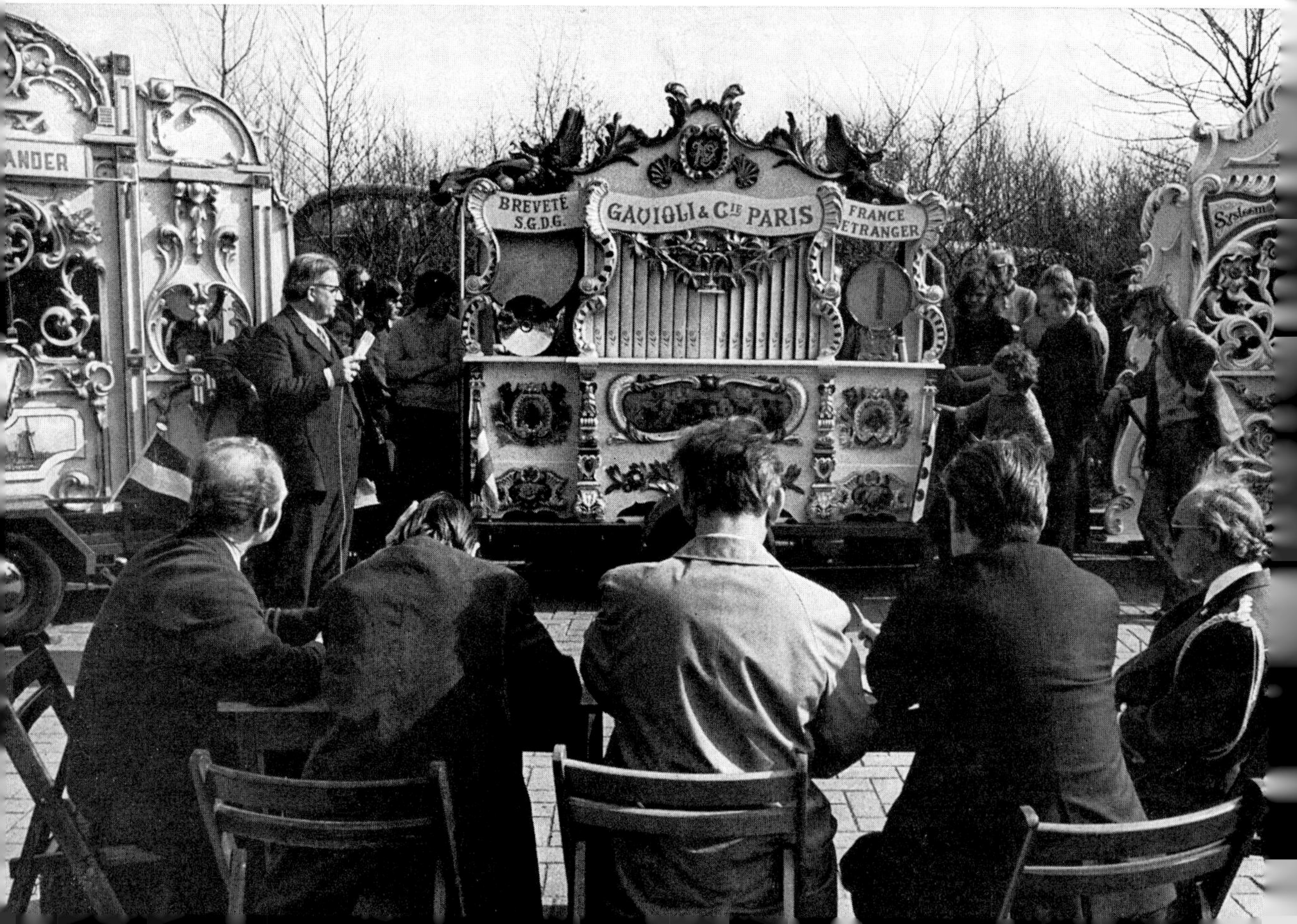
BREVETÉ S.G.D.G.
GAVIOLI & Cie PARIS
FRANCE ETRANGER

Aufmarsch zum Orchestrion-Wettbewerb in Holland, 1973
Die Jury bei der Bewertung der zum Wettbewerb vorgeführten Orchestrions
in Holland, 1973

Orchestrion von
Gebr. Wellershaus,
Mülheim-Saarn (Ruhr),
50 Tonstufen, um 1900

Schießscheibe vom Jahre 1819 aus Olmütz (Olomouc). Gesamtaufnahme (32) vermutlich Karnevalsszene;
in den unteren Logen links und rechts Musikanten mit Jagdhorn, Hirtentrompete, Dudelsack, Trumscheit
sowie (links) Maultrommel, Tamburin, Glockenspiel oder Hackbrett (?) und Drehorgel.
Im Detail (31) vorn der Drehorgelspieler, dahinter vermutlich ein mit Hämmern anzuschlagendes Glockenspiel (Metallstabspiel), ein Tamburin und eine Maultrommel (auch Brummeisen genannt)

33, 34, 35
Drehorgel mit beweglichen Figuren, Schwarzwald, um 1835, Rückansicht, Seitenansicht und Vorderansicht

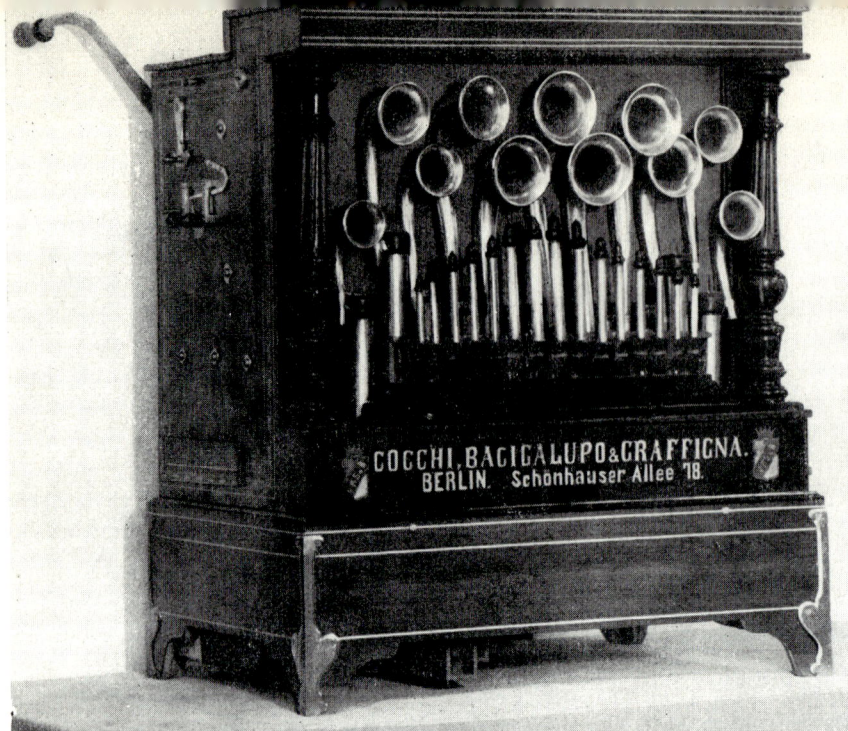

In Deutschland, und zwar in Leipzig, erschien im Jahre 1732 ein umfangreiches «Musicalisches Lexicon oder Musicalische Bibliothec ... von Johann Gottfried Walthern, Fürstl. Sächs. Hof-Musico und Organisten an der Haupt-Pfarr-Kirche zu St. Petri und Pauli in Weimar». Dieses fast 700 Seiten starke Lexikon hat sich als musikalisches Nachschlagewerk bis heute bewährt, wenn auch in unseren Tagen unter einem anderen Aspekt als zur Zeit seiner Veröffentlichung. Walther kannte mechanische Instrumente und erwähnte sie in übertriebener Kürze unter dem Namen Automatae, deren Palmulae durch Cylindros und diese wiederum durch Wasser oder Gewichte regiert werden. Von dem Antrieb durch eine Handkurbel scheint ihm nichts bekannt zu sein und eine Drehorgel sein musikalisches Ohr auch noch nicht beleidigt zu haben. Das kann aber auch ein Trugschluß sein, denn es ist nicht auszuschließen, daß Walther die Drehorgel als ein Instrument fahrender Musikanten kannte, zum eigentlichen Musizieren nicht geeignet und im Geruche der «Lumpeninstrumenta» stehend, so daß sie nicht bedeutungsvoll und würdig genug war, um in seinem Lexikon einen Platz zu finden.

Überraschenderweise taucht in Deutschland der Name «Drehe-Orgel» erst 1742 auf, und zwar in einem Lexikon, das mit der Musik wenig zu tun hatte, das wenige aber im allgemeinen aus dem Waltherschen Lexikon bezog. Die Drehorgel wird beiläufig unter «Canarien-Vogel, Serin de Canarie» erwähnt. Woher der Autor die Information bezogen hat oder ob der Text in diesem Falle aus seiner Feder geflossen ist, bleibt ungewiß. Der Titel dieses in Leipzig erschienenen Werkes von Valentin Trichter lautet: «Curiöses Reit-, Jagd-, Fecht-, Tantz oder Ritter-Exerzitien-Lexikon», womit der Titel aber noch keineswegs vollständig zitiert ist, denn auch das gehört noch — unter anderem — zum Titel: «alles in alphabetischer Ordnung und dergestalt eingerichtet, daß junge ‹Herren von Adel› angewiesen werden, wie sie durch eine gefällig machende Aufführung sich in Stand setzen können, dereinst vollkommene Hof-Leute, gute Soldaten und geschickte Hauswirthe abzugeben ...» Das Rittertum war mit dem Verfall des Lehenssystems und durch die Einführung der Söldnerheere ohne Funktion und gebar notwendigerweise das Raubrittertum. Selbst das war zu Zeiten Trichters kaum noch des Bemerkens wert, da selbst die Ritterromane schon ihre Blütezeit hinter sich hatten und nur in der Trivialliteratur neben den Räubergeschichten noch ein kunstloses Dasein fristeten. Trichter schrieb, sicher unfreiwillig, einen Nekrolog.

Eine Parallele dazu — und es gibt deren sicher mehrere — findet sich auch auf dem Gebiet der Musik. Johann Ernst Altenburg, einer der letzten Hoftrompeter alten Stils, gab im Jahre 1795 in Halle seinen «Versuch einer Anleitung zur heroisch-musikalischen Trompeter- und Paukerkunst» heraus.

36
Drehorgel von Cocchi, Bacigalupo & Graffigna, Berlin, um 1895

37
Straßendrehorgel «Harmonipan» von Cocchi, Bacigalupo & Graffigna, Berlin, nach 1891, Walzenorgel mit 33 Tonstufen

73

Zu dieser Zeit waren diese Kunst und auch der privilegierte Stand der Trompeter und Pauker bereits in Verfall geraten. Und wenn sich ein Autor nicht gerade mit einer «Anleitung» oder dem «Versuch einer Anleitung über die wahre Art, die Drehorgel zu spielen» abmüht, sondern damit, die Geschichte der Drehorgel und ihrer Spieler auf Papier zu bringen, kann auch nur ein Nekrolog dabei herauskommen.

Doch zurück zu Valentin Trichter! Es handelt sich tatsächlich um eine Drehorgel, um eine sehr kleine mit hoher Tonlage, die man zum Abrichten der gekäfigten Singvögel benutzte. Sie war in Frankreich beliebt, in Deutschland und England bekannt unter dem Namen Serinette oder Vogelorgel. Darauf werden wir besonders zurückkommen. Die Serinette verdient eine eigene Kerbe!

Die bildende Kunst muß weiterhelfen, denn die schreibenden Musikfachleute schweigen sich aus, wenn wir von einer Ausnahme absehen, die allerdings bemerkenswert genug ist.

Die Darstellung des Edmonde Bouchardon aus dem Jahre 1737 ist schon erwähnt worden. Nicht beachtet wurden bisher die Attribute, die mit der Drehorgel zusammen auftreten. Bei ihm ist es die Laterna magica. Sie taucht auf in einem Stich von Jean-Michel Moreau le jeune (1741–1814), ebenso auf einem französischen Kupferstich, der wahrscheinlich kurz vor 1800 entstanden ist. Fast selbstverständlich sind Drehorgel und Laterna magica auch in der reizenden Porzellanplastik von Johann Joachim Kändler (1706–1775) *Farbtafel I* vereint. Die «Cris de Paris» von Bouchardon haben Kändler, dem Hofbildhauer Augusts des Starken und schließlich, seit 1740, Leiter der Königlichen Porzellanmanufaktur in Meißen, als Vorlage gedient. Diese Plastik ist wahrscheinlich in der Zeit zwischen 1756 und 1763 entstanden.

Ein Wort zur Laterna magica. Bis in unser Jahrhundert hinein war sie die Freude der Erwachsenen und Kinder. Das Kinematographentheater — so die gelehrte Bezeichnung für das Lichtspieltheater in seinen Anfängen — hat dem stehenden farbigen Bild den Garaus gemacht. Und wenn wir uns schon einmal mit diesem befassen, dann nehmen wir die Diapositive, die Dias, selbst auf — ohne uns allerdings bewußt zu werden, daß wir dabei doch wieder in die Nähe der Zauberlaterne gekommen sind. Aber der selbst aufgenommene Film und seine Wiedergabe in den eigenen vier Wänden drängt das Dia mehr und mehr in den Hintergrund. Zum Film brauchen wir Musik, und die Industrie trägt dem Rechnung. Man kann sich das Tonband selbst zusammenbasteln, das man zu seinem Film ablaufen lassen will. Das ist alles nicht so ganz neu, wie unsere malenden und zeichnenden Künstler aus dem 18. Jahrhundert beweisen. Nur verlangen wir heute mehr Perfektion — und können vielleicht nicht mehr so ursprünglich naiv sein. Die Laterna magica war beliebt bei jung und alt, mit einer bedeutenden Palette an hervorragenden Geschehnissen aus der Geschichte, die bei Adam und Eva anfing und bei dem pompösen Einzug eines Gesandten in jüngster Zeit aufhörte, wie wir noch sehen werden. Da berichtet das Journal «London und Paris» in seinem ersten Jahrgang 1798 — es erschien in Weimar — über die vielerlei Arten der Vergnügungen im Botanischen Garten in Paris, und daraus sei hier eine Stelle angeführt:

«... Dort bildet sich noch ein neuer Circel: Raritäten sind zu sehen! Es ist ein Guckkasten-Mann, der ein Orchester ambulant von zwey Leyermännern mitführt; er lässt ihnen [das Publikum ist gemeint] mit Hilfe seiner Laterne magique Sonne, Mond und Sterne, Adam und Eva, Noah nebst seinem Vieh u. s. w. bis auf den Einzug des türkischen Gesandten in Paris vorführen.»

Die Verwandtschaft dieses Berichtes mit einem Drehorgellied zur Laterna magica oder dem Guckkasten aus dem Ende des 18. Jahrhunderts ist so auffällig, daß auch das Lied noch hierher gesetzt werden soll:

«Raritäte sein ssu sehen, schöne Raritäte!
Soll sick aufmarschieren sehn in die gruße Städte
Offizier und Musketier, schwarz Hussar und Grenadier,
lauter schöne Leute!

Raritäte sein ssu sehn, auch das Paradiesel!
Ev und Adam drinne gehn, munter wie die Wiesel
und der Engel mit dem Schwert, wie er beide laufe lehrt!
Gruße Raritäte!

Auk die Arke Noah soll sick hier präsentiere,
kribble, krabble, alles von vierfußle Tiere.
Paar und Paar marschier sick ein, auk ssuletzt die auf sswei Bein,
die Familie Noah.

Wie Madame Potiphar Joseph will verführe;
da sie ihm gar eftig droht, daß er sie scharmiere;
aber Joseph eschappier, läßt die Rockeärmel ihr.
Heut zu Tag gehts anders!

David spielt vor König Saul auf der Harfen süße,
aber König Saul nit faul greifet nach dem Spieße,
will ihn nageln an die Wand, o die gruße Unverstand,
tut mir sehr krepiere!

Kopf im Sack und Sack im Kopf, Mamsell Judith schicket
Sack im Kopf und Kopf im Sack, wie man hier erblicket.
Kurios Possierlichkeit; kommt ssu mir, ihr liebe Leut,
sollt in Kaste gucke.»

Der Einzug des Gesandten, den auch in den Tageszeitungen in allen Details
zu schildern üblich war, fehlt hier im Lied allerdings. Bei solchen Anlässen
ging es damals nicht nur um den Frack oder Cutaway, den Zylinder oder
harten Hut, sondern um die Zahl des gesandtschaftlichen Personals, der
Hoftrompeter und -pauker, der Wagen und Pferde. Das war, noch dazu in
Farbe, ein so attraktives Unternehmen, daß der Mann mit der Laterna magica selbst in die vornehmen Häuser gerufen wurde, um dort in herrschaft-
licher Umgebung seine Vorführung zu starten. Nicht ohne Musik der Drehorgel!
Das Gewerbe des Mannes mit der Laterna magica ist ein stilles. Um ein
abendliches Engagement in Salons oder auch nur Publikum auf den Straßen und Plätzen zu bekommen, bedurfte es schon eines geräuschvollen An-
ziehungsmittels. Die Drehorgel war das geeignete Mittel, die musikalische *Farbtafel I,*
Untermalung zu geben. Selbst das oben mitgeteilte Lied hatte seine Melo- *Tafel 19, 20*
die — die übrigens dem 1973 so beliebten Popcorn gar nicht unähnlich ist —,
und sie dürfte bei den Drehorgelmännern nicht unbekannt gewesen sein.
Der Text ist sicher in Deutschland entstanden. Die Absicht, einen gebrochen
deutsch sprechenden Guckkastenmann darzustellen, zielte zweifellos auf die
Savoyarden ab, die ganz Europa mit ihren Dienstleistungen als Schornsteinfeger, als Laternenträger, als Vorführer der Laterna magica, tanzender Murmeltiere und natürlich auch der Drehorgel versorgten.
Laterna magica heißt, man denkt nicht immer daran, Zauberlaterne. Es war
überhaupt keine Zauberei dabei. Doch wurde sie scheinbar auch dazu benutzt. Das fing schon bei dem Erfinder an, der wohl kein anderer als Athanasius Kircher war. Er kannte den Trick — der nun eigentlich auch wieder
keiner ist —, das Bild statt auf eine Wand auf einen Hohlspiegel zu werfen,
der es dann in eine künstlich erzeugte Rauchwolke lenkte, in der die Figur
plötzlich fast körperlich erschien. Selbstverständlich mußten die Betrachter
in einen Zauberkreis treten, um eine solche Wahrnehmung überhaupt machen zu können. Das ist doch wohl eine perfekte Geisterbeschwörung, wenn
man einen längst Abgeschiedenen zitiert und der auch tatsächlich, wie es
den Anschein hat, sich blicken läßt! Mit Zauberei hatte das natürlich
gar nichts zu tun, sondern gehörte zu dem Brimbamborium, das dazu bei-
trug, ebenso den angenehmen Schauer beim Betrachter zu steigern — wie die
Einnahmen des Vorführenden.

Auf einem Stich von Charles Nicolas Cochin le jeune (1715–1790) ist die Drehorgel Attribut für eine andere Sehenswürdigkeit: die «charmante Catin», eine Puppe, die sich auch als «courante Margarethe» großer Beliebtheit erfreute. Immer waren die Puppen der Gegenstand besonderen Interesses. Oft waren sie mit einem Uhrwerk im Innern versehen, so daß sie selbst laufen und tanzen konnten. Edmonde Bouchardon hat in seinen «Cris de Paris» auch eine «charmante Catin» dargestellt, an der ein Mädchen seine Freude hat. Auf Cochins Stich sind es die Erwachsenen, denen die bewegliche Puppe offensichtlich Vergnügen bereitet. Die Drehorgel hat das Geschäft des Herbeirufens von Kunden hinter sich und kann jetzt schweigen. Auch die Laterna magica wird in diesen Augenblicken nicht gebraucht. Das Vergnügen dagegen der ambulanten Künstler ist getrübt, wenn es überhaupt eins ist. Die Verse unter dem Stich sprechen jedenfalls eine andere Sprache:

La charmante Catin

Sans badiner, malgré ce que nous sommes,
Tel est souvent notre destin:
Les Grands quand il leur plaît font à peu près des hommes
Ce qu'un ressort caché fait ici de Catin.

Das charmante Käthchen

Ohne zu spaßen, ungeachtet was wir sind,
Das ist oft unser Los:
Die Großen, wenn es ihnen gefällt, machen beinahe aus den Menschen das,
Was eine verborgene Feder hier aus Käthchen macht.

Diese Verse waren sicher nicht für die Gesellschaft bestimmt, die sich auf Cochins Stich versammelt hat. Eine solche «Gesellschaftskritik» hätte wohl das Honorar stark beeinträchtigen müssen.

Zur laufenden und tanzenden Puppe brauchte man zunächst Musik, die der Leierkasten unermüdlich, ohne musikalische Anforderungen an den Spieler und zu jeder Zeit spendete, sooft das gewünscht wurde. Er brachte die musikalische Umrahmung, wie sie die Laterna magica, die Stockfechter, die Ringkämpfer und die meisten ambulanten Straßenkünstler nun einmal benötigten, um die Aufmerksamkeit des Publikums auf sich zu lenken. In Paris erschien im Jahre 1811 ein Buch von J. B. Gouriet mit dem Titel «Personnages célèbres dans les rues de Paris» (Berühmte Persönlichkeiten in den Straßen von Paris). Im Vorwort erläutert Gouriet, welchen Persönlichkeiten er sich zuwenden wollte. Und das waren die Bateleurs (Gaukler), die Jongleurs und die Charlatane (Marktschreier). Er verwahrte sich gegen den

Brauch, in ihnen nur das Lächerliche zu suchen, ihre Beurteilung durch Mißgunst beeinträchtigen zu lassen, und verfuhr denn auch nicht nach dieser herkömmlichen Art. Er berichtete vom Batonisten, dem Stockfechter, beschrieb dessen Kunststückchen und bemerkte, daß sich dieser Artist zum Klange einer Drehorgel produziert, die von seiner Frau gespielt wird.

Die Aufgabe, das Publikum anzulocken, kam früher einmal der Drehleier zu. Im 18. Jahrhundert lebte sie noch neben der lautstärkeren Drehorgel, ehe sie endgültig abtreten mußte. Die Drehleier, ein ehrwürdiges Instrument mit einem Friktionsrad (Reibungsrad), das die Saiten in Schwingungen versetzt, hatte schon im hohen Mittelalter eine bemerkenswerte technische Einrichtung erlangt, die bis zuletzt keiner grundsätzlichen Änderung bedurfte. Zunächst hoch angesehen, den seriösen Namen Organistrum tragend, war die Drehleier in ihrer Stellung den übrigen Instrumenten durchaus ebenbürtig. Im 16. Jahrhundert wird sie kaum noch erwähnt. Michael Praetorius (1571–1621) verwahrte sich in seinem 1619 erschienenen «Syntagma Musicum», dessen 2. Band sich ausschließlich mit den Musikinstrumenten befaßt, gegen die «Bawren- vnnd vmblauffenden Weiber Leyre», die «billich / wies Sebastian Vihrdung nennet Dörliche / oder aber Lumpen Instrumenta köndten genennet werden».

Tafel 17

Sie blieb das Bettlerinstrument, und als solches ist sie mitsamt den ambulanten Bettelmusikanten Malern, Kupferstechern und Zeichnern durch Jahrhunderte ein dankbares Objekt gewesen; zahlreiche Darstellungen sind auf uns gekommen. Sie verlor selbst dann diese Funktion nicht, als zur Zeit Ludwigs XIV. und seiner Nachfolger der französische Hof in seinem erfinderischen Drange, die Langeweile auf amüsante Art totzuschlagen (weil die politischen Intrigen allein die Tage und Nächte nicht zur Genüge ausfüllten), auf die Idee der Schäferspiele kam. Da schlug für die Drehleier (französisch = vielle) noch einmal die große Stunde: Sie wurde hoffähig. Mancher kostbaren Laute und vielen prächtigen Gitarren hat diese Mode — Moden waren damals langlebiger als in unserer Zeit — das Leben gekostet. Natürlich wurden schöne Drehleiern neu gebaut, aber die Manie, Gitarren und Lauten zu Drehleiern umzubauen, war nicht aufzuhalten. Vielles en Luth und Vielles en Guitarre waren zu allgemeinverständlichen Begriffen geworden. Ein ähnliches Schicksal erlebte auch der Dudelsack, der in den Schenken und auf Dorfplätzen zu Hause war und sich plötzlich, silberbeschlagen, mit Elfenbein verziert, mit Quasten geschmückt, in der gleichen Zeit am Hofe wiederfand. Dennoch und daneben blieb die Drehleier ein Instrument umherziehender Bettelmusikanten. Diesen Ruf vermachte sie ihrer Nachfolgerin, die sich sehr schnell die Zuneigung desselben Personenkreises eroberte, dem die Drehleier Jahrhunderte hindurch verbunden war.

Daran konnte auch Ferdinand IV. von Neapel nichts ändern, der selbst ein hervorragender Virtuose auf diesem Instrument war und sich zum Beispiel Konzerte für die Drehleier von Ignaz Pleyel und Joseph Haydn schreiben ließ. Auch andere Komponisten haben für dieses Instrument geschrieben. Genannt sei nur Antonio Vivaldi (1675–1741), der sechs Sonaten für ein Ensemble schrieb, zu dem außer Flöte, Oboe und Baß der Dudelsack und die Drehleier gehören.

Ein bemerkenswertes Glied zwischen der Drehleier und der Drehorgel, auch wenn es keinen Erfolg hatte und nur geringe Verbreitung fand, war die Vielle organisée. Der Name deutet schon darauf hin, daß es sich um einen vorzugsweise in Frankreich geförderten Instrumententyp handelt. Ein französischer Dictionnaire aus dem Jahre 1722 erklärt das Wort organiser so:

«organiser signifie aussi joindre, unir une petite orgue à un clavessin, ou à quelque autre instrumens semblable, ensorte qu'en abaissant les touches de cet instrument, on fasse jouer l'orgue en même tems ... un clavessin, une vielle, une epinette ...»

Die Übersetzung:

«organiser bedeutet auch, eine kleine Orgel mit einem Cembalo oder mit irgendwelchen anderen geeigneten Instrumenten in der Art zu verbinden, vereinigen, daß man beim Niederdrücken der Tasten die Orgel und in der gleichen Zeit ein Cembalo, eine Drehleier, ein Spinett ... spielen läßt.»

Man war lange im Zweifel darüber, wann eigentlich die Idee geboren worden ist, ein Instrument zu «organisieren», das heißt mit einem Orgelwerk zu verbinden. Das Dictionnaire der Französischen Akademie aus dem Jahre 1694 nennt unter dem Stichwort «vielle» auch die Vielle organisée. Dieses Instrument ist also nicht erst, wie angenommen wurde, um die Mitte des 18. Jahrhunderts zum ersten Mal gebaut worden, sondern offensichtlich zu der Zeit, in der die Drehorgel das Licht der Welt erblickte. Im Grunde kann das nicht überraschen, weil ein ähnlicher Vorgang sich mehrfach in der Geschichte der Instrumente abgespielt hat. Als im 18. Jahrhundert das Hammerklavier, dessen Geburtsjahr um 1700 liegt, sich mehr und mehr durchzusetzen begann – und das geschah selbstverständlich zum Nachteil des Cembalos –, wurde dem Cembalo alles erdenkbare Beiwerk mitgegeben, um es dem Hammerklavier anzugleichen. Es sollte nicht unterliegen, um nicht abtreten zu müssen. Ähnlich verhielt es sich mit der Gambe, die im Kampf gegen das Violoncello, ebenfalls im 18. Jahrhundert, nicht den Sieg davontragen konnte, obwohl sie auf die Bünde verzichtete und es sich gefallen lassen mußte, mit einem im Oberhandgriff geführten Bogen gespielt zu werden, wodurch eine größere Tonfülle erzielt wurde (die aber dennoch mit der des Violoncellos nicht wetteifern konnte).

Die Vielle oder Drehleier hat sich offenbar aus gleichem Grund mit der Orgel zusammengetan, um nicht nur an Klangreiz, sondern auch an Tonvolumen zu gewinnen. Dabei entstand eine Drehorgel! Sie war zwar noch mit der Drehleier gekoppelt, und außerdem fehlte ihr noch die Stiftwalze, weil die Tasten der Drehleier gleichzeitig auch dafür sorgten, daß die Ventile zu den zugehörigen kleinen Pfeifen geöffnet wurden. Doch der Mechanismus, mit einer Handkurbel kleine Bälge aufzuziehen, war gefunden.

Und wieder müssen wir auf den Jesuitenpater Athanasius Kircher zurückkommen. In seiner «Musurgia universalis», die schon um 1650 herausgekommen war, beschrieb er bereits ein «organisiertes», also ein mit einer kleinen Orgel gekoppeltes Instrument. Es war der Drehleier ähnlich, ließ sich aber auch als Spinett gebrauchen und verband es mit einem Orgelwerk. Möglich, daß dieser Instrumentenzwitter nur im Kopfe dieses erfindungsreichen Paters ausgeführt worden ist.

Ehe die Geschichte der Drehorgel weiterverfolgt wird, muß der charmanten Catin noch einmal gedacht werden. Dieser Name ist bei den französischen Mädchen bis auf den heutigen Tag sehr beliebt; sie pflegen ihren Puppen gern diesen Namen zu geben. Eine mechanische Puppe, die sich beim Publikum aller Schichten und jeden Alters so großer Beliebtheit erfreute, mußte natürlich auch einen solchen liebenswerten Namen bekommen. Man sieht aber diesem hübschen, doch eigentlich unmusikalischen Spielzeug nicht an, welchen Einfluß es auf die Drehorgel genommen und in welchem Ausmaß es die Philologen späterer Zeiten beschäftigt hat.

Der Name für die Drehorgel oder den Leierkasten lehnt sich auch in vielen anderen europäischen Sprachen an das Instrument selbst (Orgel), die Art seiner Bedienung (drehen, leiern) an oder setzt ein spezifisches Teil zum Namen Orgel (im Englischen barrel organ = Walzenorgel). Im Niederländischen heißt das Instrument Draaiorgel, im Dänischen Lirekasse, im Italienischen kommen mehrere Namen, Organo oder Organino (kleine Orgel), vor, wie Organino a Cilindro oder Organo portatile (tragbare Orgel) oder Organetto a Manovella (kleine Orgel mit Handkurbel). Selbst der französische Name Orgue de Barbarie enthält noch das Wort Orgel, schon nicht mehr der in Österreich landläufige Name Werkel. Dagegen sind der polnische Name Katarynka, der ukrainische Katerinka, der bjelorussische Kazerinka und der russische Scharmanka offenbar völlig unabhängig von den Eigenschaften des Instruments gebildet worden. Zweifellos ist der Frauenname Katharina in ihnen enthalten, selbst in der Scharmanka andeutungsweise.

Unter den Philologen entbrannte schon in den siebziger Jahren des vorigen Jahrhunderts der Streit um die Entstehung dieser Namen. Es konnte nicht ausbleiben, daß von dem einen eine Theorie ausgedacht wurde, ein anderer sie verwarf und seine eigene dagegenstellte, die wiederum einem dritten Anreiz zu neuen Überlegungen und zu einer neuen Theorie gab. Einiges davon soll hier angedeutet werden.

Die, wie es scheint, erste Theorie aus dem Jahre 1870 zeichnete sich durch grausamen Naturalismus aus. Es bestünde nämlich ein Zusammenhang mit der Legende vom Martyrium der heiligen Katharina. Das bjelorussische Wort Kazerinka bedeutete das Rad, «auf welchem man vor Alters, der Sage nach, die Ehebrecherinnen, welche ihre Kinder getötet hatten, marterte und ihnen die Eingeweide vermittelst des Rades durch den Nabel herauszog»[*]. Solche Marterszenen hatte der italienische Maler Caravaggio (1573–1609) in allen Einzelheiten meisterhaft dargestellt, und auf zahlreichen Votivbildern mag das weniger meisterhaft, aber um so öfter geschehen sein. Die Legende von der heiligen Katharina wird durchaus zur Zeit der Namensgebung des Leierkastens — wahrscheinlich vor 1800 — jedermann noch gegenwärtig gewesen sein. Dennoch ist zu bezweifeln, daß die Drehorgeln ihre Musik so grausam absolvierten, als daß eine solche Assoziation hätte zustandekommen müssen. Eine ähnliche Absurdität, sie mag beiläufig erwähnt sein, hatte ein sonst nicht weiter bekannt gewordener Gottfried Ephraim Müller in einem Büchlein «Historisch-philologisches Sendschreiben an einen hohen Gönner von Orgeln, ihrem Ursprunge und Gebrauch in der alten und neuen Kirche Gottes», das 1748 in Dresden erschien, zu Papier gebracht. Allerdings identifiziert er sich nicht mit den von ihm zitierten philologischen Forschungsergebnissen anderer, die herausgefunden hatten, daß der Name Orgel (der aus dem griechischen Wort organon = Werkzeug abgeleitet ist) ein rein deutscher Name wäre, entstanden aus der Zusammenziehung der Worte Ohr und gellen. Für die Kazerinka hätte das kaum ein Trost sein können, die ehrwürdige Königin der Musikinstrumente in dieser Weise degradiert zu sehen.

Ein anderer Philologe kam der Sache näher mit seiner Behauptung, dem Namen Scharmanka läge der Anfang eines damals in Mode stehenden deutschen Liedes mit den Worten «Scharmante Katharina» zugrunde.[*] Dieses Lied ist nun aber leider nicht nachweisbar. Ein dritter konnte von seinem Oheim berichten, der ihm erzählt habe, beim Aufkommen der Drehorgel in Rußland um etwa 1800 sei das Lied «Charmante Gabrielle» modern gewesen und von den Leierkästen mit Vorliebe gespielt worden. Daraus habe sich nun der Name Scharmanka gebildet.[*] Dieses Lied ist allerdings überliefert, nur war es offenbar nicht die Ursache für diese Namenswahl, weil sich damit die bjelorussischen, ukrainischen und polnischen Namen nicht erklären lassen. Auch die Version, der Name gehe auf das Wort katei =

[*] N. G. Nossowitsch, Bjelorussisches Wörterbuch, St. Petersburg 1870

[*] M. Vasmer, Russisches etymologisches Wörterbuch, Band III (o. J.)

[*] A. Schiefner, Scharmanka – Katrynka – Kathrinchen, in: «Archiv für slawische Philologie», Berlin 1877

Marionette zurück, weil diese Art der Puppen ja immer charmant bemalt
worden sei und sich auch oft auf alten Drehorgeln fände, hat nur Zweifel
ausgelöst.*

* A. G. Preobrashenski, Etymologisches Wörterbuch der russischen Sprache, Moskau 1959

Tatsächlich ist der Name auf eine ganz andere Art entstanden. «Charmante
Katharina» war kein Liedanfang, sondern einer der Ausrufe, ein «cri», wie
er von ambulanten Händlern, Musikanten, Kesselflickern, Blumenverkäu-
ferinnen, Scherenschleifern und anderen für ihr spezielles Gewerbe üblich
war. Diese oft malerischen Figuren und ihre charakteristischen Ausrufe gaben dem Leben und Treiben auf Straßen und Plätzen eine so reizvolle Note,
daß nicht wenige Kupferstecher und Maler ganze Serien von Ausrufen fest-
hielten. Davon wird mehr in der 5. Kerbe zu lesen sein.

Zu den bildlichen Darstellungen der Ausrufe gehört ein Werk, das gegen
1765 von dem Danziger Kupferstecher Mattheus Deisch (1718–etwa 1789)
geschaffen wurde. Es trägt den Titel «Danziger Ausrufer». Das Blatt 34 *Tafel 22, 23*
stellt einen Drehorgelspieler dar, womit zunächst einmal belegt ist, daß die
Drehorgel schon früh zum Danziger Straßenbild gehörte. Bedenkt man die
Stellung Danzigs als Handelsstadt und als Tor nach dem Osten, so kommt
die Vermutung auf, daß schon vor 1800 die Drehorgel auch in den östlichen
Ländern bekannt war.

Das Blatt 35 zeigt einen Mann, der die Laterna magica in einem großen
Kasten auf dem Rücken und ein Gestell zum Aufhängen der Leinwand unter
dem Arm trägt. Diese beiden bescheidenen Künstler, der Drehorgler und
der Vorführer der Laterna magica, sind zwar nicht auf einem Blatt vereint,
aber sie folgen einander sozusagen auf dem Fuße. In diesem Falle sind sie sogar noch enger verbunden, denn die auf beiden Blättern unter den Stichen in
Worten und Noten aufgezeichneten Ausrufe sind ganz offenbar verwechselt
worden, ohne daß dafür ein Grund angegeben werden könnte, wenn nicht
der, daß beide Figuren eigentlich zusammengehören oder doch zusammen-
gehörten.

Auf Blatt 34 mit der Abbildung des Drehorgelspielers steht folgender
Text:
«Laterna magica – Zattenspiehl an der Wand».

Das Blatt 35 hingegen, auf dem der Mann mit der Laterna magica abgebildet ist, trägt diesen Text:
«Charmante Katrinn, Katrina charmant, Kan zoehne Dans, ha ha ha».

Den «zoehne Dans» paßt sich das Menuett, offenbar auf Drehorgeln in Danzig häufig gespielt und unter dem Stich auf Blatt 34 notiert, zwanglos an.
Es ist wohl kein Zweifel möglich, daß der Katrinn-Ruf der Ausruf des
Drehorgelmannes war. Außerdem darf man diesen beiden Ausrufen entnehmen, daß sie von Leuten gebraucht wurden, die der deutschen Sprache

nicht ganz mächtig waren, denn es wird ein französischer Akzent nachgeahmt. Die Savoyarden waren gemeint.

In Leipzig gab Christian Felix Weise ein Wochenblatt heraus, das er «Der Kinderfreund» nannte. Dort ist im Jahre 1780 einmal von der Haselmaus und dem Siebenschläfer die Rede, und dann heißt es weiter:

«Wollt Ihr aber nichts vom Murmeltiere wissen, das auch unter diese Gesellschaft gehöret, und Ihr so oft die Messen über unter der Musik eines armen Savoyardenjungen tanzen gesehen? — Alle schrieen: ‹das Murmeltier — schöne Schattenspiel an der Wand! — schöne Murmeltier —›.»

Diese Savoyardenknaben waren in Leipzig offensichtlich ebenso bekannt wie in Danzig, und sie waren es natürlich auch in anderen Städten Europas.

Wie aber kommt der Leierkastenmann zu seinem Ausruf, der dann schließlich in den östlichen Ländern zum Namen seiner Drehorgel wird? Daß die charmante Catin — und Catin ist das zärtliche Diminutiv von Katharina — Pate bei der Namensgebung stand, ist offensichtlich. Solange sie die stille Attraktion ambulanter Straßenkünstler war, mußte die Drehorgel mit ihrer weithin hörbaren Musik das Publikum anlocken. Als die zierliche Puppe unmodern wurde, weil den Schaulustigen seltsamere und zugleich interessantere Genüsse geboten wurden, verblieb der Ausruf dem überlebenden Teil, der Drehorgel. Aber auch das muß bedacht werden: Einen Nachklang des unschuldigen Vergnügens an den mechanischen Puppen bildeten die beweglichen Figuren auf den Leierkästen, die sich gerade auf Instrumenten vom Ende des 18. Jahrhunderts bis in das 19. Jahrhundert hinein sehr häufig fanden. Die Liebe der Drehorgel zur charmanten Catin behalf sich auf diese Weise — nicht ohne Erfolg.

Farbtafel II, Tafel 24, 25, 33–35

Daß in Rußland und in der Ukraine wie in Bjelorußland dieser Ausruf aufmerksame Ohren traf, kann in der Geläufigkeit dieses Frauennamens seinen Ursprung haben: Katharina II. regierte von 1762 bis 1796, in der Zeit also, in der die Drehorgel den Weg in jene Länder fand. Fraglich bleibt, was sich die lieben Untertanen einer hohen Zarin dabei gedacht haben mögen.

Gehen wir in der Zeit ein Stück weiter. Eigentümlicherweise scheint in der schönen Literatur des 18. Jahrhunderts die Drehorgel gar keine Erwähnung gefunden zu haben, was auf ihren Ruf nicht gerade ein gutes Licht wirft. Im 19. und 20. Jahrhundert ändert sich das. Der Name «Leierkasten» taucht zum ersten Mal bei Joseph von Eichendorff in dessen 1826 geschriebener Novelle «Aus dem Leben eines Taugenichts» auf: «Da wallte alles im Sonntagsputze in der warmen Luft zwischen den lichten Häusern und wandernden Leierkasten schwärmend hin und zurück.»

Doch wollen wir erst von den Wissenschaftlern, und zwar älterer Zeiten, sprechen und der Drehorgel in der Literatur und Kunst später auf die Spur kommen. In der Mitte des 18. Jahrhunderts treffen wir auf drei deutsche Männer der Musik, die sich über die Drehorgel äußern und unsere Kenntnisse über das Schicksal dieses Instruments etwas aufhellen.

Der Musikdirektor Joann Gottfried Mittag hatte im Jahre 1756 eine «Historische Abhandlung von der Erfindung, Gebrauch, Kunst und Vollkommenheit der Orgeln ...» in Lüneburg herausgegeben. Darin erzählt er von alten Wasserorgeln der Hebräer, «die ohne das Schlagen eines Organisten konnten gebrauchet werden». Die Sache selbst bleibt ein Geheimnis des Lüneburger Musikdirektors. Er vergleicht diese Instrumente solchen, «wie man etwa anietzo gewisse Arten von kleinen Windorgeln verfertiget siehet, welche bald wie eine Leyer (damit ist die Drehleier gemeint) tractiret wird». Das Urteil Mittags, der die Orgel nur «zum Lobe des Allerhöchsten gebrauchet» sehen möchte, über solche Drehorgeln kann nicht gut ausfallen, ist aber liebenswürdig und anschaulich zugleich. Er schreibt: «Alle in dergleichen haben keinen sonderlichen Nuzen, folglich kommen sie auch in kein Ansehen. Man höret sie öfters auf den Straßen von den herum irrenden Savoyarden, welche sich damit gleichsam anmelden, wenn die Laterna magica oder bella Margaretha präsentiren wollen; aber sie gehören unter die Kleinigkeiten.» In den deutschen Städten bot sich das gleiche Bild wie in den französischen, und offenbar hatten die Savoyarden daran keinen geringen Anteil.

Nur zwei Jahre später erschien das umfangreiche Werk «Anleitung zu der musikalischen Gelahrtheit» des vielseitig gebildeten Jacob Adlung (1699 bis 1762), der 1741 zum Professor am Erfurter Gymnasium ernannt wurde, Jahre zuvor schon ein Organistenamt innehatte, sich mit dem Klavierbau befaßte und nebenher eine Reihe von Büchern schrieb. Von diesen erfreuen sich das genannte und die «Musica Mechanica Organoedi» (1768) noch in unserer Zeit solcher Wertschätzung, daß sie als Faksimiledruck wieder aufgelegt wurden. Adlung war ein Mann der Wissenschaft und der Praxis, weitgehend frei von Vorurteilen, was schon daraus hervorgeht, daß er selbst eine «Leyerorgel» besaß und sie in der «Anleitung» auch beschreibt. Adlung ist wohl der erste, der einige wesentliche technische Angaben zur Drehorgel mitteilt, die im Abschnitt über die Funktionsweise noch näher erläutert werden. Er bemerkt ferner: «Die Landläufer tragen solche häufig auf den Gassen herum.» Wer denkt da nicht an die «vmblauffenden Weiber» bei Michael Praetorius, die damals mit der Drehleier durch das Land zogen? Auch in der 1768, also nach seinem Tode, erschienenen «Musica Mechanica Organoedi» kommt Adlung wiederum auf seine Leyerorgel zurück, nennt sie nun aber Organon portatile (tragbare Orgel). Vielleicht ist dieser Wechsel auch auf den Herausgeber, den Mühlhäuser Organisten Johann Lorenz Al-

brecht, zurückzuführen, dem der landläufige Name für ein vielleicht im Ansehen noch weiter gesunkenes Instrument zu anrüchig gewesen sein mochte.
Adlung (oder der Herausgeber) hielt es auch noch für nötig, sich für die
Erwähnung dieses Instrumentes zu entschuldigen, und zwar mit diesen Worten: «Ich habe aber doch dessen allhier erwähnen wollen, weil der Name
scheint etwas zu involvieren, welches dem Organisten die Präsumtion er-
wecken könnte, als laufe es in ihre formen; doch wird es gar wenig werden.» Und dann folgt wiederum eine technische Beschreibung.

Aus dem Jahre 1764 stammt ein Traktat des Postsekretärs und Buchhalters
Johann Adam Jakob Ludwig (1730–1782). Der Orgelbau muß sein Hobby
gewesen sein, denn er hatte sich bemerkenswerte Kenntnisse in diesem Fach
erworben. Nicht ohne Humor, auch mit der Feder auf gutem Fuß, hatte er
mehrere Schriften verfaßt. Eine davon hat diesen Titel: «Den unverschäm-
ten Enterhrern der Orgeln». Darin eifert er gegen die zunehmende Verwelt-
lichung der Orgelmusik, nicht aber gegen die Instrumente, auch wenn sie
noch so diesseitiger Natur sind. Er gibt eine Übersicht über die verschiedenen Orgelarten und enthält sich seltsamerweise jedes kritischen Wortes.
Die Drehorgel ist auch dabei. Die sechs Gattungen von Orgeln seien diese:
1. Wasserorgeln, 2. die jedermann bekannten Windorgeln, 3. Leierorgeln,
4. Augenorgeln, nach der Erfindung P. Castels in Paris, 5. Katzenorgeln,
6. Sauforgeln. Nebenher sei bemerkt, die Katzenorgeln bestanden aus ver-
schieden großen lebenden Katzen, denen durch einen Mechanismus abwech-
selnd in den Schwanz gekniffen wurde, was ihnen ohne Zweifel Grund
genug für fürchterliches Geschrei war. Beschrieben hat diese Orgel zuerst
der Pater Athanasius Kircher. Die Augenorgel war auch die Erfindung eines
Jesuitenpaters. Louis-Bertrand Castel (1688–1757) hatte die Idee, die bis
auf den heutigen Tag lebendig geblieben ist, die Musik mit den Farben zu
verbinden. Die Sache war schon damals aufregend. Georg Philipp Tele-
mann (1681–1767) widmete diesem Projekt eine besondere Schrift, die auch
1739 gedruckt wurde. Sie hatte den Titel «Beschreibung der Augen-Orgel,
so P. (ater) Castel in Paris erfunden». Die Sauforgel scheint für die Nachwelt verloren zu sein.

Ludwig war mit einem Orgelbauer namens Silbermann gut befreundet. Es
war nicht der bedeutende Gottfried (1683–1753), aber dessen Neffe Johann
Daniel aus Straßburg (1717–1766). Gottfried Silbermann, Zeitgenosse Johann Sebastian Bachs (1685–1750), hatte Johann Daniel 1751 bei sich in
Freiberg in Sachsen als Gehilfen aufgenommen. Als dieser 1766 in Leipzig
starb, konnte man in den «Wöchentlichen Nachrichten und Anmerkungen
die Musik betreffend» folgenden Nachruf lesen:

«Am 6. Mai d. J. starb allhier, nach einer kurzen Krankheit, Herr Johann   85

Daniel Silbermann, Churfl. Sächs. Hof-Commissarius und Hoforgelbauer ...
Seit einigen Jahren beschäftigte er sich, ausser der Aufsicht über die neue
Dresdner Orgel, meistentheils mit Verfertigung allerley künstlicher Drehe-
Orgeln. Er war sogar in der Composition nicht unerfahren ...»
Johann Daniel Silbermann ist demnach der zweite namentlich bekannt ge-
wordene Drehorgelbauer, nachdem Giovanni Barberi aus Modena der erste
war. Von beiden sind leider keine Instrumente erhalten.
Was Joann Gottfried Mittag aus Lüneburg berichtete und was für andere
Städte ebenso zutraf, das schilderte Georg Christoph Lichtenberg (1742 bis
1799) in seinen «Briefen aus England». Er erzählt von einem Spaziergang,
den er in den Abendstunden des Ostersonnabends im Jahre 1775 in London
unternahm und der ihn vom Hyde-Park über Westminster Abbey, den
Picadilly Circus und Heumarkt nach Whitehall führte. Er berichtet dann
weiter:
«Hier fügte sich's, daß mir einer von den Leuten begegnete, die sich bei den
Orgelmachern Orgeln mieten, davon zuweilen eine 40—50 Pfund Sterling
kostet, und damit des Tages sowohl als des Abends auf den Straßen herum-
ziehen und so lange im Gehen spielen, bis sie irgend jemand anruft und sie
für Sixpence ihre Stücke durchspielen läßt. Die Orgel war gut, und ich
folgte ihm langsam auf den Fusbänken, er selbst ging mitten auf der Straße.
Auf einmal fing er an, den vortrefflichen Choral ‹In allen meinen Taten› zu
spielen, so melancholisch, so meiner damaligen Verfassung angemessen, daß
mich ein unbeschreiblich andächtiger Schauer überlief ...»
Eine ähnliche Schilderung findet sich auch in dem Buch von Charles Knight,
das er in zwei Bänden in London 1841 herausgab und in denen London
ausführlich beschrieben wird. Er hat seinem Buch einen Stich von Edward
Dayes (1763—1804) beigegeben, der aus einer Serie von Straßenansichten
Londons stammt, also den «Ausrufen» sehr nahe steht. Knight berichtet,
daß ein solches kleines Ensemble von Straßenmusikanten eine «noise» — was
ja nun eigentlich «Lärm» bedeutet — genannt wurde. Dank ihrer vereinten
Anstrengungen hätte sie sich über zu geringen Applaus der Umstehenden
nicht zu beklagen gehabt. Später sollen sich gerade die Musikanten mit großem Erfolg hervorgetan haben, die sich besonders der Melodien Rossinis
angenommen hätten. Damit wäre so ungefähr jeder Fußgänger anzuhalten
gewesen, ihm zuzuhören — und seinen Obolus zu zahlen.
Auch im Journal «London und Paris» konnte man bei der Schilderung des
Straßenlebens nicht umhin, die musikalischen Attraktionen, darunter auch
die Drehorgel, zu erwähnen. Zum Beispiel wird in einem Dialog gefragt,
wo denn das herrliche Getön herkomme, das auf die Ohren treffe und schon
verschiedene Male zu hören gewesen sei. Darauf kommt diese Antwort:

Stefan Mucharski:
Ausländische Künstler
bei uns (in Polen),
Lithographie, 1882.
Wie schon hundert Jahre
früher in Paris zeigen
Akrobaten ihr Können
auf der Straße unter Be-
gleitung des Leierkastens.

«Es sind Handorgeln, welche mit sinkender Nacht zu Dutzenden die Londoner Straßen beleben. In Wahrheit: Sie söhnen einen noch einigermaßen
mit dem verwirrten Getöse der Wagen, Fisch-Höker und Fußgänger aus.
Denn sie sind meistens gut gestimmt, oft von guten Violinen und Violon-
cellen begleitet, und spielen die neuesten Balladen, Opern-Arien, Tänze und
Ballette ...»

Knight schrieb nicht zu Unrecht: the street music was an indication of the
popular taste (die Straßenmusik war ein Anzeiger des volkstümlichen Ge-
schmackes). Der schon erwähnte Dr. Charles Burney hatte vor ihm nicht
anders geurteilt, wenn er auf seinen Reisen durch Europa die Art und Qualität der Straßenmusik genau registrierte und sich darüber auch in seinen
Tagebüchern, die selbst in deutscher Sprache veröffentlicht wurden,
ausließ.

Die Straßendrehorgel war in den achtziger Jahren des 18. Jahrhunderts
schon ein Stück des Straßenbildes, vorzugsweise gespielt von Savoyarden
und Italienern. Auffällig ist, daß William Hogarth, der von 1697 bis 1764,
von seiner Geburt bis zum Tode, in London lebte und das Leben und Treiben in dieser Weltstadt bis in seine kleinsten Details immer wieder darstellte,
die Drehorgel nicht wiedergegeben hat. Das läßt den Schluß zu, daß sie bis

an sein Lebensende — zumindest in der Form einer Straßendrehorgel — ihm nicht bekannt geworden ist. Die kleine, für das Abrichten von Vögeln bestimmte Serinette oder bird organ, eine sehr kleine Drehorgel (von der noch berichtet wird), hat er einmal auf einem repräsentativen Gemälde dargestellt.

Es war in London nicht anders als in Hamburg und Danzig und in vielen anderen Städten Europas, daß die Drehorgel mit dem Spieler importiert wurde, im 19. Jahrhundert vorwiegend aus Italien. Der englische Schriftsteller William Makepeace Thackeray (1811—1863) läßt seinen Mr. Yellowplush im Jahre 1837 von einer Reise in der Postkutsche von London nach Dover erzählen. Unter der «ulkigen Gesellschaft» befand sich auch ein Italiener mit seinem Leierkasten und einem Äffchen.*

Abb. Seite 87

* *William Makepeace Thackeray, Die Memoiren des Mr. C. J. Yellowplush, 1838*

Der Straßendrehorgel werden im 19. Jahrhundert zwei durchaus unterschiedliche Wertungen gegeben, wobei die folgende der Komik nicht entbehrt. Der Göttinger Universitätsprofessor Anton Otto Schellenberg hatte eine «Freudenerfindung» gemacht, die aber seinen Zeitgenossen wohl nur wenig Spaß bereitete und dann völlig in Vergessenheit geriet. Der Titel seines in Göttingen 1811 erschienenen Buches lautete: «Die Pasimusik oder das Hermans-Spiel. Bekanntmachung der vor einigen Jahren angekündigten Freuden-Erfindung. Ein Versuch». Das Wort «Versuch» war übrigens so neu nicht, denn Leopold Mozart (1719—1787) nannte seine bedeutende Violinschule (1756) «Versuch einer gründlichen Violinschule», Carl Philipp Emanuel Bach (1714—1788) gab seiner Klavierschule den Namen «Versuch über die wahre Art, das Clavier zu spielen» (1753), und schließlich war schon Johann Joachim Quantz (1697—1773) in gleicher Weise verfahren, als er seiner Flötenschule den Namen gab: «Versuch einer Anweisung, die Flöte traversiere zu spielen» (1752). Herr Professor befanden sich also in bester Gesellschaft. Zuerst erklärt er den Namen Pasimusik mit Alltonspiel, wobei er hinzufügt: «Das fremde Wort auf dem Titelblatt ist vornehmlich wegen der Ausländer gewählt worden. Man entschuldige daher dessen Gebrauch.» Es folgen sofort weitere phantasievolle Namen, doch ist er sich über deren Annehmbarkeit nicht sicher, so daß er fortfährt: «Gefallen auch diese Benennungen nicht, so habe ich noch eine Menge griechischer Namen in Vorrath!» Seine «Freuden-Erfindung» fiel durch, doch seine Namen feierten Auferstehung in einer Zeit, in der niemand mehr Anton Otto Schellenberg kannte, wovon in der ersten Kerbe genug Beispiele gegeben wurden. Er selbst plädierte für den Namen «Hermane», «zu Ehren des großen Helden der Vorzeit, den der größte deutsche Dichter besungen» (damit war offenbar Klopstock gemeint). «Mit ihm, mit jedem Tone der Hermansspiele bebe ächter teutscher Sinn ins teutsche Herz!» Der Verfasser hatte übersehen,

II
Drehorgel
mit beweglichen Figuren,
zwischen 1800 und 1820
im Schwarzwald gebaut,
23 Tonstufen

daß sich sein Angebot griechischer Namen mit dem «ächten Beben teutscher Seele» kaum in Einklang bringen ließ.

Die Hermane ist eine Drehorgel! Sie unterscheidet sich von den bis dahin üblichen nur dadurch, daß aufgrund der Schellenbergschen Erfindung jedermann in der Lage ist, die Walzen selbst zu bestiften. Der Erfinder hatte mit Bedauern festgestellt, «die Drehorgeln scheinen sogar etwas von ihrer Achtung bei Leuten von Geschmack verloren zu haben, weil sie immer einerlei Stücke spielten und oft dazu noch mißtönig wären». Es ist an dieser Stelle nicht notwendig, auf seine Idee der Bestiftungsart von Walzen einzugehen; sie war ohnehin nicht ganz neu. Doch die Verwendungsmöglichkeiten lassen eine allgemeine Verbreitung auf der Erde zum Genuß aller Menschen zu, meint Schellenberg. Von diesem Genuß sollten natürlich die Gläubigen aller Arten nicht ausgeschlossen sein, so daß die Hermane selbstverständlich in Kirchen und Tempel gehöre. Sie ist aber so vielseitig, daß er in einer Übersicht nicht weniger als 25 Positionen aufführt, wo sich die Hermansspiele «zum Vorteil der Menschheit» verwenden ließen. Einige davon sind diese:

1. für kleinere und größere Zimmer, für Wohnstuben
2. für Säle und Versammlungszimmer
3. für Hausfluren
4. für ein Haus mit Hof und Garten
5. für ein Landgut

und schließlich für Schlösser, öffentliche Gebäude, Erziehungsanstalten und Schulen, Kapellen zum Gottesdienst, Kirchen und Tempel, Hör- und Konzertsäle. Im folgenden Text wurden neue Ideen angeboten, wovon nur noch der «Todtenwagen» erwähnt sei, der selbstverständlich mit Hermanen ausgestattet sein müsse. Am vorteilhaftesten mache sich natürlich ein Leichenzug, wenn nach dem «Todtenwagen» noch ein «Trauerspielwagen» folge. Auf diesem seien mehrere Hermanen verschiedener Größe aufzustellen. «Engel scheinen das Tonspiel zu erzeugen. Oder es stehen lebende Knaben und Mädchen als Engel gekleidet mit schönen Flügeln auf ihm, und drehen die Walzen der Hermanen ...» Daß die patriotischen Möglichkeiten einer Hermane noch einmal berührt werden, versteht sich. Schellenberg war nicht der erste und schon gar nicht der letzte, der sich in dieser Art engagierte. Es sei hier nur ein Zitat angeführt: «Die Hermane ergieße edlen Muth in jeden Busen; sie entzünde die Vaterlandliebe, wo sie erloschen; sie führe zu allen nie verwelkenden Kränzen, welche ein würdiges Stammvolk und die Menschheit ertheilt und segnet.»

Die Vorstellung, daß eine Drehorgel, die ja zweifellos eine Orgel ist, auch in der Kirche ihren Dienst versehen könnte, hatte neben Professor Schellenberg auch eine geschäftstüchtige Berliner Walzensetzerin, deren Vater sich schon im Spieluhrenbau und im Bestiften von Walzen ausgezeichnet hatte. Auf dieses Fräulein Kummer werden wir in der 4. Kerbe noch zurückkommen.

Die Zahl der Leiermänner nimmt zu, das Für und Wider die Drehorgel desgleichen. Unter den mitunter bösartigen Kritikern befanden sich auch angesehene Männer mit Namen von bedeutendem Ruf, wie zum Beispiel August Wilhelm Ambros (1816–1876), dem, wie vielen anderen, nur der Blick von der einsamen Höhe «ernster» Musik möglich war und alles Musikalische aus niederen Sphären verdächtig sein mußte. Er war einer der bedeutendsten Musikgeschichtler des 19. Jahrhunderts und Verfasser nicht nur zahlreicher Schriften, sondern auch einer dreibändigen Musikgeschichte und trat überdies auch mit Kompositionen hervor, ohne sich damit gleichermaßen einen Namen machen zu können. Aus seinen 1860 erschienenen «Culturhistorischen Bildern» seien hier zwei Zitate herausgegriffen, die gewissermaßen als die Signatur der Zeit gelten können. Als er einen Bericht über Meyerbeers «Prophet» abfassen wollte, müssen ihn die Künstler der «petits métiers» heftig bedrängt haben, worüber er sich in den «Culturhistorischen Bildern» so ausläßt:

«Leider konnte ich keinen vernünftigen Gedanken vor Straßenlärm zusammenbringen, denn gerade unter meinem Fenster hatte ein Mann einen großen Guckkasten aufgestellt, in welchem er Sonnenaufgänge, Schlittschuhläufer, Bataillenstücke, Empörungen, Wirtshaustänze, brennende Paläste und andere Herrlichkeiten zeigte und dazu auf einer Drehorgel die nötige Musik machte. Janhagel jubilierte laut bei diesem Kunstgenusse ...»

An anderer Stelle beklagt er sich über die «unaufhörliche» Tanzmusik:

«Am Sonntag trompetet aus jedem öffentlichen Garten eine Tanzweise nach der anderen concertmäßig vorgetragen, und sogar die Drehorgel haspelt stunden- und tagelang ihre Polka an der Straße oder colportiert das heillose Zeug von Haus zu Haus. Zur Abwechslung wird dazwischen irgendein welsches Opernstück mit allem Empfindungsüberschwang seiner Fermaten und seiner ganzen verzuckerten Rohheit und Gemeinheit abgeblasen oder abgeorgelt ...»

Auch ein Wissenschaftler ist seiner Zeit verhaftet. Dieser außerdem kann die Drehorgel nicht leiden, wie die «Musik der armen Leute» überhaupt, besonders wenn sie sich auf das Werk Verdis geeicht erweist. Dazu Ambros — und zwar im gleichen Werk: «Wer die hohe Schönheit eines Mozart begreift, steht geistig ganz anders, als wer sich im Kloak eines Verdi wälzt.»

In der Ausdrucksweise waren auch die gehobenen Schichten durchaus nicht wählerisch, wenn es sich um die nicht gehobenen handelte. Es ist noch ausgesprochen harmlos, wenn in einem «Musikalischen Wörterbuch» aus dem

* Johann Daniel Andersch, Musikalisches Wörterbuch für Freunde und Schüler der Tonkunde, Berlin 1829

Jahre 1829 über die Drehorgel kurz und bündig gesagt wird: «Es gibt große und kleine Drehorgeln, häufig zur Folter für musikalische Ohren geschaffen.»*

Häßlicher hört sich schon die Formulierung an, wie sie Theodor Hagen (1822–1871) in seinem Buch «Civilisation und Musik» aus dem Jahre 1846 bot: Zunächst wird die Frage, was man auf den Straßen hört, mit «Tanzmusik oder auch ausnahmsweise Opernpotpourris» beantwortet. Die weitere Frage, von wem man sie höre, erfährt diese Antwort: «Die Regel begnügt sich mit Harfenistinnen, deren brutales Saitenklimpern nur Ekel erregen kann, oder mit einem Orgler, dessen Bierbaß die Luft verdickt und dem Zuhörer wie Blei auf den Magen fällt.»

Der Autor, ein gebürtiger Hamburger, hatte sich als Musikschriftsteller und Kritiker einen Namen gemacht, während er als Lieder- und Klavierkomponist kaum Erfolg hatte. Seine Stellungnahme zur Musik der unteren Schichten überrascht insofern, als er offenbar über größere politische Einsichten verfügte. Das Riemann-Lexikon in seiner ersten Ausgabe aus dem Jahre 1882 bemerkt unter anderem schlicht: «kompromittiert bei der Revolution 1848». Er mußte demzufolge ins Ausland gehen und ließ sich schließlich nach Aufenthalten in der Schweiz und London in New York als Musikschriftsteller nieder.

Die Reihe solcher Zeugnisse ließe sich durchaus verlängern, doch sei mit einem Artikel aus der angesehenen «Zeitschrift für Instrumentenbau» aus dem Jahre 1883, der aber von seinem Autor nicht gezeichnet wurde, der Beschluß gemacht. Es geht zunächst um Kanzleirats Klärchen, das sich auf dem Klavier mit drei klassischen Stücken – während der Mittagsruhe – abmüht: «La plui des perles», dazu «Les cloches du monastère» und schließlich das (wohl erfolgreichste Stück des 19. Jahrhunderts) «Gebet einer Jungfrau». Mittagsschlaf nicht möglich, also Griff zur Zeitung. Aber plötzlich «schlägt ein greller, durchdringender Ton an unser Ohr und eine ganze Flut solcher Töne ergießt sich in das stille Gemach und eine Stimme erhebt sich dazu, eine Stimme, hart, rauh, kreischend, ein Spiritustenor von 90% ... Man steht unter dem Banne des Leierkastens.» Der Autor fährt fort: «Der Leierkasten ist in unseren Tagen der vornehmste Vertreter der Hof- und Volksmusik. Wie wir Rechen-, Schreib-, Sprechmaschinen haben, so ist der Leierkasten die Universal-Musikmaschine, welche mittels Pfeifen, Walzen und Stiften die Musikfabrikation betreibt und, ihrer Natur nach, eine absolute Negation jeder Gefühlsäußerung, also auch der Musik, darstellt. Und dennoch, die gefühllose Maschine, welche unendlichen, unbeschreiblichen Gefühle weckt sie in so manchen Herzen, zu welch namenloser Begeisterung vermag sie in den Busen unserer liebeheischenden und liebe-

93

spendenden Küchenschönheiten und ihrer Verehrer emporzuschnellen, wenn sie sich paart mit der edlen menschlichen Stimme und wenn letztere Verse hervorhaucht oder singt, wie sie in ihrem poetischen Zauber, ihrer neckischen Anmut keiner unserer berühmten Poeten nachzudichten und nachzudenken versuchen wird ...» Die Sache wäre im Grunde nicht wert, zitiert zu werden, wenn nicht bemerkenswert bliebe, mit welcher Arroganz und Dünkelhaftigkeit der kaiserliche Offiziers- und Beamtenstaat einen Teil des Volkes gerade so weit abschreibt, daß es diesem eben noch erlaubt ist, dem geistigen Vollmenschen niedere Dienste zu leisten. Für Überheblichkeit bei absoluter geistiger Verarmung dieser Schichten spricht dieselbe Zeitschrift unaufhörlich, wenn sie mit werbenden Worten und teuer bezahlten Anzeigen für den Leierkasten, der nun weder so noch Drehorgel heißt, eintritt und ihn als «Ariston», «Herophon» usw., unbewußt nach den Vorschlägen des Herrn Professor Schellenberg, für das vornehme Haus und den feinen Salon anbietet. Und das geschieht nicht ohne Erfolg, wovon die Dividenden der Musikmaschinenfabriken Zeugnis ablegen. Auch in dieser Hinsicht waren Schellenbergs Wünsche in Erfüllung gegangen. Davon ist an anderer Stelle schon gesprochen worden.

Die vornehmen Untertanen eines stolzen Kaiserreiches waren sich dessen natürlich nicht bewußt, daß der Großvater des ersten Kaisers von Deutschland und sozusagen erster Mann des 1870 gegründeten Kaiserreiches eine ganz andere Auffassung von der Straßenmusik im allgemeinen und von der Drehorgel im besonderen hatte. Bleiben wir zunächst bei König Wilhelm I. von Preußen.

Richard Wagners (1813–1883) «Meistersinger von Nürnberg» hatten am 21. Juni 1868 gelegentlich ihrer Uraufführung in München einen bedeutenden Erfolg. Bei dem blieb es auch in anderen Städten — wenn man von Berlin absieht. Die erste Aufführung dieses Werkes in der kaiserlichen Hauptstadt fiel auf den 1. April 1870. An feudalem Publikum mit König Wilhelm I. von Preußen, ehemaligem Kartätschenprinzen und nachmaligem Kaiser von Deutschland, an der Spitze fehlte es nicht. Aber die Sache ging nicht gut. Möglich, daß einem in der Hauptstadt des Königreichs Bayern erfolgreichen Werk aus patriotischen Gründen nichts anderes übrigblieb, als in der Hauptstadt des Königreichs Preußen durchzufallen. Anscheinend schmeckte die Musik dem Publikum auch nicht, worauf die Unruhe deutet, die sich nicht nur des Publikums, sondern auch des Herrn Königs und der Frau Königin bemächtigte. Einer der Kritiker bemühte die Leierkästen, um eine vernichtende Kritik zustande zu bringen: «Eine grauenvolle Katzenmusik, wie sie erzielt wird, wenn sämtliche Leiermänner Berlins in den Renzschen Circus gesperrt werden und jeder eine andere Walze dreht.»

Einen großen, doch umfehdeten Komponisten als Leierkastenmann zu karikieren, das war so neu nicht. Eine vermeintliche Kakophonie in dieser Weise zu schildern war jedoch eine Novität!

Der Kritiker hatte natürlich keine Veranlassung, an den Großvater Wilhelms I., Friedrich Wilhelm III., und dessen intimes Verhältnis zum Leierkasten zu denken. Er kannte sicher auch nicht mehr die herzige Story vom leutseligen und gnädigen Herrn Friedrich Wilhelm III., die in einem umfangreichen Werk über diesen Herrscher ausführlich berichtet worden war. Der Verfasser war kein Geringerer als ein «in der Philosophie und Theologie Doktor, evangelischer Bischof, Königlicher Hofprediger zu Potsdam, Domherr zu Brandenburg, Ritter des Roten Adlerordens erster Classe mit Diamanten und des Civil-Verdienst-Ordens der Baierschen Krone, Ehrenbürger zu Potsdam und Hamm», mit Namen R. Fr. Eylert. Dieser vielseitig engagierte und genievolle Geistliche gab im Jahre 1846, sechs Jahre nach dem Tode seines Herrn Königs, die mehrbändigen «Charakter-Züge und historische Fragmente aus dem Leben des Königs von Preußen Friedrich Wilhelm III.» heraus, in dessen drittem Teil, zweiter Abteilung, fünftem Abschnitt «Die Neigung des Königs für das Schauspiel» zahlreiche Unterabschnitte den unterschiedlichsten Personen und Dingen gewidmet sind, wie zum Beipiel Spontini, Iffland, den Grafen von Brühl und von Redern, dem Theater in Potsdam, der Pensionsanstalt und anderen. Ein solcher im Inhaltsverzeichnis ausgewiesener Abschnitt ist überschrieben: «Die Leierkasten». Das ist nun eine sehr rührselige Geschichte. Sie erzählt davon, daß auf dem Hofe des Palais in Berlin «eine Menge von Leierkasten, blinden Harfenisten und sonst ambulanten Musikanten ... dicht unter dem Schlafzimmer des Königs ihre Stückchen spielten und dafür acht Groschen erhielten». Selbst eine Majestät liegt nicht den ganzen Tag im Bett, und so hat das alles vermutlich nicht weiter gestört. In Verlegenheit kam man erst, als der König wegen eines echten Beinbruchs (es war wohl der kleinste in seiner langjährigen Regierungszeit von 1797 bis 1840) nun tatsächlich auch tagsüber im Bett bleiben mußte. Die Schildwachen wiesen also die ambulanten Künstler zurück. Es blieb ruhig. «Det fiel mir uff» oder so ähnlich muß der König sich seiner näheren Umgebung gegenüber geäußert haben, denn man beschloß, den Leiermännern zwar acht Groschen zu zahlen, sie aber doch nicht spielen zu lassen. Majestät kamen dahinter und nahmen Anstoß. Der Königliche Hofprediger Eylert, der «nach eigenen Beobachtungen und selbst gemachten Erfahrungen» berichtet, überliefert die majestätischen Worte: «Das ist Unrecht. Die Leute kennen nichts weiter als das, und denken, mir in ihrem Sinne eine Freude zu machen. Ist zwar manchmal sehr schlecht, aber man muß Jeden sein Stückchen ausspielen lassen, damit sie nicht merken, daß es schlecht ist. Das bloße Bezahlen muß ihnen ja wehethun; also ausspielen lassen! Kann's zwar nicht alle Tage hören; sollten aber jeden Ersten des Monats kommen, und Jeder sein Stück spielen!» Was sich danach abspielte, schildert Eylert so: «Einer wartete auf den Andern und kaum hatte ein Leierkasten geendet, so fing der zweite schon sein Lied wieder an.»

Die zunehmende Industrialisierung im 19. Jahrhundert erfaßte auch den Instrumentenbau. Sie ging an der Drehorgel nicht vorüber. Besonders nach 1870 blühte das große Geschäft der Industrie mechanischer Musikinstrumente. Die Absicht, durch höheren Produktionsausstoß den Profit zu steigern, führte zwangsläufig zu Überlegungen, wie man die so arbeitsintensive Stiftwalze ersetzen, wie man anstelle der Pfeifen weniger empfindliche und leichter zu produzierende Tonerzeuger verwenden, und nicht zuletzt auch, wie man den Kundenkreis des nicht in bestem Ansehen stehenden Leierkastens vergrößern könne. Die Erfinder traten in Aktion. Der Boden war fruchtbar. Die Wünsche konnten erfüllt werden. Zahlreiche Surrogate brachten außergewöhnliche Dividenden.

Aber neben diese musikalischen Kümmerlinge traten auch technische Wunderwerke, die dem alten und gesunden Bedürfnis entgegenkamen, Musik zu konservieren, um sie nach Bedarf in den eigenen vier Wänden zu jeder gewünschten Gelegenheit sozusagen abrufen zu können. Dieses Bedürfnis wurde von Technik und Industrie in ständig zunehmendem Maße — das ist auch qualitativ zu verstehen — befriedigt. Der Edisonsche Sprechapparat führte zur Schallplatte und zum Plattenspieler. Daneben trat das Tonband, das erlaubt, die musikalischen Rosinen nach eigenem Geschmack aus den Programmen der Massenmedien herauszupicken, zu konservieren und so lange aufzubewahren und natürlich abzuspielen, wie einem danach zumute ist.

Die Technik hatte der Drehorgel neue Mechanik, neuen Klang und neue Kundschaft gegeben. Ein Vorteil sprang für jene Instrumente, die sich von der traditionellen Bauweise entfernten, nicht heraus. Es war aber auch dieselbe Technik, die beiden Arten den Garaus machte. Die Zahl der Drehorgeln auf der Straße und der degenerierten im Heim nahm schnell ab, in privaten Sammlungen und in Museen dagegen nahm sie zu. Sie ist wieder aktuell, die Drehorgel. Doch gehört das in das strapazierte Gebiet Nostalgie.

In den Straßen von Amsterdam begegnet man noch heute einer Drehorgel besonderen Ausmaßes, die Ältere sicher auch noch von den Jahrmärkten her kennen. Sie lieferte die Musik zu Schaustellungen oder zu großen Karussells oder Achterbahnen. Die holländischen Straßeninstrumente sind noch immer auf den Handbetrieb angewiesen, doch ist die Kurbel zu einem Schwungrad ausgebildet worden. Es bedarf schon beträchtlichen Kraftaufwandes durch den Spieler, das große und vielstimmig klingende Werk ausreichend mit Luft zu versorgen. Eben deshalb ist das Orchestrion schon im vorigen Jahrhundert auf Gas-, Dampf- und schließlich elektrischen Betrieb umgestellt worden. Das erlaubte dann auch, die Ausmaße größer zu wählen, wodurch mehr Register unterschiedlicher Klangfarben und zusätzliche Instrumente, wie Trommeln, Xylophone, Metallstabspiele, Becken, Mandolinen, aufgenommen werden konnten. Die Walze wurde aufgegeben; mit perforierten Papierrollen oder gefalteten Kartons ließen sich längere Stücke spielen. Auf diese Weise wurde das Unternehmen rentabler gestaltet.

Ein solches Instrument diente ja nicht – oder doch nur im Ausnahmefall – der Befriedigung musikalischer Wünsche im eigenen Haus, sondern war mit Schaustellungen oder öffentlichen Musiken verbunden. Es gehörte also einem Unternehmer. Wie aus einer Anzeige des Generalvertreters August Pollmann für die Firma Frati & Co. hervorgeht, wurde es in Restaurants, Eis-Salons, auf Schlittschuhbahnen und ähnlichen Etablissements aufgestellt und mußte mehr einbringen, als die nicht unbeträchtlichen Anschaffungskosten ausmachten. In der Zeitschrift für Instrumentenbau findet sich im Jahrgang 1910 eine Anzeige, in der die Leipziger Firma Hupfeld AG die Zuschrift eines Kunden wiedergibt, der von ihr ein Helios-Orchestrion erworben hatte:

«Mit dem Helios III habe ich die besten Erfahrungen gemacht. Das Werk funktioniert ausgezeichnet und liefert eine hervorragend schöne Musik, der man immer wieder gern zuhört. Das Instrument leistet mir namentlich in meinem Tanzsaal große Dienste und erspart mir die ständige Ausgabe für eine Tanzkapelle. Alle meine Gäste erklären, nach dem Helios-Orchestrion ganz vorzüglich tanzen zu können und hat der Besuch meines Lokals ständig zugenommen.

Den besten Beweis für die Vorzüglichkeit des Werkes liefert wohl meine Einnahme, die beispielsweise in diesem Monat ca. 700 Mark betrug. Ich fühle mich gezwungen, für die tadellose Ausführung und für die Berücksichtigung aller meiner Extrawünsche Ihnen meinen herzlichsten Dank auszusprechen.»

Das Orchestrion ließ sich gelegentlich auch mit «ernster» Musik hören, doch schlug ihm dieses Unterfangen nicht minder zu seinen Ungunsten aus. Beklagte doch der Musikwissenschaftler Hermann Kretzschmar (1848–1924) in seiner Schrift «Über den Stand der öffentlichen Musikpflege in Deutschland» die anmaßende Haltung dieser Mammut-Drehorgel: «Gönne man diesen Maschinen den stolzen Titel eines Orchestrions – aber daß sie jetzt selbst Beethovensche Sinfonien spielen, ist doch entsetzlich.» Man muß ihm wohl beipflichten. Das Orchestrion hatte seine Möglichkeiten überschätzt. «Maschine» dagegen war ja nun wirklich keine Herabsetzung. Johann Gottfried Walther hatte in seinem Lexikon (1732) schon den Ausdruck «musikalische Kunstmaschine» gebraucht. Jetzt wurde sie sogar von einem Monteur gewartet. In einer kleinen Schrift «Über die Behandlung und Instandsetzung von pneumatischen Musikwerken» (1913) stand mit unabweisbarer Berechtigung zu lesen, daß man ein solches Musikwerk, «was die technische Kunst anbelangt, jeder feineren Maschine auf industriellem Gebiet ebenbürtig zur Seite stellen kann».

Schon im 18. Jahrhundert beginnen die Versuche, den Orchesterklang durch ein mechanisches Musikinstrument nachahmen zu lassen. Daraus ist auch der Name zu erklären. Es bleibt aber zunächst bei Einzelanfertigungen, zum Teil mit größtem Aufwand und in gewaltigem Ausmaß. Katharina II. zum Beispiel kaufte von dem Wiener Johann Georg Strasser ein Orchestrion für 10 000 Rubel. Das war im Jahre 1793. Strasser hatte es zusammen mit seinem Sohn gebaut. Das Repertoire enthielt nur Werke von Mozart, Haydn und Eberl. Haydn hatte speziell für diese Walze ein Stück geschrieben. Der Kunstschrank der Renaissance, in abgewandelter Form, tauchte also wieder auf. Spezielle Anfertigung für hohe Honorare! Erst als die Industrie auf die Möglichkeiten aufmerksam wurde, die der Bau von Orchestrions ergeben könnte, ging das Instrument in die Massenfabrikation. Schließlich aber traf das Schicksal das Orchestrion gleichermaßen wie die Drehorgel.

Nur Holland hat sich nicht beeindrucken lassen und pflegt noch heute das Orchestrion wie Wien seine Fiaker, Kraków seinen Trompeter von der Marienkirche und London seinen Businessman mit hartem Hut und Regenschirm. Die Bevölkerung ist dabei und verfolgt mit größter Aufmerksamkeit die Wettbewerbe der schönsten Orchestrions, die jährlich stattfinden. *Tafel 28, 29* Nicht wenige Schallplatten sind in Holland herausgekommen, die diese musikalischen Bonbons jedem, auch im Ausland, zum Naschen anbieten. Holland darf für sich wohl auch in Anspruch nehmen, in Utrecht das einzige «Nationalmuseum van Speeldoos tot Pierement» (von der Spieldose zum Leierkasten) auf der Welt zu haben. Dort stehen Serinetten neben Drehorgeln, Flötenuhren neben Orchestrions, und es fehlen nicht die *Tafel 30, 37* mechanischen Klaviere, das Harmonium und die Phonoliszt-Violina. Kein Nationalmuseum, aber eine nicht weniger umfangreiche Sammlung enthält das private «Museo di Strumenti Musicali meccanici» in Savio bei Ravenna. In Kopenhagen hat sich das «Mechanisk Musik Museum» etabliert. Daneben bestehen weitere private Sammlungen ähnlich umfassenden Charakters, wie etwa die rund 300 mechanische Musikinstrumente enthaltende von Weiss-Stauffacher in Basel, die durchweg spielbar sind.

Eine vergangene Welt wird pfleglich aufbewahrt. Sie hat den Vorzug gegenüber der «seriösen» vergangenen musikalischen Welt, mit dem originalen Klang aufwarten zu können. Er schlägt uns nicht in jedem Falle in Bann, aber er verhilft doch wenigstens zu einem bescheidenen Vergnügen.

3. Die Serinette

Kerbe

Der Name Serinette stammt aus dem Französischen und ist abgeleitet von dem Wort «serin», das Zeisig bedeutet. Gemeint war der Serin de Canarie, der Kanarienvogel. Die Kurzfassung des Namens erwies sich zweifellos als praktischer. Im Englischen heißt die Serinette «bird organ», und das bedeutet Vogelorgel. Man hält sich allgemeiner und zielt nicht auf den Zeisig oder den Kanarienvogel — nicht ohne Grund, wie sich noch zeigen wird. In Deutschland benutzt man den französischen Namen, gebraucht daneben aber auch die Bezeichnung Vogelorgel. Valentin Trichter nennt die Serinette in seinem Ritter-Exerzitien-Lexikon «Drehe-Orgel», weil ihm die Sache sicher neu war, der Name Serinette sich nicht übersetzen ließ und er den englischen Namen wahrscheinlich auch nicht kannte. Das war im Jahre 1742.

Um zu verstehen, was es mit der Serinette auf sich hat, warum ein Singvogel ihr seinen Namen leihen muß, macht sich eine kleine Abschweifung nötig.

Der Mensch hat am Gesang der Vögel immer seine Freude gehabt. Oft genug hat er allerdings diese Freude den gefiederten Sängern mit Grausamkeiten vergolten. Die farbenprächtig gezeichnete Chinesische Nachtigall zum Beispiel war in der ganzen Welt begehrt wegen ihres einzig schönen Gesanges und der ungewöhnlichen Zeichnung ihres Kleides. Sie im Käfig zu halten gereichte dem Menschen schon nicht zur Ehre. Verständlicherweise war sie unter solchen Umwelteinflüssen nicht im gleichen Maße zum Singen aufgelegt wie in der freien Natur. Ihr aber die Augen auszubrennen, damit sie durch einen dadurch ausgelösten Reflex gezwungen sei, ununterbrochen ihren Gesang hören zu lassen, liegt schon im Bereich des Bestialischen.

Offenbar war es nicht jedermanns Sache, überhaupt einen Vogel einzusperren oder ihn gar zu blenden. Die Freude am Vogelgesang zu jeder gewünschten Zeit, gepaart mit dem Vergnügen an mechanischen Spielereien, führte dann auch dazu, künstliche Vögel, die singen, den Kopf bewegen und mit den Flügeln schlagen konnten, nachzubilden und sie «naturgetreu» in ein Vogelbauer zu setzen. Meist wurden solche Spielereien auf das kostbarste ausgestattet und dadurch noch teurer, als sie es ohnehin waren. Der kleine Mann sah sich von der Lust am Gesang der Nachtigall in natura wie der künstlichen in seinen vier Wänden ausgeschlossen. Es mußte ja aber auch nicht unbedingt eine Nachtigall sein.

Um die Mitte des 17. Jahrhunderts, so erzählt die Geschichte, ist durch einen nicht mehr aufzuklärenden Umstand ein Kanarienvogel (zwei müssen es ja wohl wenigstens gewesen sein) von den Kanarischen Inseln, seiner Heimat, nach der Insel Elba verschlagen worden. Wahrscheinlicher ist, daß die Spanier ihn auf das Festland, nach Spanien, brachten, weil sein Gesang ihnen unbändige Freude bereitete. Diese Girlitzart, auf den Kanarischen Inseln, Madeira und den Azoren zu Hause, war des Singens von Natur aus vorbildlich kundig. Sie wurde zum Vorfahren des Harzer Rollers. Die Züchtung hat den Kanarienvogel gewandelt und ihm viele Spielarten des Kleides, der Augen und des Gesanges gegeben. Als er in Elba — oder in Spanien — vor runden 300 Jahren auftauchte, muß er Furore gemacht haben. Er kam in Mode, und damit traten alle anderen Sänger in den Hintergrund.

Eine Mode ist immer kostspielig — wie wir aus Erfahrung wissen. Die Kanarienmode war es natürlich auch. An Ratgebern fehlte es daher nicht, wie man mit solchen kostbaren gefiederten Sängern umzugehen habe, wenn man sein vieles Geld nicht nutzlos hinausgeworfen haben wollte. Den erfolgreichsten Ratgeber hat zweifellos Hervieux de Chanteloup geschrieben. Daß es sich bei ihm um einen Fachmann handelte, geht daraus hervor, daß er den Titel trug (unter anderen): «Gouverneur des Serins de Princesse de Condé». Von einem Ungenannten wurde sein Werk ins Deutsche übersetzt und erschien in Leipzig Anno 1712 in erster, sechs Jahre später aber schon in dritter Auflage. Und es war bei weitem nicht die letzte. Der Buchtitel der Auflage aus dem Jahre 1718 hatte diesen Wortlaut: «Neuer Tractat Von denen Canarien-Vögeln, Welcher zeiget / Wie dieselben aufzuziehen und mit Nutzen so zu paaren seyn / daß man schöne Junge von ihnen haben kan, Nebst verschiedenen Curieusen Anmerckungen Von denen Prognosticis und Ursachen ihrer Krankheiten, und wie man selbige curiren solle ...» Das französische Original war im Jahre 1705 herausgekommen. Bis zum Jahre 1802 hat es nicht nur viele Auflagen, sondern auch zahlreiche Übersetzungen erlebt.

Das 23. Kapitel dieses Traktats handelt von den Preisen und belehrt die
Liebhaber der Kanarienvögel unter anderem darüber, daß die überstandene

Neuer Tractat
Von denen
Canarien-Vögeln,

Welcher zeiget/
Wie dieselben aufzuziehen und mit Nutzen so zu paaren seyn/
daß man schöne Junge von ihnen haben kan,
Nebst verschiedenen
Curieusen Anmerckungen
Von denen
Prognosticis und Ursachen ihrer Kranckheiten, und wie man selbige curiren solle,
Anfangs von
Herrn HERVIEUX
In Französischer Sprache geschrieben,
Jetzo aber ins Teutsche übersetzt,
Und bey dieser dritten Auflage mit den andern Theile vermehrt.
Mit Königl. Pohlnischen und Churfl. Sächs. Allergn. PRIVILEGIO.

Leipzig zu finden im Cörnerischen Buchladen auf dem Neuen Neumarck.
Anno 17

«Neuer Tractat Von denen
Canarien-Vögeln …»
von
Hervieux de Chanteloup,
Leipzig 1718. Titelseite
der deutschen Ausgabe

erste Mauser, noch mehr eine besondere Färbung des Federkleides oder gar der Augen unweigerlich höhere Preise nach sich ziehe. Wenn aber gar auf dem Federkleid eine außergewöhnliche Zeichnung zu finden sei, etwa ein Stern auf dem Rücken, so könne das allein den Preis auf das Doppelte bringen. Irgendwo hatte diese Handelstechnik und überspannte Liebhabersucht nach Abnormitäten seine Grenzen, denn Hervieux schreibt schließlich:

«Derowegen kann man auch solche Vögel nicht aestimiren / die von ungemeyner Arth seyn / denn die kauffet keiner / als der viel Geld und große Lust darzu hat. Siehet man also öffters / daß einer / der Geld genug hat / ohne einiges Bedenken drey bis vierhundert Pfund für einen Vogel hingiebt.»

Die Aufzucht war bei solchen der Natur entwöhnten Vögeln nicht selten mit großen Mißerfolgen verbunden. Unter erheblichen Kosten angeschafft, sah sie dann mancher «zu seinem großen Verdruß und Schaden wiederum in ehesten dahin sterben». Im fünften Band des großen Zedlerschen Universal-Lexikons aus dem Jahre 1733 kann man nachlesen, daß von einem Dutzend Kanarienvögel nur zwei durchzubringen seien. Das förderte einerseits die Vorliebe für den künstlichen Vogel im Käfig. Andererseits griff derjenige, der schon aus guten Gründen auf die Chinesische Nachtigall sowohl wie auf den künstlichen Vogel und selbst auf den modischen Kanarienvogel verzichten mußte, zur Selbsthilfe und erstand den Vertreter einer Art, die niedrig im Kurs stand, oder fing ihn sich gar selbst. Die künstlichen Vögel im Bauer waren sehr beliebt, aber kaum in einem solchen Maße wie beim Kaiser von China, wovon Hans Christian Andersen (1805–1870) in seinem Märchen «Die Nachtigall» erzählt.

Das «Journal des Luxus und der Moden» berichtete noch im Jahre 1789 zu diesem Thema, daß der Mensch fast keine Vogelart «mit dem Kerker des Bauers oder der Zimmergefangenschaft verschont» habe, selbst den Sperling nicht. Dort ist auch zu lesen, daß die Hauptabnehmer der Tiroler Vogelhändler in Konstantinopel zu finden seien, weil ein gekäfigter Vogel – und nun folgt die überzeugende Begründung – «die Langeweile des Klosters und des Harems vermissen» helfe. «Die Liebhaberei zu diesem Vogel ist im Morgenlande so groß, daß ich mich erinnere», so der Berichterstatter des Journals, «in der Schweiz bey dem berühmten Mechaniker Jacques Droz künstliche Kanarien-Automaten gesehen zu haben, welche wie die natürlichen sich bewegten, hüpften und sangen und für das Serail des Türkischen Kaisers bestellt waren.» Zweifellos konnte die schwüle Luft eines Serails diesen Vögeln weniger schaden als den natürlichen.

Tafel 39

Die Tortur der in Gefangenschaft gehaltenen Vögel bestand nicht immer nur in Käfig und Zimmerluft. Das 18. Jahrhundert kam auf die merkwürdige Idee, den Vögeln auch den eigenen Gesang abzugewöhnen und sie die Schlager des Tages oder eigens für sie geschaffene Melodien zu lehren. So ungewöhnlich war das wiederum im Grunde nicht. Der in der Schweiz geborene Jean-Jacques Rousseau (1712–1778) hatte nicht grundlos seinen Zeitgenossen die Rückkehr zur Natur – retournez à la nature – empfohlen. Am Anfang seines pädagogischen Werkes «Emil oder Über die Erziehung» (1762) hatte er ihnen in einfachen, aber harten Worten vorgeworfen, daß unter ihren Händen alles entarte, daß der Mensch nichts wolle, wie es die Natur gebildet habe, sondern seinen Ehrgeiz darein setze, alles nach der Mode des Tages umzubilden. Zum Beispiel verstümmele er seinen Hund doch geradezu.

Für den gekäfigten und der menschlichen Zucht unterworfenen Vogel ergaben sich, im Vergleich zum Hund, keine besseren Aussichten für das weitere Dasein. Sein natürlicher Gesang wurde als plebejisch empfunden, und das hatte zur Folge, daß er sich der höheren Kunst zuwenden mußte, unter hilfreicher Anleitung des Menschen natürlich.

Zu diesem Zwecke gab ein Unbekannter in England einen Traktat mit dem Titel «The Bird Fancyer's Delight» (Des Vogelliebhabers Vergnügen) im Jahre 1714 heraus, von dem über ein Jahrhundert hindurch ständig Nachauflagen wegen der außergewöhnlichen Nachfrage gedruckt werden mußten. Die letzte Auflage erschien im Jahre 1830. Eigentlich war es die vorletzte, weil in unserer Zeit, im Jahre 1954, Stanley Godman in London eine mit Erläuterungen versehene Neuausgabe erscheinen ließ. Diesmal allerdings allein zur Freude der Blockflötenbläser und ohne die Absicht musikalischer Attentate auf gefiederte Sänger. Der Untertitel des Originalwerkes lautet übrigens so: «or choice observations and directions concerning the feeding, breeding and teaching all sorts of singing birds ...» Und das heißt: «oder vorzügliche Bemerkungen und Richtlinien, die Ernährung, Zucht und das Lehren aller Arten von Singvögeln betreffen ...» Die kurz nach 1714 folgenden Nachauflagen wurden verändert und erweitert, vor allem aber wurden 43 Melodien aufgenommen, die man den Vögeln beibringen sollte. Der Autor wußte, daß nicht jedermann eine Nachtigall oder einen Kanarienvogel besaß. Seine Auswahl enthielt deshalb Melodien für den Dompfaff, den Kanarienvogel, den Hänfling, die Lerche, den Star, den Papagei, die Nachtigall, den Sperling und die Drossel. Um Mißverständnissen vorzubeugen: Diese Melodien sollten den Vögeln so lange vorgespielt werden, bis sie geneigt wären, sie als Favoritenstücke in ihr ständiges Repertoire aufzunehmen. Man muß dem Verfasser bescheinigen, daß er sich an die Schlager seiner Zeit gehalten hat, soweit er sie nicht selbst im Geiste der Zeit komponierte. Die ersten tauchten, wie Stanley Godman nachwies, zu einem Teil später zum Beispiel in der «Beggar's Opera» (Bettler-Oper) auf, die 1728 in London uraufgeführt wurde. Die Melodie für den Dompfaff findet sich schon bei Georg Friedrich Händel als Marsch in dessen Oper «Rinaldo», die 1711 zum ersten Male aufgeführt wurde.

Man ging nicht so weit, den Vögeln im Käfig das Notenlesen beibringen zu wollen. Vielmehr sollte ihnen täglich Unterricht in mehreren Lektionen auf dem Flageolett, einem Blockflötlein in hoher Lage, erteilt werden. Deshalb war dem Traktat auch eine Grifftabelle für diese Diskantblockflöte beigegeben. Ob das zu Erfolgen geführt und ob den Mühen ein entsprechendes Vergnügen gegenübergestanden hat, das ist kaum zu sagen. Carl Philipp Emanuel Bach hat in seinem «Versuch über die wahre Art, das Clavier zu spielen» (1753) eine Bemerkung einfließen lassen, die solche Erfolge bestätigt, über deren Güte er aber gleichzeitig sein Mißfallen zum Ausdruck bringt. Er empfiehlt den angehenden Clavichordspielern unter anderem:

«Aus der Seele muß man spielen, und nicht wie ein abgerichteter Vogel.»
Auch Hervieux war schon dahintergekommen und verhehlte seine Erkenntnisse nicht, daß die vielen Lektionen mit den ständigen Wiederholungen der gleichen Melodie ermüdend und beschwerlich sein könnten, wodurch bei einem wenig gelehrigen Vogel die Mühe größer sei, als die Lust ausfallen dürfte. Tatsächlich scheinen die einzelnen Vogelarten von unterschiedlicher musikalischer Begabung gewesen zu sein.

In der dritten Auflage der deutschen Ausgabe des Traktats von Hervieux wird die Amsel als ein gelehriger Vogel ausdrücklich genannt. Sie könne man «zum Singen oder Pfeiffen gleich einem Menschen abrichten». Offenbar machte dieser Vogel auch keine Vorbehalte gegen bestimmte Genres geltend, denn er fährt fort: «... und pfleget sie so wohl Geist- als Weltliche Lieder nachzusingen.» Aber das Studium war anstrengend für beide, den Lehrer wie den Vogel. Hervieux warnt vor Überforderung des kleinen Vogelgedächtnisses und schlägt ein Präludium und einen Marsch vor, die er in Noten beifügt. Bei zwei kurzen Stücken solle man es sein Bewenden haben lassen. Für das Studium selbst sei noch sein Rat zitiert:

«... Wenn man sich aber einmahl fürgenommen hat / einen Canarien-Vogel abzurichten / muß man große Gedult haben / sonst wird man nichts ausrichten.»

Und er fährt fort:

«Es ist genug / wenn man seinem Canarien-Vogel den Tag fünf oder sechs Lectiones giebet ... / also nur zwo Lectiones des Morgens / beym Aufstehen / ein paar zu Mittage / und eben so viel beym Schlaffen-gehen ... Jedesmahl muß man die Arien einmahl oder zehen wiederholen / und sie immer gantz vom Anfange biß zu Ende spielen ...»

In einer späteren Ausgabe des Hervieuxschen Traktats wird auf die Anstrengungen des Flötenbläsers als Musiklehrer der Vögel näher eingegangen. Das lag in der galanten Zeit nahe, denn es waren vorwiegend Flötenbläserinnen. Die in Instrumentensammlungen zahlreich erhaltenen Flageoletts zeichnen sich durch sorgfältige und schmuckvolle Arbeit aus. Nicht wenige sind aus Elfenbein geschnitzt, eindeutige Zeichen dafür, daß sie für die zarten Hände der Damen bestimmt waren. Auch die Darstellungen in der bildenden Kunst bestätigen diese Vermutung.

Es heißt also später bei Hervieux: «Les personnes qui ont la poitrine délicate ... peuvent jouer d'un petit flageollett organisé, composé de deux octaves ou moins ... dont le prix le plus ordinaire est de cinquante livres ou environs.» (Personen von zarter Brust ... können auch ein Flageolett organisé spielen, das aus zwei Oktaven oder weniger besteht und dessen gewöhnlicher Preis um die 50 Pfund beträgt.) Damit ist wohl schon die Serinette

Ein Präludium und ein Marsch,
wie man sie den Kanarien-
vögeln vorspielen sollte,
damit sie
diese Stücke nachpfeifen.
Aus dem Traktat des
Hervieux de Chanteloup,
Leipzig 1718

gemeint, die im Grunde ein organisiertes Flageolett darstellt. Der Tonumfang von zwei Oktaven ist allerdings zunächst nicht üblich gewesen, solange die Serinette dem eigentlichen Zwecke diente, den Vögeln das Singen von Favoritstücken beizubringen. Möglicherweise stammen solche Ergänzungen und Veränderungen schon von bearbeitenden Herausgebern der späteren Auflagen und haben mit Hervieux selbst nichts mehr zu tun. Immerhin ist nun aber deutlich geworden, weshalb es eigentlich zum Bau von Serinetten kam, weshalb ihnen dieser Name gegeben wurde und in welchen Kreisen sie zunächst zu Hause waren.

Es bleibt aber noch offen, wann die Serinette denn eigentlich an den Tag kam. Bisher ist Valentin Trichter als der einzige Zeuge für das Vorhandensein dieses Instruments genannt worden. Daß es in einem Ritter-Exerzitien-Lexikon erwähnt wird, beweist einmal mehr, in welchen Schichten diese kleine mechanische Orgel ihre Heimstätte hatte.

Die bildende Kunst hilft ein wenig weiter. An erster Stelle ist ein Gemälde des englischen Kupferstechers und Malers William Hogarth (1697–1764) zu nennen. Im Jahre 1742 malte er die Kinder der Familie Graham. Einer der Knaben hat eine Bird Organ, eine Serinette, auf den Knien. Damit kein Zweifel über die Funktion dieses kleinen Instruments aufkomme, hat Hogarth den Vogel in seinem Käfig nicht vergessen. Daß eine Katze ihre Aufmerksamkeit weniger der Serinette als dem Vogel widmet, hat schon fast anekdotischen Charakter. Die Kleidung und das Interieur machen deutlich, daß es sich um Kinder reicher und vornehmer Eltern handelt.

Tafel 38

Ein anderes Gemälde läßt nicht weniger die gehobene Gesellschaft erkennen, die sich der Serinette bedient. Im Jahre 1751 stellte Jean Baptiste Siméon Chardin (1699–1779) in Paris ein Werk aus, dem er die Unterschrift gab: Une dame variante ses amusements (eine Dame, die ihre Vergnügen wechselt). Nur zwei Jahre später wurde, ebenfalls im Pariser Salon, ein Stich nach diesem Gemälde ausgestellt, den Laurent Cars (1699–1771) geschaffen hatte. Die Kleidung der Dame und das Interieur entsprechen durchaus der Darstellung Hogarths.

Schließlich sei noch auf eine dritte Bildquelle aus dem 18. Jahrhundert aufmerksam gemacht. Als Père Engramelle (1727–1781) sein noch heute beachtetes Werk über die Kunst der Bestiftung von Stiftwalzen herausgab, nahm er darin den Holzschnitt eines Unbekannten auf, der einen Blick in die Werkstatt mechanischer Musikinstrumente gewährt. Einer der «artists» (Künstler), so bezeichnete Engramelle diese Instrumentenbauer nicht ohne Berechtigung, hat eine Serinette vor sich und ist soeben dabei, ihre Walze zu bestiften. Der zweite Künstler setzt die Stifte auf die Walze eines größeren Instruments.

38
William Hogarth
(1697–1764):
Die Kinder der Familie
Graham (Ausschnitt), 1742.
Der Knabe spielt auf seiner
Serinette dem gekäfigten
Vogel ein Stücklein vor.

39
Vogelkäfig mit
singendem und sich
bewegendem
Kanarienvogel,
vermutlich von
Bontems, Paris, Ende
des 18. Jahrhunderts

L'HEUREUX SERIN.

Que sous une douce influence,
Petit oiseau, tu pris naissance,
Que ton sort te doit contenter,
Zminte ne se plaît qu'à te faire chanter,

Tandis que me laissant en proye,
Aux plus sensibles déplaisirs,
L'ingrate fait toute sa joye,
De me faire pousser d'inutiles soupirs.

40
«Der glückliche
Zeisig», Stich von
R. Gaillard
(1719–1790)
nach einem Gemälde
von Johann Eleazar
Schenau
(auch Schönau)

42, 43
Serinette in Buchform, Frankreich, Ende des 18. Jahrhunderts, geöffnet und geschlossen

44, 45
(folgende und übernächste Seite)
Repertoirezettel in der Serinette «Fait à Basle 1768» und die Serinette, Basel 1768

41
Serinette, geöffnet

Noms des Airs Contenus
du present Instrument

1. Sauteuse Contoise.
2. 2 p'tits Ballets.
3. Gigue et son Prelude.
4. Allemande Nouvelle
5. Gavotte D'ardel.
6. Menuet Italien.
7. Marche du Roy.
8. La Svedoise.
Fait à Basle 1768.

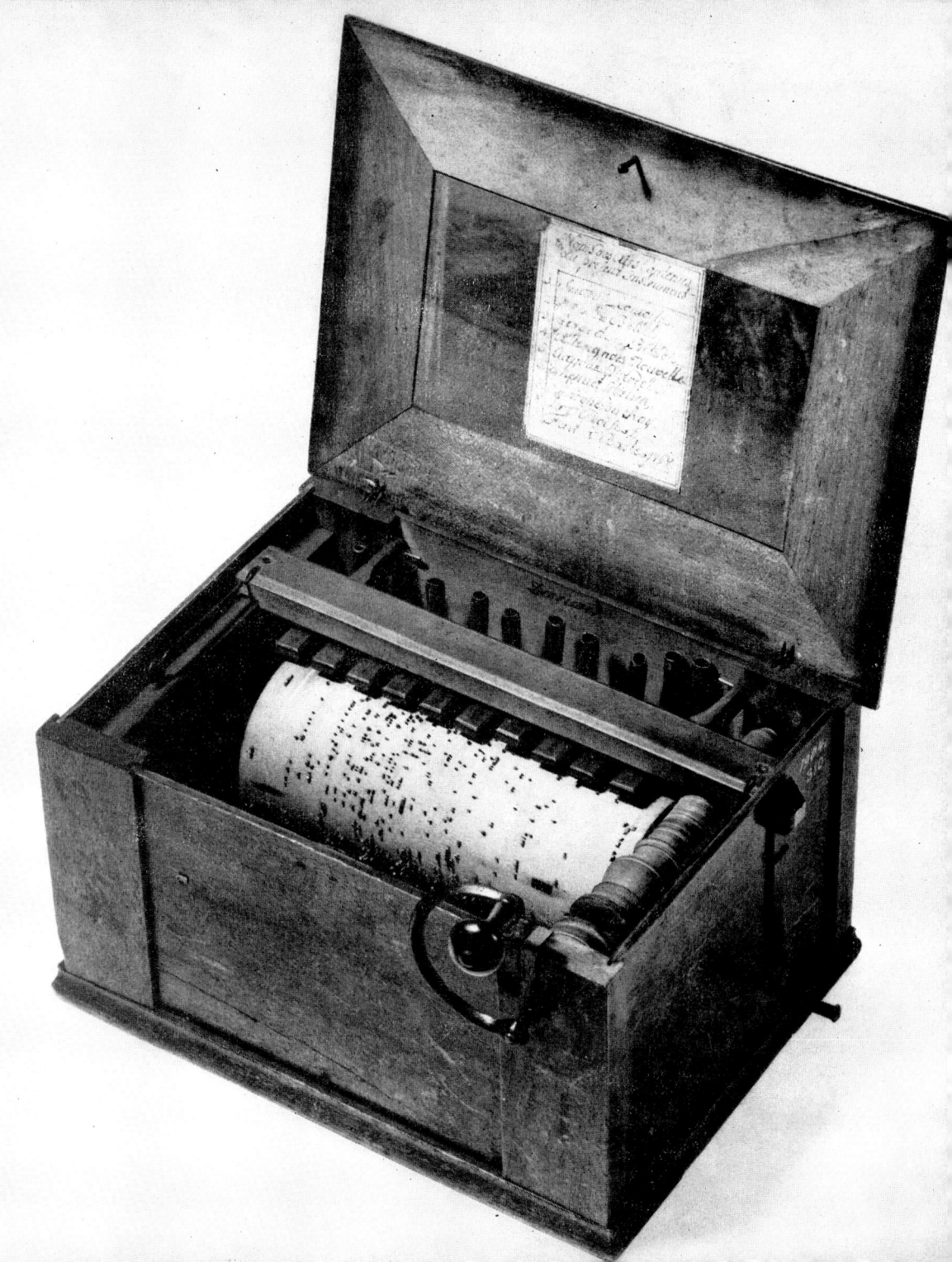

Obwohl Engramelle die Serinette als das am meisten bekannte aller mechanischen Musikinstrumente bezeichnet, ist sie in der Literatur, auch in der Fachliteratur, vor ihm nicht oder zumindest nicht so behandelt worden, daß über die Zeit ihres ersten Auftauchens einigermaßen verläßliche Schlüsse gezogen werden könnten.

Tafel 41

Die wichtigsten Zeugen für die Geschichte eines Instruments sind naturgemäß die Instrumente selbst. Solche mechanischen Musikwerke, deren musikalischer Charakter doch sehr eingeengt ist, so daß sie mancher Musikgelehrte nicht der Beachtung würdigte, hielt man im allgemeinen des Aufhebens nicht für wert. Zumindest trifft das für die Vergangenheit zu. Dennoch sind in Museen und Sammlungen einige Serinetten aus dem 18. Jahrhundert übriggeblieben, während von der nicht weniger verbreiteten Straßendrehorgel auch nicht eine aus dem gleichen Zeitraum erhalten zu sein scheint. Die Ursache für diesen bemerkenswerten Umstand liegt ohne Zweifel in der unterschiedlichen gesellschaftlichen Stellung beider Instrumente.

In unserer Zeit, in der das Hobby auch nicht vor beträchtlichen finanziellen Ausgaben Halt macht, finden sich zahlreiche Liebhaber, die solche Instrumente für teures Geld erwerben und große Sammlungen anlegen, sie mitunter auch der Öffentlichkeit zugänglich machen. Aber sie kommen zu spät, wenn es sich um Instrumente des 18. Jahrhunderts und noch dazu um «Kleinigkeiten» handelt. Und wenn schon etwas davon übrigblieb, dann haben die harten Zeitläufte es mitunter anders gewollt. Das trifft zum Beispiel für eine Serinette zu, die wohl die älteste signierte ihrer Art war und ein Opfer des zweiten Weltkrieges wurde. Sie gehörte zum Bestande des Musikinstrumentenmuseums der Karl-Marx-Universität in Leipzig. Im Jahre 1749 hatte sie Stephan Haering in Berching bei Regensburg gebaut. Drei weitere Serinetten aus derselben Sammlung, von denen zwei aus der zweiten Hälfte des 18. Jahrhunderts stammten, sind auf dieselbe Weise verlorengegangen.

Tafel 44, 45

Das Historische Museum zu Basel dürfte nun die älteste signierte und datierte Serinette in seinem Bestande führen. «Fait à Basle 1768» ist dem eingeklebten Repertoirezettel beigefügt. Es mag Instrumente geben, die älter sind, deren Alter sich jedoch wegen fehlender Beschriftung und aus Besonderheiten ihres Baues nicht bestimmen läßt. Sein eigentlicher Verwendungszweck ließ von vornherein keine Entwicklung des Instruments zu. Es mußte auf eine geringe Zahl von hochklingenden Pfeifen beschränkt bleiben. Das Gehäuse konnte sich ändern, doch das ist nicht eine Eigenart der Entwicklung, sondern bestimmt durch den Wunsch des Käufers, wiederum dessen Geldbeutel angepaßt. Die Beispiele der Londoner Serinette und eines von Gavarni dargestellten Instruments machen das deutlich.

46
Serinette-Perroquette,
Blick in das Innere:
linke Pfeifenreihe gedackt
(geschlossen), daneben die
beiden offenen Register;
unten links zwei Registerzüge

Die Pfeifen durften nicht allzu hoch klingen, sonst — und davor warnt Hervieux eindringlich — «singet der Canarienvogel, da er seine Stücke gelernet hat, in eben dem Thone / und wiederholet es öffters in einem Tage / daß ihm die Lunge davon gantz vertrocknet und er gantz mager wird / auch endlich stirbet».

Es konnte schon vorkommen, daß die Tonlage etwas tiefer als gewöhnlich gewählt wurde. Die Absicht war, damit der kräftigeren Amsel, im Französischen «merle», stimmlich entgegenzukommen, ihr sozusagen ein Alt-Instrument zu offerieren. Gutem Rat folgend, wollte man vermeiden, daß «sie auch endlich stirbet». Man nannte solche Instrumente Merline. Sie scheinen aber bei weitem nicht so häufig im Gebrauch gewesen zu sein wie die Serinette.

Die Ausmaße einer Serinette konnten wegen der kleinen Pfeifchen sehr gering gehalten werden. Gelegentlich kam es vor, daß ihr die Form eines Buches gegeben wurde, dessen Rücken ein Buchtitel zierte. Im Brüsseler Instrumentenmuseum befindet sich ein solches Instrument mit diesen Maßen: Höhe 20,5 cm, Breite 13,5 cm und Tiefe 7 cm. Auf dem Rücken ist zu lesen: «Le chant des oiseaux, tome 6» (Der Gesang der Vögel, Band 6). Das Instrument ist von Simon L'Eté dem Älteren aus Bayonne gebaut worden. Auch das Museum des National-Konservatoriums in Paris besitzt ein derartiges Instrument wie auch das Musikinstrumentenmuseum beim Staatlichen Institut für Musikforschung in Berlin (West). Tafel 42, 43

Das Brüsseler Museum zeigt eine Serinette, der man den Namen Pionne beziehungsweise Serinette-Pionne gegeben hat. In dem Katalog aus dem Jahre 1893 wird sie von Victor Charles Mahillon, einem bedeutenden Instrumentenkundler, so beschrieben:

«Serinette-Pionne. On designait sous le nom de pionne une serinette à deux registres. Meuble acajou orné de baguettes de cuivre. Douze airs, deux registres, l'un à d'octave, l'autre à la double octave aiguë des sons suivants: gis′ a′ h′ cis″ d″ dis″ e″ f″ fis″ g″ gis″ a″ h″.» (Man bezeichnete mit dem Namen Pionne eine Serinette mit zwei Registern. Gehäuse aus Mahagoniholz, mit Kupferstäben verziert. Zwölf Stücke, zwei Register, eines im 4′ Ton und das andere im 2′ Ton mit folgenden Tönen: [wie oben].) Die Maße sind angegeben: Höhe 25 cm, Länge 39 cm, Tiefe 24 cm.

Ein solches Instrument konnte seinen eigentlichen Zweck nicht mehr erfüllen. Das mehrstimmige Singen war einem Vogel nicht zuzumuten, und daß zwei Vögel abgerichtet werden könnten, damit sie zweistimmig sängen, ist im 18. Jahrhundert zwar umständlich beschrieben worden, dürfte jedoch in das Reich der Phantasie zu verweisen sein.

116 Schon in der Encyclopédie Méthodique aus dem Jahre 1775 wird die Seri-

nette auch als mehrregistriges und als mehrstimmiges Instrument beschrieben und bemerkt, daß die Orgue de Barbarie, die Straßendrehorgel, sich von der Serinette nur noch durch die Größe unterscheide. Selbstverständlich gab es daneben auch noch die Serinette, die ihrem ursprünglichen Zweck diente. Zur Zeit der Französischen Revolution war eine Kommission gebildet worden, die den Auftrag hatte, Kunstgegenstände sicherzustellen, wenn sie aus dem Besitz der ehemals herrschenden Klasse stammten und nun herrenlos geworden waren. Eine Subkommission nahm sich der Musikinstrumente an. Ihr gehörten unter anderen auch der berühmte Harfenbauer P. J. Cousineau und ein Geiger des bedeutenden Pariser Concert spiratuel namens Leduc an. Sie nahmen im Hause des Comte de Becdelièvre ein Fortepiano organisé, ein Fortepiano und «une serinette ordinaire» auf. Ein Gehäuse einer Serinette fand sich auch beim Comte d'Orsay. Zeitgenosse dieser beiden Comtes war Louis Philipon de la Madelaine (1734–1818). Aus seiner Feder stammen diese Zeilen:

«Mars inventa la trompette,	«Mars erfand die Trompete,
A Pan on doit les pipeaux.	Pan verdanken wir die Flöten.
Quel Dieu fit la serinette?»	Welcher Gott schuf die Serinette?»

Letzte Zeugen einer vornehmen Vergangenheit, die zu dieser Zeit schon sehr brüchig geworden war, denn man traf die Serinette auch schon auf den Straßen als Instrument ambulanter Musikanten.
J. B. Gouriet erzählt in seinem Werk «Personnages célèbres dans les rues de Paris» (Berühmte Persönlichkeiten in den Straßen von Paris) aus dem Jahre 1811, daß er einen Streit zwischen einem Serinettenspieler und einem stadtbekannten Musicien des Promenades auf dem Platz Saint-Germain-L'Auxerrois erlebt habe. Der Promenadenmusiker war wegen seiner außerordentlichen Virtuosität berühmt. Er bediente nicht nur eine Harfe und ein Tamburin, sondern auch Becken, eine Anzahl von Glöckchen und blies dazu noch ein Flageolett. Beide Virtuosen kamen sich ins Gehege im eigentlichen Sinn, denn die Lautstärke des Promenadenmusikers übertraf die der Serinette. Einer warf dem anderen vor, Kurbeldreher zu sein, während dieser jenem zurückgab, er mache seine Musik mit Fußtritten und Faustschlägen.
Später waren es vorwiegend arme Savoyarden, die sich der Serinette bedienten, um sich durchs Leben zu schlagen. Aber sie konnten nicht verhindern, daß ihr geliebtes Instrument den Weg auf die Straße nicht mit Erfolg gehen konnte. Der Serinettenspieler auf der Place Saint-Germain hatte es schon erfahren müssen: Gegen den zunehmenden Lärm konnte er mit seinem Instrumentchen nicht mehr ankommen, auch wenn es möglicherweise schon zwei oder gar drei Register hatte.

Die Serinette blieb daneben aber noch eine Zeitlang die Freude der Damen und das Mittel zur musikalischen Ausbildung von Käfigvögeln. Die Karikaturen sprechen eindringlich davon. Sie lassen auch ein anderes Milieu erkennen. Tafel 40

Um 1800 hat man der Serinette eine neue Funktion zugeschrieben: Sie wurde Kinderspielzeug. Für die Kinder vornehmer Schichten war sie es schon, wie das Hogarthsche Bild zeigt. Schließlich war sie auch eigentlich nur Spielzeug für die Damen ebendieser Kreise, doch verband sich ihr Spiel immer noch mit musikalischer Belehrung von Vögeln. So wurde die Serinette in der Literatur des 18. Jahrhunderts, wenn sie schon erwähnt wurde, auch dargestellt. Im Kochschen Lexikon der Musik aus dem Jahre 1802 ist diese Funktion wiederum genannt, aber hinzugefügt wurde: «es dienet den Kindern zu einem Spielzeuge». In einem Katalog des großen Warenversandhauses Bestelmeyer in Nürnberg aus dem Jahre 1803 ist ein solches Spielzeug angeboten zum Preise von 1 fl 54 kr. Die Beschreibung lautet: «Ein klingendes Spiel mit 2 beweglichen Figuren. Der kleine Savoyarde dreht eine Orgel und das Mädchen schlägt ein Tambourain.» So verfuhr man in Sonneberg, neben Nürnberg die Spielzeugstadt in Deutschland, in der seit der Mitte des 18. Jahrhunderts schon sogenannte «klingende Sachen» hergestellt wurden, so aber auch in London in Wrigley's Room and Promenade, wo unter den Spielsachen auch kleine Drehorgeln verkauft wurden.

Um die Mitte des vorigen Jahrhunderts hat die Vogelorgel oder Serinette als Instrument, «die Vögel abzurichten», wie als Straßeninstrument ihr Dasein beschlossen. Heute erinnert man sich selbst dort nicht mehr dieser kleinen Drehorgel, wo die Zucht von Kanarienvögeln bis weit in unser Jahrhundert hinein eine Hochburg fand, zum Beispiel in Benneckenstein am Harz, das für sich in Anspruch nehmen kann, den Harzer Roller gezüchtet zu haben.

4. Kerbe | Die englische Drehorgel: die Barrel Organ

In einem Buch über die Orgel, ihre Geschichte und ihre Behandlung, das in dritter Auflage 1898 in Leipzig erschien, schrieb der Autor, F. L. Schubert, unter anderem:

«Merkwürdigerweise kam man in Berlin zu Anfang dieses Jahrhunderts auf die Idee, kleine Dorfkirchen mit Drehorgeln zu versehen. Vielleicht, um damit einen Organisten zu sparen, obwohl das kein stichhaltiger Grund sein konnte, da man doch von jedem Schulmeister verlangt, daß er des Orgelspiels kundig sein soll, und auf den meisten Dörfern der Schullehrer Organist und Kantor in einer Person zugleich ist. Bald sahen aber die Landgemeinden die Unbrauchbarkeit solcher Drehorgeln ein, und man fand auch, daß diese kostspieliger als die brauchbaren Kirchenorgeln waren. Man ließ daher sehr bald die unwürdige Idee fallen, in den Kirchen Leierkästen aufzustellen.»

Ganz so verhielt es sich nicht, wie Herr Schubert die Sache darstellt, denn die Landgemeinden haben kein Einsehen gewinnen können, weil sie von der «unwürdigen Idee» kaum etwas erfahren haben dürften. Und wenn sie wirklich Abonnenten der Berliner Wochenzeitschriften «Der märkische Bote» oder «Beobachter an der Spree» gewesen sein sollten, so würde bei aufkommendem Interesse tatsächlich der Preis dafür gesorgt haben, es sehr schnell erlöschen zu lassen. In den Jahren 1821 und 1822 war von einem Unbekannten ein längerer Artikel in diesen beiden Zeitschriften erschienen, in dem den dörflichen Gemeinden empfohlen wurde, Drehorgeln in Landkirchen aufzustellen: man spare den Organisten und damit Geld. Einige Präludien und zwölf Choräle auf einer Walze würden die «Hauptmelodien, welche im Kirchengesang üblich sind», ausreichend vertreten. Andere Walzen mit weiteren Stücken nach Wunsch könnten in beliebiger Zahl nachgeliefert werden. Ein Knabe wäre in der so einfachen Behandlung des Instruments leicht zu unterrichten.

Die Drehorgel und ihr Ruf einerseits, das Gotteshaus auf der anderen Seite: Der Verfasser fühlte offenbar Widersprüche. Er beabsichtigte — Angriff ist die beste Verteidigung — ein zu erwartendes Argument von vornherein auszuschalten: «Trotz jener Ähnlichkeit mit den Drehorgeln, auch den Flötenuhren» — die sozusagen das bürgerliche Element unter den mechanischen Instrumenten darstellten — «in sofern Walzen die Bewegung vollziehen, hat man sich hier etwas anderes, sowohl in der gesamten Organisation, als in Kraft und Erhabenheit Abweichendes vorzustellen.» Er fährt dann fort, das Orgelspiel auf dem Dorf sei von Mißtönen durchsetzt, vor denen man das Ohr verstopfen möchte. Den «guten Landleuten» fiele das freilich nicht auf, aber es kämen ja auch einmal «Gutsbesitzer, Prediger, Domänenbeamte, Förster usw. mit ihren Angehörigen, deren Geschmack mehr oder weniger Ausbildung empfangen» habe, in diese Kirchen. Man müsse etwas zur Veredlung des Gottesdienstes tun, damit eine Dorfgemeinde, wenn ihre Kirche eine Orgel empfangen hat, dadurch nach und nach um etwas veredelter sei, dem kultivierteren Städter sich mehr annähern werde. Dazu eigne sich, wie umständlich ausgeführt wird, ganz besonders die Drehorgel, die der verstorbene Walzensetzer Kummer in Berlin, in Verbindung mit seiner Tochter, zuerst gebaut habe. «Seine geschickte, man darf sagen genievolle Tochter setzt die Geschäfte des Vaters fort.» «Die Künstlerin» wohnte am Spittelmarkt Nr. 4, und es wurde in diesem Artikel wärmstens empfohlen, die «neu erfundenen Orgeln» dort zu besichtigen oder zu bestellen.

Dieser Empfehlung folgte unglücklicherweise Christian Friedrich Gottlob Wilke, bedeutender Kenner des Orgelbaus und streitbarer Kämpfer für dessen Verbesserung, Musikdirektor und vereidigter Orgelsachverständiger, im Umgang mit der Feder begabt und geübt. Über die dabei geführte Unterhaltung weiß man Genaues natürlich nicht, aber man vermag sich unschwer einen Vers darauf zu machen, wenn man seine Erwiderung unter der sachlichen Überschrift «Über eine Empfehlung der Drehorgeln zum Gebrauch in Landkirchen» liest. Sie war weder im «Beobachter an der Spree» noch im «Märkischen Boten», sondern im Jahrgang 1822 einer Fachzeitschrift, der «Allgemeinen Musikalischen Zeitung», erschienen. Die Unterhaltung war zweifellos nicht durch musikalisch-harmonische Übereinstimmung gekennzeichnet. Es fiel Wilke nicht schwer, den Vorschlag des von Fräulein Kummer initiierten Artikels ad absurdum zu führen. Sein Artikel schließt mit diesen Sätzen:

«Könnte der ungenannte Verfasser hierdurch oder auf andere Weise zu besserer Einsicht in dieser Sache gelangen, so müßte er erröthen, seine Empfehlung in die Welt geschickt zu haben, die als Ernst dem Sachkundigen nur lächerlich erscheinen muß, als Scherz aber zu ernsthaft ausgesprochen wurde.»

Noch eine Passage sei aus der Wilkeschen Entgegnung zitiert:

«Schon die Vorstellung, daß in der Kirche zum Gottesdienst geleiert wird, würde unfehlbar Gleichgültigkeit und ein widriges Nebengefühl erzeugen, und die Andacht beim Gesange stören.»

Wenn auch die Kummersche «Neuerfindung» (sie war aber gar keine) mit ihren vier Registern einem Positiv ähnelte und also nicht unbedeutend größer als eine Straßendrehorgel war, das «widrige Nebengefühl» — und wahrscheinlich nicht so sehr «neben» — kam auf. Es lag so etwas wie Gotteslästerung in der Luft.

Die Zeiten wandeln sich, die Technik macht Fortschritte durch den Menschen, er ändert sich und seine Umwelt und seinen Geschmack. Wen wundert es, wenn der «Kirchliche Anzeiger für Württemberg» vom 19. November 1903 sich für die «Automatische Spielvorrichtung für Orgeln» — womit die «Organola» gemeint ist, die in der 1. Kerbe berührt wurde — mit herzhaften Worten einsetzt:

«Unsere evangelische Kirche mit ihrer wachsenden Organistennot könnte nicht Törichteres tun, als der neuen Erfindung die Pforten der Gotteshäuser zu verschließen. Irgendein triftiger Grund dafür wird schwerlich zu finden sein; weder der Kunst noch der Würde des Gottesdienstes geschieht dadurch Eintrag; beide können nur dadurch gewinnen.»

Aber es muß wohl doch etwas Durchschlagendes an den Bedenken Wilkes gewesen sein, denn die «Organola» hat zwar in einigen Kirchen Aufsehen erregt, wenn sie zum Beispiel «Les Préludes» von Franz Liszt durch St. Stephan in Mühlhausen brausen ließ, durchsetzen konnte sie sich nicht.

Vorbehalte solcher nicht leicht zu beschreibender Art gegenüber mechanischen oder elektrischen Instrumenten waren nicht überall gemacht worden. Dafür ein Beispiel aus der Zeit des «genievollen» Fräulein Kummer, genau gesagt, aus dem Jahre 1810:

«The recent improvements of some English artists have rendered the barrel organ capable of an effect equal to the fingers of the first-rate performers.»

Und das heißt: Die neuerlichen Verbesserungen durch einige englische Künstler haben der Barrel Organ die Fähigkeit zu einer Wirkung gegeben, die der der Finger erstklassiger Virtuosen gleichkommt. Diesen Satz schrieb der in Europa zu seiner Zeit schon hochgeschätzte Musikforscher Charles Burney (1726–1814). Burney war ein ungemein gescheiter Mann, der 1769 in Oxford zum Doktor der Musik promovierte, mit offenen Augen und Ohren auf musikalische Forschungsreisen in europäische Länder fuhr, darüber in anschaulich und interessant geschriebenen Büchern berichtete und schließlich als Verfasser einer umfangreichen und mehrbändigen Musikgeschichte auch dem Skeptiker gegenüber sich hinreichend als kompetent für die Beurteilung der Barrel Organ ausgewiesen hat.

Vor ihm hatte sich der englische Dichter William Mason (1724–1797) sehr ähnlich über die mechanische Orgel geäußert. In seinem Buch «Historical and critical on English Church Music» (Historisches und Kritisches zur englischen Kirchenmusik), das er 1795 in York herausgab, bemerkt er, daß er den Beistand einer Barrel Organ zum Gemeindegesang den «fingers of the best parochial organists» (Fingern der besten Kirchenorganisten) vorzöge. Und das bedeutet unter anderem auch, daß er die Barrel Organ in der Kirche oft genug gehört haben muß.

Ein kleiner historischer Rückblick ist notwendig, um die besondere Situation der englischen Orgelmusik und der Kirchenmusik insbesondere verstehen zu können.

Die um die Mitte des 16. Jahrhunderts sich herausbildende Glaubensbewegung der Puritaner erstrebte kirchliche und politische Reformen. In der Kirche war ihr Anliegen die Wiederherstellung reinen evangelischen Glaubens, und politisch bildeten sie die bürgerliche Opposition gegen den Feudalismus. Um 1600 formierte sich ein linker Flügel der Puritaner, der unter dem Namen Independenten (Unabhängige) in die Geschichte eingegangen ist. Oliver Cromwell (1599–1658), der zum Führer der Independenten avancierte, gelang es, in England 1648 nach einem Bürgerkrieg die Republik auszurufen. Im Jahre 1653 setzte er mit Hilfe einer Militärdiktatur die Ziele der Puritaner durch. Das bedeutete für Kunst und Wissenschaft, für Philosophie und Ökonomie, nach dem Grad ihrer Nützlichkeit bewertet zu werden. Das Schicksal der Kirchenmusik wie der «ernsten» Musik überhaupt war besiegelt. Zahlreiche Orgeln wurden zerstört. Die Bilderstürmerei machte vor ihnen nicht halt. Musiker und Organisten wurden brotlos, wenn sie sich nicht durch eine andere Tätigkeit ihren Lebensunterhalt verdienen wollten.

Nach Cromwells Tode im Jahre 1658 gewann der oppositionelle Flügel innerhalb der Puritaner an Einfluß und beteiligte sich schließlich 1660 an der Restauration des Königshauses. Die Kirchenmusik wurde in diesem Jahr wieder zugelassen. Nun fehlte es jedoch an Musikern und Instrumenten. Ein Vakuum war entstanden.

Über die Zustände, wie sie noch 1676 herrschten, berichtet Thomas Mace (1613–um 1700) in seinem umfangreichen Buch «Musick's Monument» (das seiner Bedeutung wegen auch in unserer Zeit neu aufgelegt wurde). Seine Sprache ist überaus anschaulich, so daß er selbst hier zu Worte kommen möge:

«Tis sad to hear what whining, toting, yelling, or screeking there is in many country congregations, as if the people were affrighted, or distracted.»

Und das heißt: Es ist schlimm anzuhören, welches Wimmern, Heulen, Gellen oder Kreischen da in manchen Landkirchen zu hören ist, als ob die Leute in eine Schlägerei verwickelt oder verrückt geworden wären.

Er stellt dann fest, daß das geeignetste Instrument zur Begleitung des Gesanges in der Kirche die Orgel sei, die selbst Personen, «who has but a common or indifferent Ear — as most people have» (die nur ein gewöhnliches oder unempfindliches Ohr haben — wie die meisten) das Falschsingen gar nicht ermögliche. Aber es fehlte eben an Orgeln und Organisten! «An Organ in our poor Parish Church? and An Organist too? (for if we have the one, we must have the other) This sure can never be.» (Eine Orgel in unserer armen Pfarrkirche? Und einen Organisten dazu? Denn wenn wir das eine haben, müssen wir auch das andere haben. Das kann sicher niemals sein.) Mace wußte dennoch einen Ausweg, über den zu sprechen hier nicht

von Interesse ist.

47
Church Barrel Organ
von Bryceson Bros., London,
etwa 1810, in Shelland, Suffolk
48
Die Kirche King Charles
the Martyr in Shelland, Suffolk

49
Chamber Barrel Organ von
Holland in Sutton-on-Trent,
Nottinghamshire, um 1795

50
Chamber Barrel Organ von
Broderip & Wilkinson, London,
zwischen 1798 und 1811

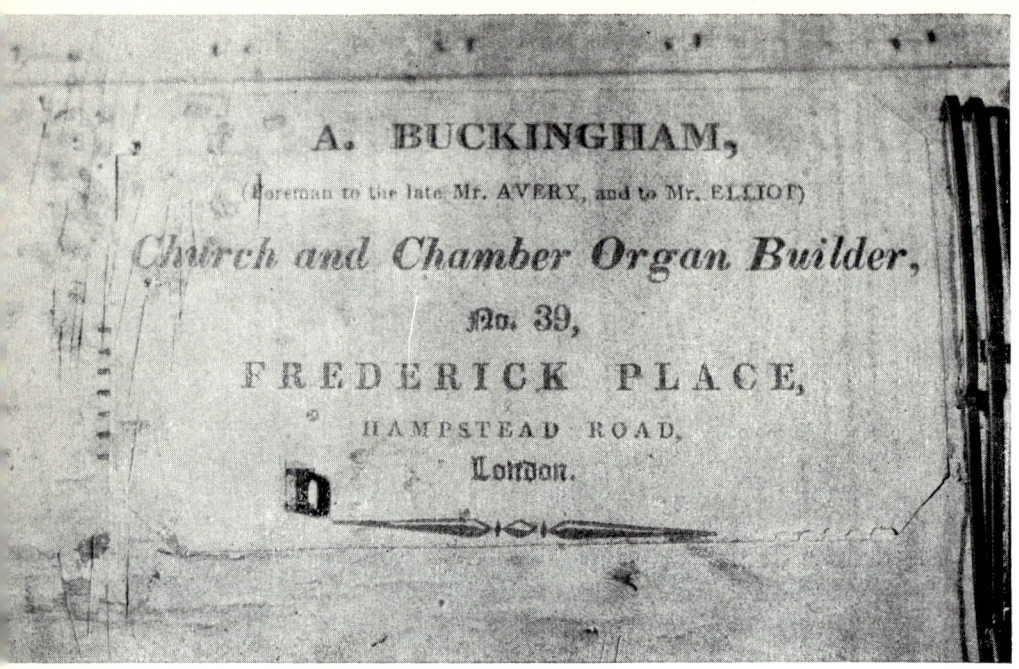

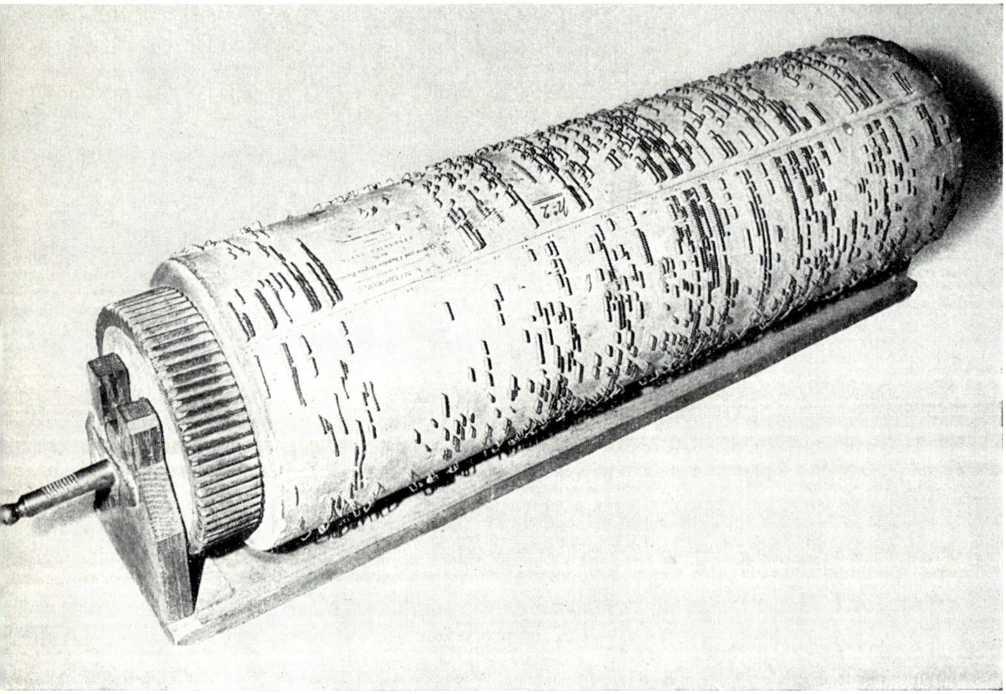

51, 52
Eine Stiftwalze zur
Church Barrel Organ
von A. Buckingham
(Tafel 53) mit dem
Firmenschild

53
Church Barrel Organ
von A. Buckingham,
unten vier Register-
züge, darüber
die Walze und
die Reihe der Claves,
rechts die Handkurbel

54

Street Barrel Organ (Straßendrehorgel) von George Hicks in Brooklyn (New York), um 1860

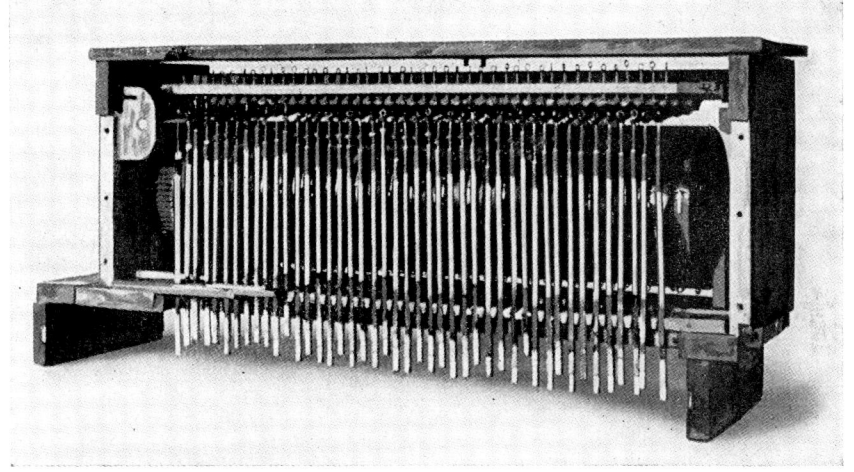

55, 56, 57
Dumb Organist von
Bevington & Sons,
London, etwa 1845;
oben: Blick auf die
Stiftwalze,
Mitte: Rückseite mit
den Abstrakten, die
auf die Tasten des
Manuals einwirken,
unten: in geschlosse-
nem Zustand

58
Zwei Straßenklaviere in der Umgebung von Rimini

Das aber ist zu bemerken: Die Barrel Organ kannte er offenbar noch nicht, denn dann hätte sie der Praktiker sicher erwähnt, weil in diesem Falle nur die Anschaffung der Orgel notwendig gewesen wäre und er sich den Stoßseufzer hätte ersparen können: «But as the charge of an organist, this is sad.» (Was die Besoldung eines Organisten angeht, das ist eine schlimme Sache.) Auch dafür machte er praktische Vorschläge.

Es kam aber anders, zumindest in vielen Landkirchen Englands, besonders im südlichen Teil. Die meisten Gemeinden halfen sich aus eigenen Kräften. Ihre Gemeindemitglieder, die eines Instruments einigermaßen mächtig waren, gingen zum Beispiel mit dem Gesangbuch in der einen, mit dem Fagott in der anderen Hand zum Gottesdienst und halfen nach ihren bescheidenen Kräften, dem Gesang musikalische Glanzlichter aufzusetzen. Diese Church Bands (Kirchenmusikensembles) machten Schule, und ihre Zahl hat in der Zeit von 1660 bis 1860 etwa dreihundert betragen. Sie haben zweifellos ein Blatt in der Geschichte der englischen Kirchenmusik geschrieben, und manch lobendes Wort ist über sie gefallen (die weniger lobenden sind nicht überliefert). Doch läßt sich denken, daß eine Church Band, die ja nicht nach dem Bedarf gebildet, sondern vom Zufall zusammengesetzt wurde, mitunter kaum bescheidenen Ansprüchen genügt haben mag. Der kleinen Gemeinde Brightling (Sussex) hatte das Schicksal in den zwanziger Jahren des vorigen Jahrhunderts nicht weniger als neun Fagottisten und keinen anderen Instrumentalisten beschert. Jeder tat seine christliche Pflicht, das heißt alle neun bliesen zum Gemeindegesang. Freilich war das ein Ausnahmefall. Knighton in Radnorshire war besser daran. Im Jahre 1835 bestand dort die Band aus einer Violine, einem Flageolett und einer Baßviola. Diesem sehr heterogenen Ensemble hatte Yately in Hampshire um die gleiche Zeit eine Holzbläsergruppe aus drei Klarinettisten und einem Fagott entgegenzusetzen. Auf dem Lande scheinen die Fagotte überhaupt eine bevorzugte Rolle gespielt zu haben. In Heathfield (Sussex) fanden sich gegen Ende der großen Zeit der Church Bands zwei Fagotte, ein englisches Baßhorn und ein Messingserpent zusammen. Es ist überliefert, daß der Grobschmied des Dorfes eines der Fagotte blies. Übrigens gehörte auch der Serpent zu den beliebten Instrumenten solcher Church Bands. Marin Mersenne hatte in seinem dickleibigen Buch «Harmonie Universelle» — es erschien im Jahre 1636 in Paris — den Vorzug dieses tiefen Blasinstruments darin gesehen, daß der Spieler es ohne Anstrengung mit zwanzig von den stärksten Sängern aufnehmen könne. Er setzte allerdings hinzu, daß der Serpent auch so zart geblasen werden könne, wie es in der stillen Kammermusik nötig wäre. Nach welcher Gebrauchsanweisung die musikalischen Liebhaber und Mitglieder der Church Bands verfuhren, bleibe Geheimnis!

Man ist verleitet, über den Eifer musikalischer Selbstbetätigung zu lächeln, die Bands wegen ihrer mitunter geradezu amusischen Zusammensetzung insgesamt zu verurteilen. Halten wir uns an den englischen Dichter Thomas Hardy (1840–1928), der in der südenglischen Grafschaft Dorsetshire geboren wurde und dort sein ganzes Leben verbracht hat. Mit Liebe schildert er seine Heimat und ihre Menschen. Sein im Jahre 1872 erschienener Roman «Under the Greenwood Tree» erzählt die Geschichte einer solchen Church Band. Sein Herz hängt an diesen Musiker-Liebhabern. Ihre bescheidene Musik, mit gutem Willen und mit Einfalt dargebracht, war ihm Erlebnis. Er verdammte die Barrel Organs und belegte sie mit dem Ausdruck «miserable dumbledores», was soviel heißt wie «elende Brummer». Eigentlich war die Aufregung über die Barrel Organ, die er für den Untergang der Church Bands verantwortlich machte, nicht mehr recht am Platze, denn jene hatten zu seiner Zeit ihre große Laufbahn schon hinter sich, wie diese auch. Die Finger Organ (Manual-Orgel) und das Harmonium lösten beide ab.

Die Church und Chamber Barrel Organs (Kirchen- und Hausdrehorgeln) Englands hat man sich nicht vorzustellen in der Größe eines Leierkastens, der vor dem Bauch getragen oder auf einem kleinen Wägelchen gefahren wird. Vielmehr handelt es sich bei diesen Instrumenten um ein Positiv mit bis zu fünf oder sechs Registern. Wer auf die Idee gekommen ist, ein solches Positiv mit einer Stiftwalze auszustatten, das ist nicht nachzuweisen. Daß es in England geschah, darf mit Sicherheit behauptet werden, weil in anderen Ländern nur vereinzelt solche Instrumente auftauchen, die aber entweder aus England stammen oder von aus England stammenden Orgelbauern geschaffen wurden. Schließlich darf auch der von Thomas Mace geschilderte Zustand der Kirchenmusik auf dem flachen Lande nicht übersehen werden, der Mangel an Organisten und schließlich auch der an Orgelbauern. Eine Barrel Organ konnte in einer Werkstatt gebaut und dann an den Bestimmungsort gebracht werden. Nicht zuletzt deshalb genügte London als der Ort des Instrumentenbaues — auch der Barrel Organs —, um das ganze Land zu versorgen. Außerhalb Londons wurde eine größere und leistungsfähige Firma erst im Jahre 1843, und zwar in Hull, gegründet, zu einer Zeit allerdings, in der schon zahlreiche Barrel Organs zum Verkauf standen oder zu Finger Organs (mit Tastatur versehenen Orgeln) umgebaut wurden.

Es ist nicht mit Sicherheit nachzuweisen, wann die erste dieser englischen Drehorgeln entstanden ist. Angeblich soll sie für die Kirche King Charles the Martyr in Peak Forest, in der mittelenglischen Grafschaft Derbyshire gelegen, gebaut worden sein. Doch fehlt der exakte Nachweis. In der Kirche Hartfield (Sussex) habe bereits 1726 eine Barrel Organ ihren Dienst getan. Aber möglicherweise war es doch erst 1796. Das Oxford Dictionary of Mu-

Tafel 49, 50

sic weiß es auch nicht genau und wählt eine vorsichtige Formulierung: «(The barrel organ) was exceedingly common in English churches from 1770's or earlier.» (Die Barrel Organ war überaus üblich in den englischen Kirchen von den 1770er Jahren an oder früher.) Wieder ein anderer behauptet, um 1670 seien Barrel Organs mit hölzernen Walzen und Handkurbeln zum ersten Mal in England gebaut worden, nur fehlt auch dafür sein Nachweis.

Gehen wir den ältesten erhaltenen Barrel Organs nach, dann muß an erster Stelle ein solches Instrument im Museo Municipal de Musica in Barcelona genannt werden, wo es noch heute seinen Platz hat. Es ist signiert und trägt außerdem eine Inschrift. Das Instrument hat die ansehnliche Höhe von 2,33 Metern, ist 1,08 Meter breit, seine Tiefe mißt 0,57 Meter. In einem solchen Gehäuse lassen sich schon 84 Metall- und 28 Holzpfeifen unterbringen. Neben den vier Registern hat diese Barrel Organ auch ein mechanisches Glockenwerk. Sie unterscheidet sich kaum von solchen Instrumenten, die einhundert Jahre später gebaut wurden. Es ist offenbar auch nicht ein erstes Instrument; um so anspruchsvoll ausgestattet zu werden, müssen ihm wohl andere vorausgegangen sein. Allerdings deutet die Inschrift darauf hin, daß es sich um eine sozusagen Sonderanfertigung handelt: «A. S. R. M. Dn. Carlos III – Anno MDCCLXII» (A Su Real Majestad Karl III. – Im Jahre 1762). Auch der Orgelbauer ist genannt: «Diego Evans / Bolsa Real / Londres» (James Evans, Royal Exchange, London). Wahrscheinlich stellte diese Barrel Organ ein Geschenk an Karl III. dar, der 1759 seine Herrschaft über Spanien angetreten hatte. Höflicherweise wurde alles ins Spanische übersetzt, selbst der Vorname des Orgelbauers und der Name der Straße, in der er wohnte (und der sich auch ins Deutsche übersetzen läßt: Königliche Börse). Auch die Titel der auf die fünf Walzen geschlagenen Stücke wurden übersetzt, und so wurde aus «God save the King» das spanische «Dios Guarde al Rey». Von Meister Evans' Hand ist kein anderes Instrument nachweisbar.

So verhält es sich auch mit seinem Londoner Zeitgenossen E. Rostrand, aus dessen Werkstatt ebenfalls nur eine Barrel Organ aus dem Jahr 1764 erhalten ist. Diese Chamber Barrel Organ mit vier Registern und zwei Stiftwalzen befindet sich jetzt in spielbarem Zustand im Pitt Rivers Museum in Oxford. Ursprünglich stand sie in einem Pfarrhaus, dessen Bewohner vermutlich zwischen seinem Heim und seiner Kirche einen Unterschied machte, denn auf beiden Walzen befinden sich nur weltliche Stücke – ausgenommen die Osterhymne!

Es wären noch andere Organ Builder (Orgelbauer) aus der gleichen Zeit zu nennen, die sich mit dem Bau und der Reparatur von Barrel Organs beschäftigten. Rostrand ließ bekanntmachen: «makes all sorts of Chamber

Organs to play with fingers or barrels» (macht alle Arten von Kammer-
orgeln, die mit den Fingern oder mit Walzen zu spielen sind) oder — wie
der in London zwischen 1767 und 1772 nachweisbare Orgelbauer William
Hubert van Kamp 1768 in der Zeitung inserierte — «makes and repairs all
sorts of Barrelorgans» (macht und repariert alle Arten von Barrel Organs).
Aber auch von van Kamp ist nur ein Instrument erhalten geblieben.

Diese Orgelbauer, deren Instrumente in eigener handwerklicher Arbeit entstanden, haben zweifellos bedarfsgerecht produziert, waren aber offensichtlich nicht in der Lage, diesen Bedarf zu befriedigen. Es wurden Firmen gegründet, die durch weitgehende Arbeitsteilung zu einer wesentlich höheren
Produktivität kamen und also mit guten Voraussetzungen in das Geschäft
einsteigen konnten. Sie hatten, ohne das vielleicht beabsichtigt zu haben,
eine gute Werbung durch die Kirchen. Denn ein für die Kirche geeignetes
Instrument war für den pompösen Landsitz eines Lords nicht etwa unge-
eignet. Außerdem blieb es ein exklusives Instrument, denn die Preise über-
stiegen die schon nicht geringen für die Instrumente des Fräulein Kummer
in Berlin. Um 1810 wurden von der Firma Bryceson in London Barrel Organs zum Preise von 40 bis 100 Guineas — das entspricht etwa 42 bis 105
Pfund — angeboten, ein wahrhaftig nicht geringer und nur von Angehörigen
bestsituierter Kreise erschwinglicher Preis.

Die ältesten und bedeutendsten Firmen wurden noch im 18. Jahrhundert
gegründet; unter ihnen Longman & Broderip, London (1776), Benjamin &
William Flight, London (1784), und Bryceson, London (1796).

Es entstanden natürlich auch nach 1800 zahlreiche Firmen, denn zu Beginn
des 19. Jahrhunderts erreichte die Barrel Organ sowohl für die Kirche wie
für das Haus ihre Blütezeit. Unter diesen Firmen befand sich auch die des
Muzio Clementi, die er 1802 gründete. Es ist der «berühmte Clavierspieler
und Componist», dessen Etüden kaum ein Klavierschüler umgehen kann,
dem in einem in Deutschland herausgegebenen «Handbuch der Erfindungen» aus dem Jahre 1806 sogar zugeschrieben wurde, er habe «eine neue
Drehorgel erfunden. An derselben sind, außer den Vorzügen, welche dergleichen Instrumente gewöhnlich haben, auch noch Pauken, Trommel, Triangel, Flageolet und andere Zusätze angebracht, die man entweder alle zusammen oder einzeln in Wirkung setzen kann. Diese Orgeln haben einen
vortrefflichen Ton und können wegen ihrer äußerst festen Bauart leicht
ins Ausland verführt werden.» Ein mechanisches Glockenwerk hatte schon
die Barrel Organ von James Evans aus dem Jahr 1762, und eine von van
Kamp aus dem Jahre 1770 ist auch schon mit Trommel und Triangel ausgestattet. Einige seiner Barrel Organs — sämtlich Chamber Barrel Organs —

sind erhalten, darunter ein Instrument in der Yale Collection, das mit der

Belle Skinner Collection übernommen wurde. Es muß wohl ein ins Ausland «verführtes» Instrument gewesen sein, was bedeutet, daß solche Instrumente gelegentlich auch exportiert wurden. Ausdrücklich muß erwähnt werden, daß Clementi nicht nur Barrel Organs baute, sondern sein Hauptgeschäft der Klavierbau gewesen ist, auf welchem Gebiete er zweifellos seine Verdienste hat. Das traf auch für einige andere Barrel-Organ-Bauer zu, die sich entweder dem Orgel- oder dem Cembalo- und Klavierbau verschrieben hatten und mit den Barrel Organs einen gesonderten Fabrikationszweig aufzogen.

Wie schon die Nennung der ältesten Firmen erkennen läßt, die sich mit dem Bau von Barrel Organs beschäftigten, hatte diese Industrie sich in London konzentriert. Erst später wurden einzelne Firmen in Edinburgh, Liverpool, Manchester und Hull gegründet, doch haben sie die Vormachtstellung Londons nie beeinträchtigen können. Wahrscheinlich hängt damit auch die Verbreitung der Barrel Organs zusammen, zumindest der Church Barrel Organs. Über die in Privathäusern stehenden Chamber Barrel Organs läßt sich in dieser Hinsicht keine Aussage machen. Die von der Kirche gekaufte Drehorgel ist nun einmal ein zu inventarisierendes Objekt, geht in die Bücher ein und ist damit für alle Zeiten festgehalten. Aber auch eine solche, nur auf eine Art der Barrel Organ beschränkte Übersicht ist aussagekräftig genug. Demnach waren die kleinen Dorfkirchen Süd- und Ostenglands die bevorzugten Standorte. Freilich hatten 12 Londoner Kirchen sie ebenfalls nicht verschmäht.

In anderen Ländern ist die Barrel Organ nicht heimisch geworden. Nur einzelne Instrumente, in England gebaut, haben den Weg ins Ausland gefunden. Sie wurden dort wohl als eine Rarität betrachtet, aber nicht des Nachahmens für wert befunden. Im Wanganui Museum auf Neuseeland steht noch heute die Barrel Organ, die 1829 dem dortigen Archidiakonus Williams von der Gemeinde Brightling in der englischen Grafschaft Sussex, die deren *Tafel 51–53* zwei besaß, zum Geschenk gemacht worden war.

Eine andere tauchte in der Universalist Church in Gloucester (Massachusetts) auf; sie hatte auf einem englischen Handelsschiff zur Unterhaltung gedient, wurde aber zu ihrem Malheur im Unabhängigkeitskrieg von den Amerikanern samt Schiff kassiert. Von 1780 bis 1802 stand sie dann in kirchlichen Diensten und befindet sich noch heute dort in einer historischen Sammlung, wenn auch nicht mehr in spielfähigem Zustand.

Die Chamber Barrel Organ, die sich nie des neugotischen Gehäuses wie die Church Barrel Organ bediente, mag durch eine Anzeige aus dem Jahre 1810 charakterisiert werden. In der «Times» erschien ein Inserat, das in Übersetzung folgenden Wortlaut hatte:

«Vortreffliche Barrel Organ zu verkaufen für 50 Guineas. Ein sehr elegantes, neues Instrument von nahezu 7 Fuß Höhe und 3 Fuß Breite, mit feinem gotischem Prospekt, mit 17 vergoldeten Pfeifen von großer Macht und feinem sanftem Ton und würde eine große Zierde sein für eines Gentlemans Herrenhaus, wenn es von einem Diener während des Dinners gespielt würde. Es kann jeden Tag von 2 bis 4 Uhr bei Mr. Purcell in Queens Street Nr. 11 besichtigt werden.»

Ohne Herrn Purcell zu kennen, darf ihm nachgesagt werden, daß er wenig Kenntnis von seinem Instrument hatte. Die Zahl der Register ist nicht angegeben, auch nicht die Zahl der Pfeifen und der zugehörigen Walzen. Die 17 Pfeifen fielen ihm auf, weil sie vergoldet waren. Sie standen sicher im Prospekt, und möglicherweise waren sie sogar stumm, was gelegentlich vorkam. Die Anordnung mag so gewesen sein, wie sie auf Barrel Organs von Clementi üblich war. Auch fehlt eine Angabe, von wem das Instrument gebaut wurde. Wichtig mitzuteilen schienen ihm in erster Linie der Gebrauch und das Milieu. Sicher hat er nicht daran gedacht, daß gerade diese Mitteilung auch anderthalb Jahrhunderte später eine der wesentlichsten für seine Nachfahren sein könnte. Einen Diener mußte man schon haben, wenn man diese «capital barrel organ» erwerben wollte. Möglicherweise waren der Mangel an dienstbaren Geistern, die räumliche Beschränkung und ein zu schmaler Geldbeutel auf dem Festland die Gründe dafür, daß man sich bei musikalischen Möbeln dieser Art — und die gab es in den bemerkenswerten Flötenuhren und Flötenspielwerken — von vornherein des Gewichtsaufzuges oder des Federwerkes als Antriebskraft, nicht aber eines Lakaien bediente.

Es ist nicht leicht festzustellen, wer die Käufer solcher teuren Instrumente waren. Erst wenn sie oder ihre Nachkommen der Barrel Organ überdrüssig wurden und sie zum Verkauf inserierten, konnte man darüber etwas erfahren. Da bot einmal ein Herr Rutter, Proprietor of Rutter's Life Pills and Universal Ointment (Eigentümer von Rutters Lebenspillen und Universalsalbe) eine Barrel Organ zum Verkauf an, woraus sich der Schluß ziehen läßt, daß in seiner Branche schon immer Geld zu verdienen war. Auch ein Organist aus Banbury und ein Musikprofessor aus Chelmsford tauchen als Verkäufer auf.

Aber natürlich waren nicht alle Instrumente auf diese begüterten Kreise gemünzt, und die Hersteller inserierten ja auch, die Barrel Organs «of all sizes» (in allen Größen) liefern zu können. Es gab auch die kleinen Bird Organs (die Serinetten oder Vogelorgeln) und schließlich auch solche, die sich ohne Mühe auf ein Tischchen stellen ließen, ohne etwa nur eine unbegleitete Melodie spielen zu können. Doch die eigentliche Straßendrehorgel scheint nicht die Spezialität der Engländer gewesen zu sein. Das hängt zwei-

fellos damit zusammen, daß ein Instrument, das in Kirchen und in Herren-
häusern zu Hause war, sich nicht für die Straße schickte.

Die Engländer brauchten solche Instrumente natürlich auch — und hatten
sie. Der Import brachte, freiwillig oder unfreiwillig, gleich die Drehorgler
mit. Und das waren nicht wenige. Die nationale Eigenheit wurde daneben
aber auch gewahrt: Man schuf ein Drehklavier und gab ihm den Namen
Street Piano (Straßenklavier), das auch auf einem kleinen Wägelchen durch
die Straßen gefahren wurde und ebenfalls mit Stiftwalzen arbeitete. Das war
eine so nationale Eigenart, daß solche Instrumente in Deutschland noch
nicht einmal bekannt wurden, wenn nicht durch einen Besuch in England.
Einer der Besucher war offenbar der Musikwissenschaftler Hermann
Kretzschmar (1848—1924), der darüber diese Bemerkung hinterließ: «Die
englische Straßenmusik besitzt ein Organ, welches in Deutschland auffälli-
gerweise noch nicht eingeführt ist: die Leierklaviere.» Sie wurden es auch
nicht. Italien stand diesem Instrument aufgeschlossener gegenüber. Noch in
unseren Tagen kann man ihm gelegentlich auf den Straßen Roms begeg-
nen. Ein Piano a Cilindro (Walzenklavier) aus der Zeit um 1810 befindet
sich in der Collezione Marini, Museo di Strumenti Musicali Meccanici, in
Savio (Ravenna). Es wurde von Pietro Volontè in Como gebaut, der gleich
dem Londoner Hicks Anspruch auf die Vaterschaft des mechanischen Klaviers erheben könnte.

Seltsamerweise forderte in den achtziger Jahren des vorigen Jahrhunderts
ein Mann namens Frederik Archer in einer Fachzeitschrift, daß dem englischen Erfinder der Drehorgel namens Hicks — der Vorname war ihm offenbar nicht bekannt — ein Denkmal für seine geniale Erfindung gesetzt werden sollte. Ein unglücklicher Vorschlag! Die Drehorgel war viel älter als
dieser ungewisse Herr Hicks und gehörte auch schon vorher in England
zum Straßenbild. Zum anderen war Archers denkmalsfreudige Zeit mehr
auf die Uniformierten gerichtet als auf Zivilisten, wenn sie gar noch der
unteren Klasse angehörten.

Tatsächlich lebte in England ein John Hicks, der um die Mitte des vorigen
Jahrhunderts nachweisbar ist und Street Pianos baute. Möglicherweise war
er der erste, der sich diesem Instrument zuwandte und es zu einem Straßeninstrument umwandelte, hatte es doch vorher schon Walzeninstrumente gegeben, die mit Hämmern, wie beim Klavier, Saiten anschlugen. Außerdem
lebte in Bristol ein Joseph Hicks (erste Hälfte des 19. Jahrhunderts), der
Tafel 58   ebenfalls solche mechanischen Klaviere herstellte. Street Pianos von ihm
sind erhalten, aber keine Barrel Organ, obwohl er sich auch als «Manu-
facturer of Barrel Organs and Cylinder (Walzen) Pianos» ausgab, nachdem
er 1849 nach London übergesiedelt war.   137

Ein anderer Hicks, George mit Vornamen, baute nun tatsächlich Straßendrehorgeln. Er lebte aber in Amerika, und zwar in Brooklyn (New York)
auf Long Island. Ein aus dem Jahre 1860 stammendes Instrument ist erhal-   *Tafel 54*
ten, auch eine der Stiftwalzen mit diesem Repertoire: Duetto Opera Norma,
Fishers' Hornpipe, Yankee Doodle, Star Spangled Banner, Der Elfen-Waltz,
Miss Brown's Reel, Irish National Air and Santarella Polka; so steht es
handgeschrieben auf der Vorderseite. War er Engländer und wanderte aus,
weil er in England mit seinen Straßendrehorgeln nicht ins Geschäft kommen konnte? Er würde sich wundern, sein Instrument heute im Smithonian
Institution — The National Museum of History and Technology — in Washington, D. C., in ausgezeichnetem Zustand zu sehen. Sein guter Klang bereitet täglich ein paarmal ebenso zahlreichen wie interessierten Besuchern
ein ausgesprochenes Vergnügen.

Im Jahre 1836 nahm die noch heute bestehende Firma Walker & Sons —
1825 gegründet — die Fabrikation von sogenannten Barrel and Finger Organs auf. Einzelne Instrumente dieser Art scheint es schon früher gegeben
zu haben. Jetzt aber wurden sie in Serie gebaut — und andere Firmen folg-
ten, unter ihnen Bryceson, Flight, Bates, Bishop, Bevington und andere.
Offenbar hatte sich die Situation so gewandelt, daß man nun auch wieder
mit dem Organisten rechnen konnte. Dieses Zwitterinstrument, das sowohl über die Stiftwalze wie auch über ein Manual gespielt werden konnte,
war nur ein Übergang. Das Endziel war, ohne sich dessen zunächst bewußt
zu sein, die reine Finger Organ. Es wurden viele Barrel Organs umgebaut,
schließlich aber auch außer Dienst gestellt. Gelegentlich nahmen die treuen
Diener im kirchlichen Amt auch ein trauriges Ende. Der vor einigen Jahren verstorbene Canon Noel Boston hatte sich um die Sammlung der ver-
bliebenen Reste von Barrel Organs und um ihre Geschichte verdient gemacht. Er war auch Sammler solcher Instrumente und stellte zum Beispiel
eine Barrel Organ von Theodor Bates für eine Ausstellung in London im
Jahre 1957 zur Verfügung. Im Katalog heißt es dazu: «It is lent by Canon
Boston, who found it in a cycle shed behind a cottage in a Norwich back
street.» (Sie ist ausgeliehen von Canon Boston, der sie in einem Fahrrad-
schuppen hinter einer Hütte in einer Norwicher abseitigen Straße gefunden hatte.)

Dramatischer ist das Ende einer Barrel Organ, wie es Francis William Galpin (1859—1945), ein bedeutender Instrumentenkundler, in seinem 1910
erschienenen Buch «Old English Instruments of Music» (Alte englische
Musikinstrumente) beschreibt: «A fine instrument by Whits which recently
stood in Essex church met with a sad end. The pipes were sold to a jour-

neyman tinker, the bellows presented to the village blacksmith, the boards

International Congress of Organists

under the patronage of Her Gracious Majesty
QUEEN ELIZABETH THE QUEEN MOTHER

....

Exhibition of

Eighteenth and Nineteenth Century

Barrel Organs

arranged by Lady Jeans

at

ST. MARTIN'S, LUDGATE HILL

LONDON

by kind permission of the
Rev. A. B. Thornhill, M.A., and the Guild Church
Council of St. Martin within Ludgate

....

JULY 30th to AUGUST 2nd

1957

Titelseite des Kataloges
zur Ausstellung
von Barrel Organs
des 18. und 19. Jahrhunderts
in London, 1957

of the air reservoir were used as a bed for the clerk's aged father and the case was adapted to the requirement of a pigsty.» (Ein feines Instrument von Whits, das unlängst noch in der Essex-Kirche stand, nahm ein trauriges Ende. Die Pfeifen wurden einem Kesselflicker verkauft, die Bälge dem Dorfschmied geschenkt, die Seitenwände des Luftbehälters wurden als Bett für des Schreibers betagten Vater benutzt und das Gehäuse selbst den Anforderungen eines Schweinestalls angepaßt.) Es gab aber nicht wenige, die in Museen überlebten, und selbst einige, die noch ihren Platz in der Kirche haben. Eine von ihnen versieht mit Regelmäßigkeit ihren Gottesdienst allsonnabendlich in der Kirche King Charles the Martyr in Shelland in der Tafel 47, 48 Nähe von Stowmarket (Suffolk). Dieses Instrument war um 1810 von der Londoner Firma Bryceson Brothers gebaut worden. Es ist mit sechs Registern zu 31 Pfeifen ausgestattet und zwar: stopped Diapason, open Diapason, Principal, Twelfth, Fifteenth, Tierce. Auf den drei Walzen des etwa drei Meter hohen, etwa 1,50 Meter breiten und rund ein Meter tiefen Instruments mit neugotischem Prospekt, der mit stummen Pfeifen geschmückt ist, sind folgende Stücke enthalten:

1. Hotham, double	2. Morning Hymn	3. Evening Hymn
Doncaster	Kent	University
Easter Hymn	Portugal	St. David's
Old 100th Psalm	Portuguese Hymn	St. Jame's
Haydn's Hymn	Burnham 148th	St. Anne's
Islington	Rockingham	St. Stephen's
Helmsley	Hanover, proper 149th	Warwick
Sicilian Mariners	Manchester	Shirland
Falcon Street	New York	Peckham
Weston Favel	Wakefield	German Hymn
New Sabbath	Bedford	Hymn
«Creation», double	Lincoln	Glory be to Thee, o Lord.

Sicilian Mariner — kommt auch vor als Mariners oder als Mariners' Hymn — ist nun durchaus nicht ein betont weltliches Matrosenlied, wie man auf den ersten Blick annehmen könnte, und der Wakefield oder Bedford oder New York sind nicht etwa flotte Tänze, vielmehr gehören alle diese Stücke der geistlichen Musik an. Während es auch in England vor dem 16. Jahrhundert üblich war, die Stücke nach ihrem Textanfang zu benennen, wurden ihnen im 16. Jahrhundert Namen gegeben. Wie Canon Noel Boston berichtet, war es Thomas Est, der Drucker des «The Whole Book of Psalms» (Das ganze Buch der Psalmen) aus dem Jahre 1592, der damit begann, den Stücken eigene Namen zu geben. Das Publikum gewöhnte sich nicht sogleich daran und blieb mitunter bei den alten Bezeichnungen wie zum Beispiel «Old looth», wobei das «old» (alt) sich auf die vorangegangene Zählung bezog. Diese neue Art der Namensgebung war an sich schon Quelle für Mißverständnisse, doch steigerte sich die Unübersichtlichkeit noch dadurch, daß manchen Stücken in den Gesangbüchern verschiedene Namen gegeben wurden; zum Beispiel ist «Glory to Thee my God», das auch auf der Barrel Organ in Shelland gespielt wird, allgemein unter dem Namen «Tallis's Canon» bekannt, kommt aber auch als «Evening Hymn», «Brentwood» und «Magdalen» vor. Umgekehrt kann ein Name für verschiedene Stücke stehen. Noel Boston erwähnt das Beispiel des Namens «Norwich», unter dem er nicht weniger als sieben verschiedene Stücke herausgefunden hat. Selbst die auf der ersten Shellander Walze notierte «Haydn's Hymn» kommt auch unter «Austria» oder «Vienna» vor und bezeichnet das Thema aus dem Variationssatz des Streichquartetts in G-Dur, das als Kaiserquartett bekannt geworden war.

Die Stücke der Chamber Barrel Organs — es gab auch Walzen bei Church Barrel Organs, die weltliche Stücke enthielten — stammten aus den verschiedensten Bereichen. Neben englischen Stücken der heiteren Muse kamen auch solche aus Frankreich und Deutschland, Österreich und anderen Ländern vor. Das Repertoire war ausgesprochen breit, wenn man den Titeln nachgeht. Händels «Wassermusik» ist ebenso vertreten wie «Last Rose of Summer» oder «Lieber Augustine's Waltz», neben einer «Air by Rousseau» steht ein Walzer von Strauß, ein Finale aus dem «Freischütz», «Crazy Jane» (Verrückte Johanna) oder «Faithful Emma» (Treue Emma), «Marlbroug s'en va t'en guerre» (M. zieht in den Krieg) oder «Voulez-vous danser» (Möchten Sie tanzen?).

Die Geschichte der Church und Chamber Barrel Organs ist beendet. Was heute vorhanden ist, lebt nicht mehr und hat nur noch musealen Charakter, verbunden mit emotionaler Wirkung, die mit dem so schnell modern gewordenen Begriff Nostalgie verständlich, wenn auch ungenau beschrieben werden kann. Die zweite Hälfte des 19. Jahrhunderts hat das große Sterben der Barrel Organs erlebt. Doch hat sie in einem Punkte eine Nachwirkung gebracht, die ihr eigentlich gar nicht selbst zukam, auch nicht beabsichtigt war, aber zu einem, wie der Engländer sagt, «big business» (großen Geschäft) wurde. Nur — die Engländer waren in diesem Falle gar nicht die Businessmen.

Tafel 55–57 Schon zu der Zeit, als die Finger and Barrel Organ in das Blickfeld trat, als die Barrel Organ erste Anzeichen langsamen Ablebens spüren mußte, entstand ein Gerät — Musikinstrument kann man es eigentlich nicht nennen —, das als «dumb organist» (stummer Organist) bezeichnet wurde. Die 1843 in Hull gegründete Firma Forster & Andrews nahm für sich in Anspruch,

Erfinder dieses Organisten zu sein. Ende der vierziger Jahre des vorigen Jahrhunderts muß der «dumb organist» entstanden sein und hat auch sogleich Nachahmer in anderen Firmen gefunden, was immerhin ein Zeichen dafür ist, daß er sich nützlich gemacht hatte. Es sind nicht eben zahlreiche Stücke überliefert, was wohl verständlich ist, denn ohne eine Finger Organ ist das Gerät nicht zu gebrauchen. Es besteht aus einer Stiftwalze, über der die Claves (Tasten) angebracht sind, die von den Stiften und Brücken ausgelöst werden. Nur werden auf diese Weise nicht die Ventile zu Pfeifen geöffnet und diese dadurch zum Klingen gebracht, vielmehr werden auf der Rückseite befindliche Abstrakte senkrecht nach unten gedrückt und drücken ihrerseits die Tasten des Manuals einer Finger Organ herunter. Man hatte also nichts weiter zu tun, als den «dumb organist» genau vor die Tastatur zu stellen, damit die Abstrakten den richtigen Tasten einer normalen Orgel zugeordnet würden. Ein Vorsetzapparat, wie er aus der Zeit um die letzte Jahrhundertwende bekannt ist, wo er insbesondere für Klaviere verwendet wurde und eine weite Verbreitung fand! Darüber wurde in der 1. Kerbe schon berichtet. Ob beide Erfindungen identisch sind, auch wenn sie zeitlich auseinanderliegen, oder ob es sich um voneinander unabhängige Erfindungen handelt, das wird sich mit Sicherheit nicht mehr feststellen lassen.

5. Kerbe — *Die Funktionsweise*

Der Mechanismus der Drehorgel ist durchaus nicht die wichtigste und interessanteste Seite dieses Instruments, und deshalb braucht erst jetzt von ihm die Rede zu sein. Ferner genügt es, das Notwendigste darüber mitzuteilen, was um so leichter fällt, als das Grundsätzliche der Funktionsweise sich in der etwa dreihundertjährigen Geschichte nicht gewandelt hat. Erschwert wird dieses Unterfangen allerdings dadurch, daß aus dem 18. Jahrhundert — abgesehen von einigen Serinetten und Barrel Organs — keine Drehorgel erhalten geblieben ist. Die Zeugnisse der bildenden Kunst — und das mindert deren Wert durchaus nicht — geben nur über das Äußere und ihr Milieu Aufschluß, sagen aber nichts über die Mechanik aus. Die literarischen Belege sind zahlenmäßig gering, und ihr Inhalt läßt auch viele Wünsche offen. Erst in der zweiten Hälfte des 18. Jahrhunderts stehen einige wenige Quellen zur Verfügung, die einen Einblick in das Innere, den Aufbau, die Funktionsweise und eine Beschreibung des wichtigsten Teils, nämlich der Walze und ihrer Bestiftung als der gewissermaßen musikalischen Komponente des Instruments, geben.

Jean-Benjamin de Laborde (1734–1794) schreibt in seinem «Essay sur la musique ancienne et moderne» im Jahre 1780 kurz und bündig, daß die «orgue de Barbarie est en grand ce qu'une serinette est en petit» (daß eine Drehorgel im Großen, was eine Serinette im Kleinen ist). Und das meinte er in bezug auf den Bau dieser Instrumente, nicht auf ihren Verwendungszweck. Es genügt also, sich mit der Serinette vertraut zu machen, um zu wissen, wie auch die Drehorgel und die Barrel Organ funktionieren.

Dom Bedos de Celles, von dem bereits die Rede war, hat in seiner «L'art du facteur d'orgues», und zwar im vierten Band aus dem Jahre 1778, den Bau einer Serinette in allen Einzelheiten beschrieben und so instruktive Zeichnungen beigegeben — selbst das Handwerkszeug wurde abgebildet —, daß es einem geschickten Laien möglich ist, ein solches, gut funktionierendes Instrument nachzubauen. Aus den Zeichnungen, von denen einige hier wiedergegeben werden, läßt sich folgendes ablesen:

Tafel 62, 63 In einem Gehäuse von den ungefähren Abmessungen 27 × 20 × 16 Zentimeter befinden sich ein kleiner Faltenbalg (für die Luftversorgung), die Walze (auf der die Musikstücke mit Metallstiften und -brücken festgehalten sind), die Traktur (die die Wirksamkeit eines jeden Stiftes bis zur Öffnung eines zugehörigen Ventils einer bestimmten Pfeife ermöglicht) und die Pfeifen selbst.

Der Schnitt durch eine Serinette zeigt, daß Balg, Walze und Pfeifen nebeneinander angeordnet sind. Eine hölzerne Welle verläuft durch die Serinette von der Vorderfront bis zur Rückfront und ist darüber hinaus verlängert, so daß an diesem freien Ende eine Handkurbel angebracht werden kann. Oberhalb des Balges ist diese Welle exzentrisch gearbeitet, damit über eine Pleuelstange der Balg aufgezogen und geschlossen werden kann. Oberhalb der Walze ist die Welle mit einem Gewinde versehen, das als Schraube ohne Ende in das der Walze angesetzte Zahnrad greift und beim Drehen der Welle mit der Handkurbel auch die Walze zum Drehen bringt. Mit der Kurbel wird also die Welle gedreht, die ihrerseits durch die Schraube ohne Ende die Walze bewegt und außerdem durch die Pleuelstange den Balg betätigt.

Hier liegt eine Schwierigkeit. Der kleine Balg muß sehr schnell aufgezogen werden, um die Pfeifen ausreichend mit Luft zu versehen. Andererseits darf sich die Walze nur langsam drehen, denn die Zeit einer Umdrehung muß mit der Dauer eines Stückes übereinstimmen. Je mehr Zeit eine Walzendrehung erfordert, desto länger kann das Stück sein. Aus diesem Grunde 143 ist die Walze an der der Welle zugewandten Seite mit einem Zahnrad versehen, das die schnelle Bewegung der Welle in eine langsame der Walze übersetzt, ohne daß die der Pleuelstange zum Aufziehen des Balges beeinträchtigt wird. Für eine Umdrehung der Walze einer Serinette sind im allgemeinen 40 Umdrehungen der Handkurbel nötig, wozu etwa 20 Sekunden gebraucht werden, ausreichend für einen Marsch von 24 oder gar ein Stück von 32 Takten. Nicht immer entsprechen die vorgesehenen Stücke in ihrer Länge der Umdrehungszeit der Walze, auch nicht bei größeren Instrumenten. Mit Hilfe einer Einteilscheibe (von der noch zu sprechen sein wird) können kleinere Differenzen auf der Walze ausgeglichen werden. Im anderen Falle muß sich der Walzensetzer dann schon kompositorischer Ideen bedienen, um auf das gewünschte Längenmaß zu kommen: Er muß hinzukomponieren oder Überzähliges weglassen, wozu in beiden Fällen musikalischer Geschmack gehört. Die Walze selbst ruht mit ihren Achsenden auf Stützen, die auf einem nach den Seiten verschiebbaren Brett befestigt sind. Die Stützen mit dem Boden bilden einen Schlitten, der auf einer Seite mit einem durch das Gehäuse hindurchgehenden Dorn versehen ist. Auf dessen außerhalb des Gehäuses befindlichem Ende sind Einschnitte wie Kerben eingelassen, in die ein Feststeller eingreifen kann. Die Zahl der Kerben stimmt mit der Zahl der Stücke auf der Walze überein. Will man ein anderes Stück spielen, muß der Feststeller angehoben werden, wodurch es möglich wird, den Schlitten mit der Walze zu verschieben. Gleichzeitig hebt das Schwert, so nennt man den Feststeller, die Claves oder Tasten an, so daß beim Bewegen des Schlittens die Walzenstifte nicht beschädigt werden können. Läßt man das Schwert in eine andere Kerbe eingreifen, werden die Stifte eines anderen Stückes unter die Claves gerückt, und man kann das andere Stück spielen.

Unter einer Barre (Querholz), die oberhalb der Walze verläuft, sind die Claves so angeordnet, daß sie von den Stiften der Walze angehoben werden können, über die Abstrakten mit ihren Messingspitzen die Ventile der ihnen zugehörigen Pfeifen in der Windlade öffnen und damit die Pfeifen zum Klingen bringen.

Das Querholz ist so befestigt, daß es zum Wechsel der Stücke leicht angehoben werden kann. Andernfalls würden die Stifte durch die Claves beschädigt oder aus ihrer senkrechten Stellung gebracht. Unsauberes Spiel oder der Ausfall einzelner Töne wäre die unausbleibliche Folge.

Das von Dom Bedos dargestellte Instrumentchen ist mit 10 offenen Pfeifen aus Zinn ausgestattet. Diese Pfeifen sind diatonisch gestimmt und umfassen den Tonraum g′ bis a″ mit einem gis′, so daß sowohl in C-Dur wie in a-Moll musiziert werden kann. Eine Serinette der Brüsseler Sammlung mit gleichem Tonraum ist mit dem zusätzlichen fis″ versehen und ermöglicht so das Spiel in C-Dur und G-Dur. Umfänge und Tonlagen waren bei den Serinetten wie den übrigen Drehorgeln durchaus unterschiedlich. Dom Bedos empfahl, daß bei einem Instrument, das der Amsel als Gesangslehrer dienen sollte, der Tonbereich um eine Quarte oder eine Quinte tiefer liegen sollte, weil das der Stimmlage dieses Vogels entspräche. Er schreibt dazu: «Cet orgue change alors le nom; on l'appelle une Merline.» (Diese Orgel wechselt dann den Namen, man nennt sie Merline.) Die Amsel heißt im Französischen le merle.

Tafel 41 Das schöne Instrument des Victoria and Albert Museum in London ist mit zwei Registern von je 10 Pfeifen versehen. Das eine Register hat offene, das andere gedackte Pfeifen. An der linken Schmalseite befindet sich der Zug (die Schleife), der das Zusammenspiel beider in Oktaven stehender Register ermöglicht. Man kann sie jedoch auch einzeln spielen. Solche Instrumente, als Pionne oder Serinette-Pionne bezeichnet, dienten der Lehre für die Amsel und den Dompfaff. Diese Bezeichnungen — Merline wie Pionne — kommen verhältnismäßig selten vor. Wahrscheinlich waren diese speziellen Arten der Vogelorgel nicht übermäßig verbreitet, und man gebrauchte wohl auch für sie den Namen Serinette.

Alle diese Instrumente sind schon aus ihrer Zweckbestimmung heraus für das Spiel einstimmiger Melodien gedacht gewesen. Neben der geringen Zahl der Pfeifen bestätigt das der verhältnismäßig kleine Balg. Für ein mehrstimmiges Spiel hätte er nicht genügend Luft erzeugen können.

Die Bauelemente der Serinette finden sich auch in der Drehorgel und in der Barrel Organ wieder. Ihre Anordnung ändert sich aus praktischen Gründen. Mit den kurzen Stücken der Serinette wäre der Drehorgelmann auf der Straße kaum vom Publikum beachtet worden. Längere Stücke bedingen aber eine dickere Walze mit größerem Umfang. Demzufolge wurden die Walze über dem Balg angebracht und die Pfeifen vor die Walze gestellt, so daß wenigstens ein Teil von ihnen die Schauseite zieren konnte. Aber natürlich reichte der Platz nicht aus, um alle Pfeifen dort unterzubringen, insbesondere bei Instrumenten mit mehreren Registern, wie sie für die Straßendrehorgel notwendig waren. Man kannte das von den Orgelpositiven schon seit einigen Jahrhunderten. So kann es nicht überraschen, daß eine Drehorgel in den Straßen von Paris um 1775 über 4 Register verfügte und zwar: Bourdon, Prinzipal, Nazard und Octave 2 Fuß. Der Orgelbauer mußte schon sorgfältig überlegen, wie er die zahlreichen Pfeifen so anordnete, daß die Drehorgel ihre Funktion als Tragorgel wegen übermäßiger Größe nicht verlor. Die Pfeifen der tiefsten Register legte er auf den Boden oder gar unter den Boden und kröpfte die längsten von ihnen. Dennoch hatte eine

Drehorgel dieser Art, deren Tonumfang zwei bis zweieinhalb Oktaven allerdings kaum überschritt, nur eine Breite von etwa 72, eine Tiefe von etwa 40 und eine Höhe von 36 bis 38 Zentimetern.

Die Register unterlagen im 19. Jahrhundert einem Wandel. Scharf klingende Stimmen wurden einbezogen, die in dem ständig zunehmenden Straßenlärm nicht untergingen. Die Welle wurde zweimal gekröpft und bediente über zwei Pleuelstangen nun auch zwei Bälge, denn das zwei- oder dreistimmige Spiel genügte unter solchen Umweltbedingungen auch nicht mehr. Zu den von möglichst zwei Registern geblasenen Melodien trat die zweite Stimme, durch ein drittes Register dargestellt, und dazu gehörte die kräftige Akkordbegleitung mit dem typischen Hum-ta-ta, Him-ta-ta etwa beim Walzer.

Die Stiftwalze als der musikalischste Teil ist keinesfalls eine Erfindung, die mit der Drehorgel zusammen das Licht der Welt erblickt hätte. Schon im hohen Mittelalter gab es Turmglockenspiele, deren Klang durch Stiftwalzen ausgelöst wurde, «welche auf etliche geseng gerichtet worden» oder «mit etlichen Psalmen und geseng» bestiftet waren.* Bis in das 15. Jahrhundert scheint die Stiftwalze den Glockenspielen vorbehalten gewesen zu sein, und erst dann wurde sie auch für eigentliche Musikinstrumente nutzbar gemacht. Der schon erwähnte Jan van Steenken hatte sich mit automatischen Orgeln befaßt und sich dabei zweifellos der in den Niederlanden zu so hohem Ansehen gekommenen Glockenspiele mit Stiftwalzen erinnert. So entstehen im Jahre 1502 das Hornwerk auf Hohensalzburg, im 17. Jahrhundert die mechanischen Spinette von Samuel Bidermann und auch die mechanischen Orgelwerke Hans Schlottheims und Achilles Langenbuchers. Sie alle bedienen sich der Stiftwalze, seltener des Stiftrades, und des Antriebs durch ein Federwerk. Sie alle sind mit hoher handwerklicher Kunst gefertigte Einzelstücke, deren Schöpfer noch keinesfalls bestrebt waren, ihre Produkte zu einer Massenware zu machen. Die Werke, für die Schatzkammer fürstlicher Höfe bestimmt, mußten möglichst Unika bleiben.

Eine Änderung trat ein, als sich auch die Theoretiker mit dieser Materie befaßten und für Verbreitung der mechanischen Kenntnisse sorgten. An erster Stelle ist Salomon de Caus zu nennen, dessen Werk in deutscher Übersetzung mit dem Titel «Von gewaltsamen Bewegungen ...» im Jahre 1615 erschien. Er zeigte in anschaulichen Illustrationen und präzisen Beschreibungen zum Beispiel eine mit Wasserkraft angetriebene mechanische Orgel und brachte auch die Darstellung des «Steinrads». Diesen Namen wählte er für die Walze, weil die Stifte aus Steinholz geschnitten waren. Später veröffentlichte Athanasius Kircher in seiner «Musurgia universalis» eine zwar grobe, dennoch deutliche Zeichnung von der Walze. Sie zeigte

M. C. Dasypodus, Wahrhafftige Auslegung des astronomischen Uhrwercks zu Straßburg, Straßburg 1578

Beschreibung der Stiftwalze von Salomon de Caus, 1615

Tafel 60
Tafel 59

Tafel 61

PROBLEMA XXX.

Abbildung eines Musicalischen Stein-
radts/in grösserer Form/zu besserem Verstandt deß 28. Problematis.

Damit die vorige im 28. Problemate vorgestellte Machina eygendtlich werde ver=
standen/hab ich ein theil deß Steinradts in seiner eygnen vnnd natürlichen Grösse
hieher setzen wollen/daran eigendtlich zu sehen/wie die Zapffen das Clavir greif=
fen vnnd niderdrucken. Vnd helt dieses Theil nicht mehr als 6. Mensuras oder
Schläge/welche/auff daß sie besser zu erkennen/mit weiß vnd schwartz von einan=
der vnderschieden. Jede Mensur ist in 8. Theil abgetheilet/wie die acht vnderschiedliche Linien/
so dem Register Paralelæ, vnd gleich stehen zu sehen. Vnnd so man wil/so macht man Löchlein
in iede Theilung/darein die Zäpfflein gesteckt/wenn der Gesang soll verändert werden. Diese
Zäpfflein werden also gestecket/daß sie so weit auff das Clavir gehen/als dick sie seyn: vnnd soll
wol in acht genommen werden/daß nicht eins länger als das andere/vnd auch keins härter als
das andere auffgehe. Doch welche nur semiminimas, deren 16. auff einen Schlag/geben sol=
len/die müssen gar kurtz greiffen/damit die so hernach folgen/nicht auch angreiffen ehe die ersten
darvon weren: welches auch zu vermeydung einer Confusion in allen andern in acht zu nem=
men ist. Die Fabricam dieses Steinradts betreffendt/muß dasselbige von gutem vnd durchaus
wol dürrem eichen Holtz gemacht werden/die Fugen sauber aneinander vnnd wol geleimbt/daß
sie sich nirgendt nicht nachgeben oder sich krümmen können: Die Zäpfflein sollen von Kupffer/o=
der auch sonst von hartem Holtz gemacht werden. In beystehender Figur ist nur das halbe Cla=
vir abgerissen/dieweil das Papier nicht mehr hat wöllen zulassen. Doch kan bey dem so verzeich=
net/das vbrige abgenommen werden: Vnd folgt hernach das Stücklein/dessen 6. erste Mensurn
auff dem Radt gestimmet seyn.

eine Neuerung, die bis dahin von keinem Theoretiker erwähnt worden, in
der Praxis aber schon bekannt war: das Spiel mehrerer Stücke von einer
Walze. Bidermann hatte bei dem Spinett, das jetzt der Wiener Musikinstrumentensammlung angehört, diese Mechanik bereits angewendet. Es konnte
sechs Tänze spielen. Jeder Taste war auf der Walze — Kircher nannte sie
Cylinder Phontacticus — ein Raum vorbehalten, der in sich in so viele Reihen zerlegt wurde, wie man Stücke auf die Walze schlagen mochte. Um
ein anderes Stück spielen zu können, wurde die Walze um eine oder meh-

rere Reihen (Spuren) seitlich so verschoben, daß eine neue Reihe von Stiften unter die Tasten zu liegen kam. Die Zeichnung Kirchers zeigt diese Walze mit der Achse. Sie ist nicht perspektivisch dargestellt und durch die Buchstaben ABYZ gekennzeichnet. Der Raum unter den drei Tasten XXX ist jeweils in acht Reihen aufgeteilt und mit den Buchstaben c bis k versehen. Der Raum zwischen A und B kann also acht verschiedene Stiftreihen aufnehmen, die zu verschiedenen Zeiten den Ton h auslösen können, zwischen B und Y den Ton c und zwischen Y und Z den Ton d. Es lassen sich auf diese Weise acht verschiedene Stücke auf engstem Raum auf die Walze schlagen. Auf der linken Seite ist die Walzenachse mit Kerben versehen, in die das Schwert (hier nicht gezeichnet) eingreifen muß. Dieses Verfahren ist bis in unser Jahrhundert beibehalten worden, weil es sich als das praktischste bewährt hat.

Natürlich gehört eine handwerkliche Gewandtheit dazu, in den Raum von nicht ganz 3 Zentimeter Breite die Stiftreihen von acht oder zehn verschiedenen Stücken auf das genaueste einzusetzen, denn der kleinste Fehler wirkt sich sofort unüberhörbar auf das Klangbild aus. Die Drehorgel des Musikinstrumentenmuseums der Karl-Marx-Universität zu Leipzig mit der Inventarnummer 3338 hat einen Abstand von Taste zu Taste von 2,6 Zentimetern. Zehn Stücke sind auf die Walze gesetzt worden. Das bedeutet, daß der Abstand der Stiftreihe eines Stückes von der des nächsten Stückes unter Berücksichtigung der Stiftstärke nur 2 Millimeter beträgt.

Trotz dieser diffizilen Arbeit konnte sich ein Drehorgler unter Umständen, man kann auch sagen aus Geschäftsrücksichten, veranlaßt sehen, dieses oder jenes Stück auf der Walze löschen und dafür ein anderes Stück aufsetzen zu lassen. Er mußte ja bestrebt sein, ein modernes Repertoire zu haben — wenn er es sich leisten konnte. Das Bestiften der Walze kostete vor dem zweiten Weltkrieg etwa 25 bis 30 Mark je Stück. Die Mühen waren damit sicher abgegolten — auch das «Gewußt wie». Aber eben dieses «wie» blieb ein Geheimnis. Der Drehorgelbauer Karl Stiller, der im Alter von 78 Jahren im Jahre 1939 in Halle an der Saale starb, zog es vor, die Walzen nachts zu bestiften, weil er sich durchaus nicht in die Karten gucken lassen wollte. Als eines Tages ein Drehorgler mit der dringenden Bitte zu ihm kam, doch seine Walze sofort mit den neuesten Schlagern zu bestiften, damit er sie gleich wieder mitnehmen könnte, sagte der einsilbige Stiller zu ihm: «Wenn Du soviel Zeit hast?!» Er hatte. Und dann saßen beide an einem Kasten, aber in verschiedenen Zimmern: Stiller am Leierkasten, der Drehorgler am Kasten Bier, den er sich aus der Nachbarschaft besorgt hatte, um die Wartezeit sinnvoll zu verbringen, da ihm das Zusehen beim Bestiften von Stiller nicht erlaubt wurde.

quoque palmularum in taſtatura organi extremæ ferreæ linguæ, dentes cylindri appre-
hendētes, vni ſpacio AB reſpondebunt, id eſt vni dictarum 8 partium applicari poſſunt;
certum eſt 8 cantilenas in eo poni poſſe. Atque eam ob cauſam cylindri axis extra
prominere debet, in tot crenas diuiſus in quot partes ſpacium. Verùm mentem meam
ex ſequenti figura facilius capies.

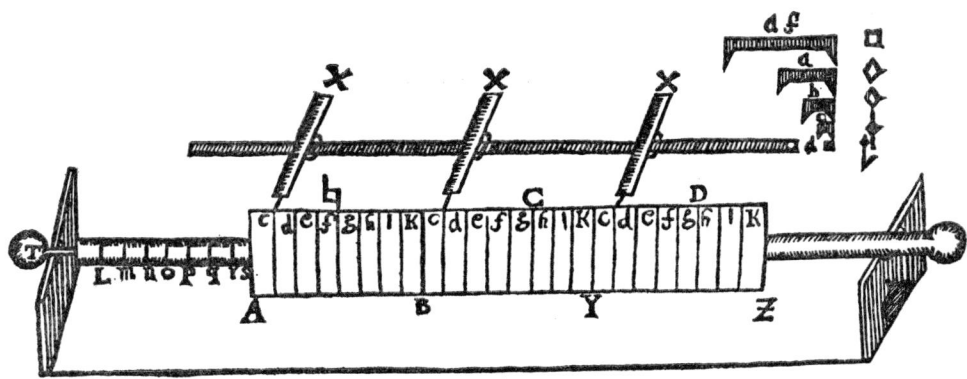

Sint igitur ſpacia AB, BY & YZ ſpacia cylindri octu partia literis c d e f g h i k ſigna-
ta, per totum cylindri circuitum continuata, & tribus clauibus b quad. CD reſponden-
tia; Nos enim octupartia loco 36 elegimus, ne figura plus æquo extenderetur. Cùm
igitur vnumquodq; ſpacium octo partium vni ex 36 clauibus, id eſt vni palmulæ in ta-
ſtaturà, quam hic X. litera ſignauimus, reſpondeat; certum eſt poſito manubrio TS ſupra
L crenam vltimā in fulcro TL, palmulas X in omnibus ſpacijs octupartijs cylindri im-
mediatè ſupra clauē C promotum iri, vt conſideranti apparet. Iterum promoto manu-

Seine speziellen Kenntnisse nicht zur Schau zu stellen war keine Marotte
Stillers. Früher war es nicht anders. Stiller weckt mit seinem Verhalten die
Erinnerung an einen Franzosen, der sich auf diesem Gebiet bedeutende
Verdienste erworben hat: Père Engramelle (1727–1781). Im Jahre 1775
erschien seine «Tonotechnie» (die an anderer Stelle schon erwähnt wurde).
In seinem «Avantpropos» (Vorwort) bemerkt er: «Le notage des cylindres
a toujours été jusqu'ici une espèce de mystère rélévé à peu de personnes.»
(Das Bestiften der Walzen ist bis jetzt immer eine Art Geheimnis gewesen,
das nur wenigen Personen bekannt war.) Er seinerseits möchte das Geheimnis nicht mit ins Grab nehmen.

Ehe aber von seiner Kunst des Bestiftens gesprochen wird, soll noch kurz
auf den Wert einer sorgfältigen Bestiftung eingegangen werden. Man muß
sich dessen bewußt sein, daß erst das 20. Jahrhundert mit der Schallplatte
und dem Tonband in den Genuß von technischen Verfahren zur Konservierung von Musik kam, die Nöte beseitigten, unter denen frühere Zeiten
mit ihren weniger entwickelten technischen Mitteln litten. Die Absicht war
immer die gleiche: dauerhafte Konservierung klingender Musik und ihrer
Interpretation. Die in ebenjenen Zeiten erdachten Praktiken mögen uns

149

mitunter seltsam anmuten, aber sie entbehren durchaus nicht des erfinderischen Geistes. Freilich gab es auch versponnene, in der Praxis nicht zu verwirklichende theoretische Überlegungen, bei denen die Phantasie und gelegentlich auch Oberflächlichkeit die Wirklichkeit weit hinter sich ließen. Dazu gehörte zum Beispiel das Projekt des Göttinger Universitätsprofessors Anton Otto Schellenberg, dessen Bekanntschaft der Leser bereits bei der Behandlung der Geschichte der Drehorgel machen konnte.

Es war dem Verfasser der «Pasimusik» verständlicherweise auch ein Dorn im Auge, daß das Bestiften der Walzen sehr aufwendig und so schwierig war, daß nicht jeder Musikliebhaber es vornehmen konnte. Dementsprechend mußten ja auch die Kosten ausfallen. Seine Vorschläge zielten darauf ab, daß jeder Laie zum «Kunstschaffner» werden und seine Walzen selbst bestiften könnte. (Beiläufig bemerkt: Das Wort Kunstschaffner ist seine Übersetzung des Fremdwortes Mechaniker. Seine Bemühungen um die Reinigung der deutschen Sprache, und damit stand er in jener Zeit nicht allein da, ließen ihn zum Beispiel für das Wort Dirigent das rein deutsche Wort «Tonmeister» und für das undeutsche Wort Orchester das Wort «Tonspielerschaft» finden.) Sein Anliegen also war, die Beschränkung des Repertoires eines mechanischen Instrumentes — wie zum Beispiel seiner Hermane, welchen Namen er der Drehorgel zugedacht hatte — dadurch zu beheben, daß jeder selbst die Stifte auf eine Walze setzen könnte, wenn er der bisherigen Stücke seiner Walze überdrüssig geworden sei. Die Stifte müßten ebensoleicht zu entfernen wie neu einzusetzen sein. Schellenberg kommt nicht in Verlegenheit und weiß in seinem 212 Seiten starken Buch nicht weniger als 112 Vorschläge zu beschreiben. Es genügt, einen davon zu erwähnen: Die Metallstifte werden durch die Löcher des hohlen Walzenkörpers gesteckt. An ihrem unteren Ende sind die Stifte mit einer Öse versehen, durch die man auf der inneren Seite des Walzenmantels Stäbe zum Befestigen der Stifte ziehen könne. Nicht die Rede ist dabei von Stiften unterschiedlicher Stärke und von Brücken, ohne die ein Pfeifeninstrument keinen längeren Ton von sich geben könnte — Anforderungen, gegenüber denen sämtliche 112 Vorschläge glatt versagen würden. Schellenberg gesteht allerdings zu Beginn selbst, daß er kein «Kunstschaffner» sei. Darüber hinaus gibt er seinem «kunstschaffnerischen» Leser zu verstehen, er brauche schon ab Seite 12 seines Buches nicht weiterzulesen, da für einen solchen das Wesentliche schon gesagt sei.

Auf dieses Werk ist hier nur eingegangen worden, weil es vermutlich das einzige ist, das sich nach dem von Père Engramelle überhaupt einmal mit dieser Materie befaßt hat. Der Unterschied beider Werke ist so erheblich, daß der Qualitätsabfall in derart kurzer Zeit kaum zu begreifen ist.

59
Das «Steinradt» mit sechs Takten des Madrigals «Che fera fed al cielo» von Alessandro Striggio (um 1535 bis zwischen 1589 und 1595), Salomon de Caus, 1615

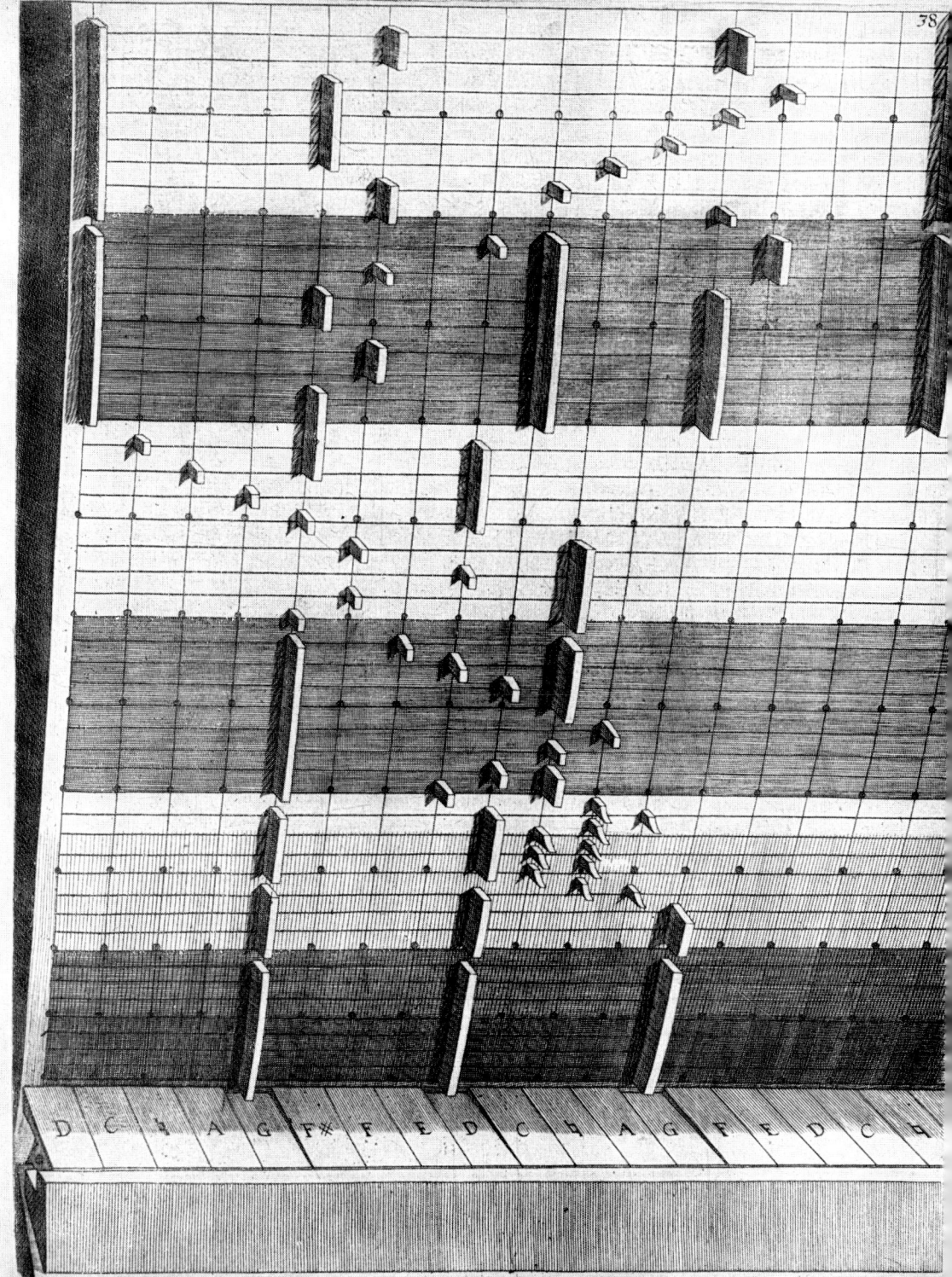

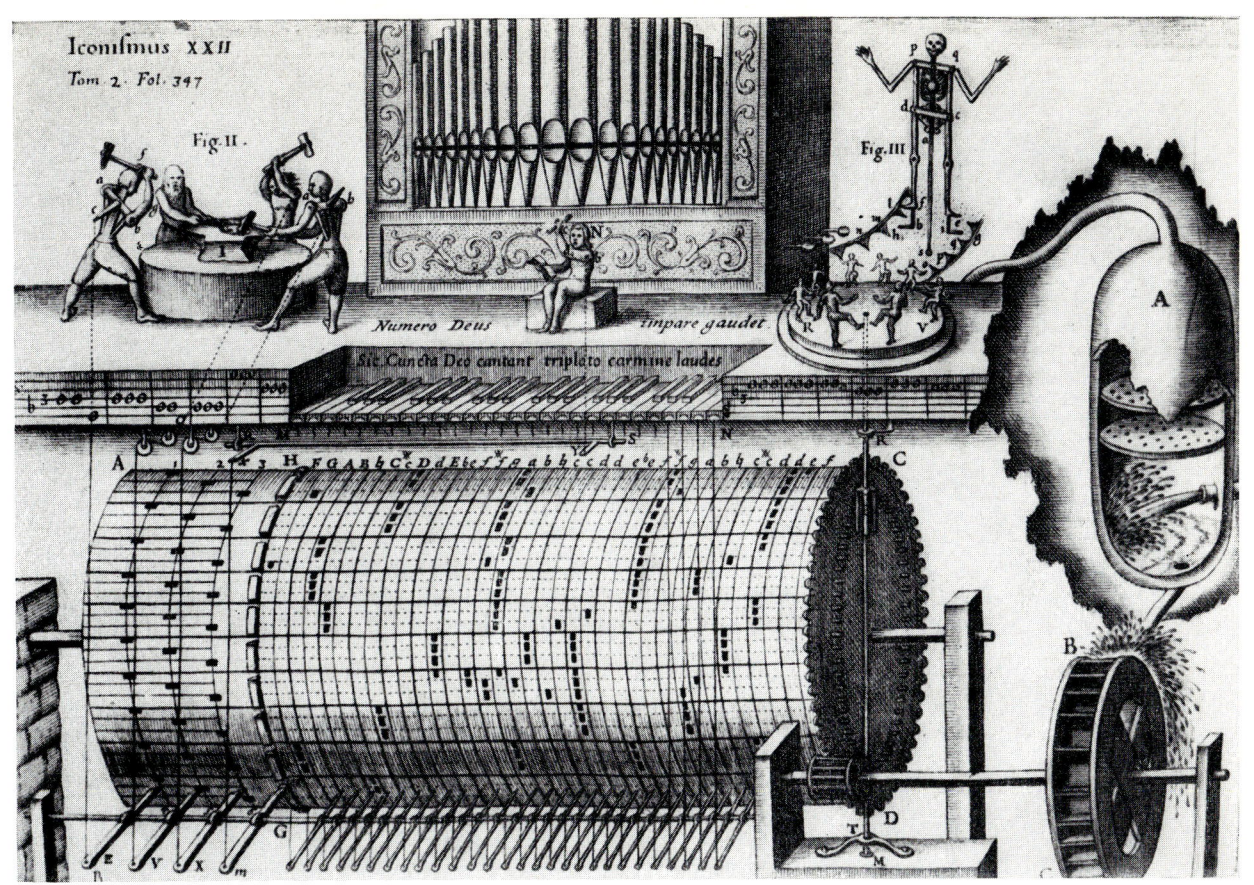

60
«Eine Machina, mit welcher ein
Orgel durch Wasser getrieben»,
Salomon de Caus, 1615

61
Darstellung einer Stiftwalze, die nicht nur Orgelpfeifen zum Klingen bringt,
sondern auch Figuren in Bewegung setzt.
Nach: Athanasius Kircher, Musurgia universalis, Rom 1650

Pl. XCII.

62
Serinette, Vorder-
und Rückansicht,
Dom François Bedos
de Celles, 1778

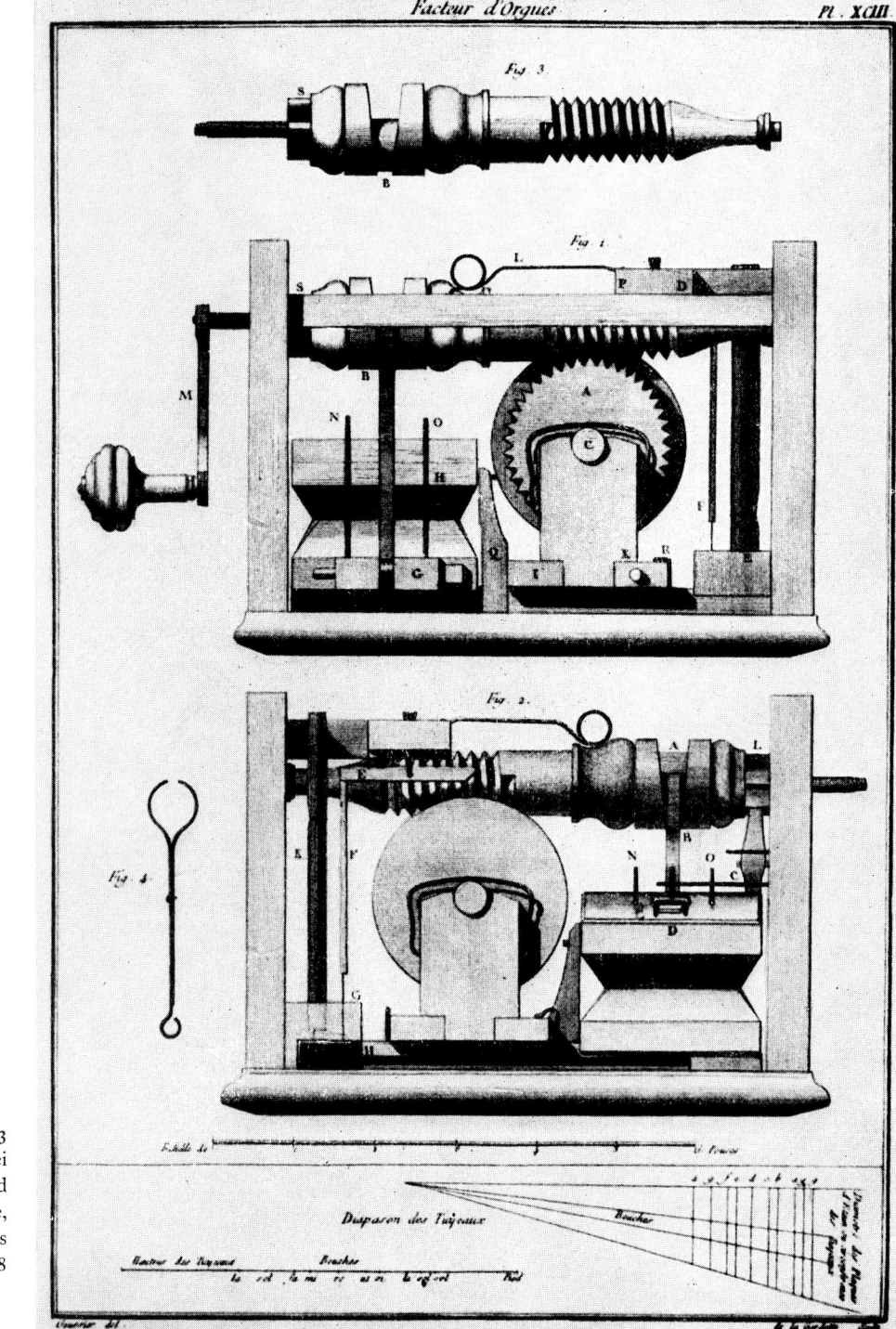

Pl. XCIII.

Fig. 3

Fig. 1

Fig. 2

Fig. 4

63
Serinette, zwei
Seitenansichten und
Schraube ohne Ende,
Dom François Bedos
de Celles, 1778

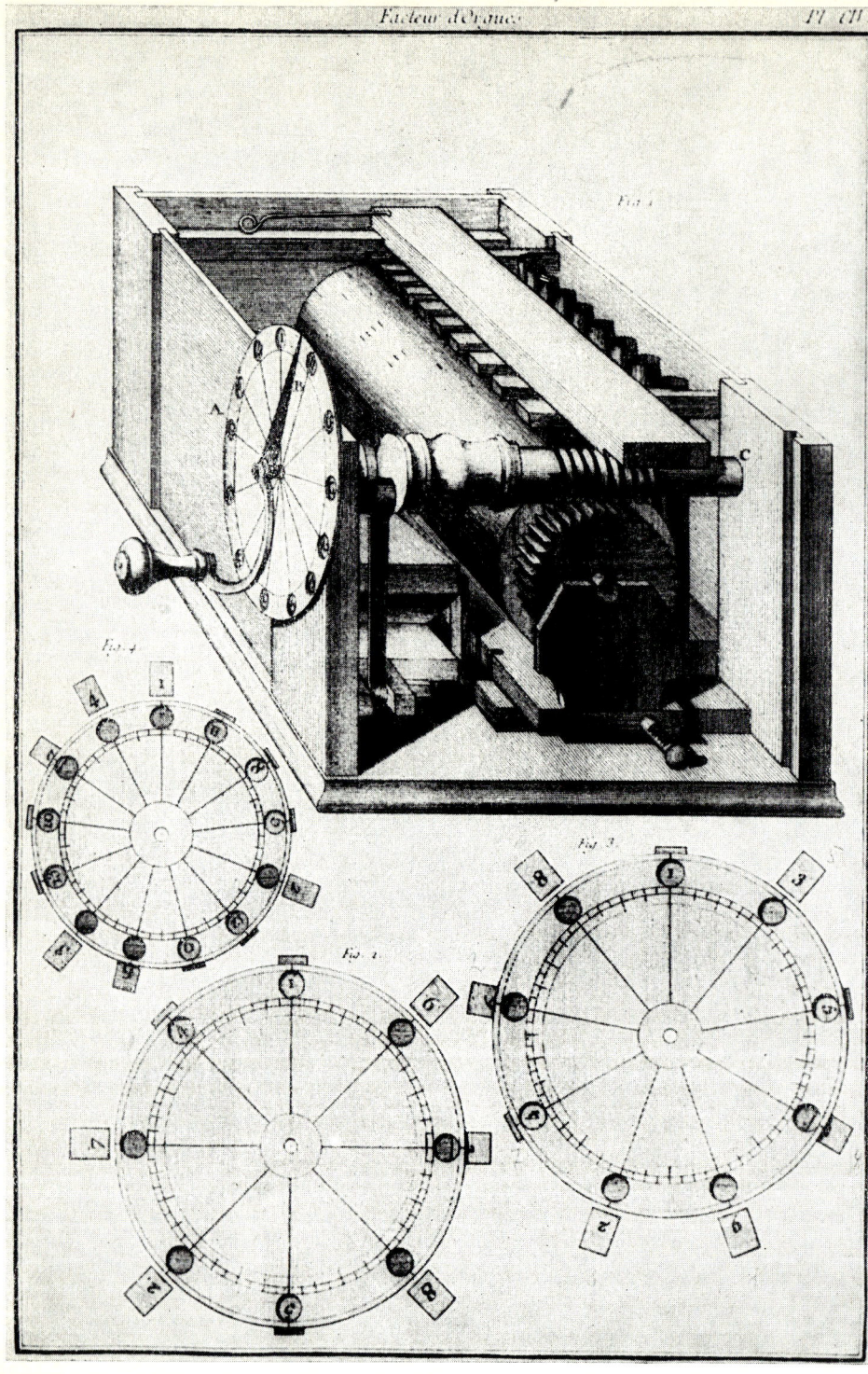

64
Serinette
mit Cadran,
Dom François
Bedos
de Celles, 1778

Kommen wir zurück zu Salomon de Caus! Die Bestiftung einer Walze beschreibt er etwa so: Zur Orientierung werden auf der Walze in Abständen der Tasten Linien gezeichnet oder geritzt, die den geometrischen Ort aller Stifte bezeichnen, mit denen der Ton der zugehörigen Taste ausgelöst werden soll. So war man auch schon bei den Walzen oder Trommeln der Turmglockenspiele, der Carillons, vor der Zeit des de Caus verfahren.

Das metrische Schema, Länge und Regelmäßigkeit der Takte bestimmend, wurde von ihm durch waagerechte Linien, im rechten Winkel zu den Tonlinien, auf die Walze übertragen. Auf diese Weise ergaben sich gleich hohe Abschnitte, deren jeder in seinem Ablauf dem Zeitraum eines Taktes entsprach. Die Takträume wurden auf einer hier wiedergegebenen Zeichnung der größeren Anschaulichkeit wegen weiß und schraffiert im Wechsel dargestellt. Es ist dadurch sofort zu übersehen, daß sechs Takte einer Komposition abgebildet sind. Wenn de Caus als Beispiel den Anfang der vierstimmigen Motette «Che fera fed al cielo» von Alessandro Striggio (etwa 1535 bis *Tafel 59* zwischen 1589 und 1595) auswählte, dann spricht das für das hohe Ansehen eines mechanischen Instruments, dem eine solche Musik anvertraut wurde, und auch für einen bemerkenswerten Stand der Technik des Bestiftens. Im Vordergrund stand zweifellos der Wunsch, gute Musik zu konservieren, um sie nach Bedarf wiederholen zu können.

Nebenbei sei erwähnt, daß die Bestiftung auf der Walze genauer ist als die Notierung in der für die Sänger üblichen Notation, die de Caus auch mitteilt, allerdings fehlerhaft. Das ist im Grunde nicht überraschend. Ein Fehler in der Bestiftung wird sofort gehört, weil der Klang eine unbestechliche Kontrolle gewährleistet. Das Notenbild dagegen wird zur Korrektur nur gelesen und dann vervielfältigt, sei es in Schrift und Druck – die klangliche Kontrolle findet dagegen erst später statt, um nicht zu sagen zu spät.

Kommen wir zum Verfahren der Bestiftung von de Caus zurück. Die Zahl der innerhalb der Takträume hinzugefügten Hilfslinien ergibt sich aus dem Charakter des zu notierenden Musikstücks. Das vorliegende Beispiel steht im Viervierteltakt. Da Achtelnoten häufig vorkamen, wurde jeder Takt in acht Unterteilungen zerlegt und damit der genaue Ort auch für jedes Achtel festgelegt. Der Stift zum Beispiel für das Achtel eines Taktes, das als siebentes erklingen soll, muß unmittelbar auf die siebente Hilfslinie gesetzt werden. Seine Tonhöhe wird an den senkrechten Linien abgelesen. Die Kreuzung dieser Tonlinie mit der waagerechten Linie für den Zeitablauf legt den genauen Standort des Stiftes fest. Kleinere Werte als das Achtel – und im zweiten Takt kommen bereits Sechzehntel vor – werden nach Augenmaß zwischen die waagerechten Achtellinien gesetzt.

In seiner «Musurgia» hatte Athanasius Kircher empfohlen, den Stiftplan   157 auf einen Bogen Papier in der Größe des Walzenmantels zu zeichnen. Das ist sicher das bequemere Verfahren und führt zum gleichen Effekt. In beiden Fällen ergibt sich ein Gitternetz, in dem die senkrechten Ordinaten die Tonhöhen bestimmen, während die waagerechten den durch den Takt bestimmten Zeitablauf angeben.

Salomon de Caus hatte zur Walze bemerkt, er hätte zum besseren Verstehen «ein theil deß Steinradts in seiner eygnen vnd natürlichen Grösse hieher setzen wollen». Daraus ist wohl zu schließen, daß diese Stiftwalze tatsächlich vorhanden gewesen ist. Auf ihr fallen «Zäpflein» — so nennt de Caus die Stifte — von verschiedener Länge auf. Sie entsprechen der unterschiedlichen Dauer der einzelnen Töne. So stellen die fast den gesamten Raum eines Taktes durchlaufenden Zäpflein (die später aus Draht gebogen und als Brücken bezeichnet werden) die ganze Note dar. Auch die übrigen mit dem Wert einer halben oder viertel Note können ohne Schwierigkeiten abgelesen werden. Ferner ist deutlich zu erkennen, daß jedes Zäpflein exakt mit der Zeit beginnt, die ihm aus dem Noten- und Klangbild zukommt, daß jedoch sein Schluß nicht mit dem theoretischen Ende der Note zusammenfällt, sondern um einen Bruchteil früher erfolgt. Ein restloses Ausspielen einer Note würde die sofortige Tonwiederholung ausschließen und im ganzen ein Ineinanderfließen der Töne zum Nachteil des Stückes entstehen lassen.

De Caus und auch seine Nachfolger haben darüber wohl keine Überlegungen angestellt, welche Mittel beim Bestiften angewendet werden müssen, um auch dem musikalischen Ausdruck eines Stückes gerecht zu werden. Zumindest haben sie sich dazu nicht geäußert. Erschöpfende Auskunft darüber gibt erst Père Engramelle. Wenn schon vor ihm Athanasius Kircher wie auch Caspar Schott, dieser in seiner «Technica curiosa ...» aus dem Jahre 1664, die Meinung vertraten, daß eine Stiftwalze zwar schwierig zu setzen, aber der Geschicklichkeit und dem Fleiß eines Organisten überlegen sei, dann haben sie offenbar nur die Spieltechnik im Sinne gehabt. Im übrigen ist dazu festzustellen, daß Äußerungen gleichen Inhalts auch in England gefallen waren, wovon unter der 4. Kerbe berichtet wurde.

Engramelles Schrift erschien in der Zeit der Empfindsamkeit. Ein wesentliches Charakteristikum dieser Zeit sind die individuelle Gestaltung und Wiedergabe eines in Noten immer nur unvollkommen fixierten Werkes. Es geht Engramelle daher nicht nur um das rein Handwerkliche des Bestiftens, sondern mehr noch um eine bestmögliche Interpretation. Schon die Überschriften der ersten vier Kapitel überraschen und lassen Zweifel aufkommen an der landläufigen Auffassung, mechanische Musik, von Stiftwalzen abgespielt, sei bar jeder musikalischen Interpretation. Engramelle untersucht in diesen vier Abschnitten die folgenden Probleme:

1. De la musique et du goût (von der Musik und dem Geschmack)
2. Des observations à faire de la musique (Beobachtungen beim Musizieren)
3. Du détail des effets de la musique (Vom Detail musikalischer Ausführungen)
4. Des caractères pour indiquer les effets des notes et des agréments dans le notage (Von den Zeichen für die Ausführung von Noten und Verzierungen in der Bestiftung).

Seine musikästhetischen Untersuchungen haben das Ziel, den nicht überhörbaren Unterschied zwischen menschlicher und mechanischer Reproduktion durch Erkenntnisse, die aus genauer Beobachtung des Spiels eines Interpreten erwachsen, so klein wie möglich zu halten. Daß es ihm auch nicht um eine Spielerei zur Befriedigung eigener, und zwar sehr hoher musikalischer Ansprüche geht, zeigen folgende Worte seines Avertissements (Vorberichtes): Wenn die großen Komponisten die Kunst des Bestiftens einer Walze gekannt und angewandt hätten, «leurs meilleurs morceaux, transmis par eux-mêmes à la postérité sur quelques cylindres inaltérables, auroient été conservés dans ce genre d'expression, dont nous avons d'idée que par l'histoire» (ihre besten Stücke, von ihnen selbst für die Nachwelt auf einige unveränderliche Walzen übertragen, würden in ihrer Interpretationsweise aufbewahrt worden sein, von der wir mehr durch die Einbildung als durch die Geschichte wissen). Wie sehr das ein Anliegen dieser und auch der nachfolgenden Zeiten war, die sich das Reproduktionsklavier, die Schallplatte und das Tonband schufen, geht aus einer Bemerkung des deutschen Musikhistorikers Johann Nikolaus Forkel (1749–1818) in seiner umfangreichen, 1788 erschienenen Musikgeschichte hervor, wenn auch das Aufbewahren von Musik bei ihm im Vordergrund steht:

«Wäre uns aus dem Altertum eine Maschine von der Art übrig geblieben, wie die Erfindung des mechanischen Flötenspielers von Vaucanson ist oder wie einige unserer Spieluhren sind, so würden auch zugleich einige Melodien auf uns gekommen sein.»

Der mechanische Flötenspieler wurde von Jacques Vaucanson (1709–1782) im Jahre 1738 der Französischen Akademie in Paris mit einer exakten Beschreibung vorgeführt und erregte großes Aufsehen.* Eine bedeutende Neuerung war ihm geglückt. Seine Walze drehte sich nicht nur um die eigene Achse, sondern wurde während des Spiels auch seitlich verschoben, so daß die Stiftspuren eines Stückes spiralförmig auf die Walze geschlagen werden mußten. Besonders in größeren Flötenwerken wurde diese Methode in der Folgezeit angewandt. Man büßte zwar ein, mehrere Stücklein auf der Walze zu haben, gewann dafür aber den Nutzen, beispielsweise

* Jacques de Vaucanson, Le mécanisme du fluteur automate, Paris 1738 (deutsch 1748)

159

eine ganze Ouvertüre auf einer Walze unterzubringen. Vaucanson, der zahlreiche bewunderungswürdige Automaten schuf, ist damit der Erfinder eigentlich der Langspielplatte, wenn ein in unserer Zeit geläufiger Ausdruck herangezogen werden darf. Für die Drehorgel kam dieser kostspielige Luxus freilich nicht in Betracht.

Alte Walzen könnten uns eindeutigen Aufschluß über die tatsächliche Ausführung zum Beispiel der zahlreichen und komplizierten Verzierungen in der Musik des 18. Jahrhunderts geben, wenn man sich der außerordentlichen Mühe unterzöge, ihre Bestiftung in normale Notenschrift zu übertragen. Die Bestiftung ist in dieser Hinsicht korrekter als die Notenschrift. Jene muß für jeden Ton einer noch so umständlichen Verzierung einen Stift setzen, diese aber bedient sich der Sigel, deren Bedeutung im Laufe der Zeit wechselte oder die von vornherein nicht einheitlich gebraucht wurden.

Für Père Engramelles musikalisch artikulierte Notage (um seinen Ausdruck für das Bestiften einer Walze zu benutzen) war die Aufteilung einer Note in einen klingenden und einen stummen Teil von größter Bedeutung. Salomon de Caus kannte das Problem auch und löste es offensichtlich auf empirischem Wege. Engramelle spürte der Sache nach und führte, um sich verständlich zu machen, neue Termini technici ein. Das Verhältnis von klingendem Teil, der Tenue, und stummem Teil, der Silence, ändert sich mit der Länge der Note. Bei einer ganzen Note wird die Verkürzung, abhängig auch vom Tempo, ein Viertel oder ein Achtel betragen, während bei kleineren Notenwerten Tenue und Silence sich in den nominellen Notenwert etwa teilen. Die Länge der Tenue ist aber auch abhängig von der Stellung der Note im Takt. Das veranlaßte Engramelle, zwei Arten der Tenue zu unterscheiden.

Die Artikulation ist aber durchaus nicht allein von Takt und Tempo abhängig, sondern auch vom Genre des Stückes. Engramelle unterschied zum Beispiel zwischen lustigen und graziösen Stücken und solchen von zartem Ausdruck, zwischen Märschen und Menuetten und so weiter. Bei lustigen Stücken wurde die Ungleichheit, die Inégalité, der im üblichen Notenbild durchaus gleich erscheinenden Notenwerte deutlicher markiert als etwa in einem Menuett.

Die Notage einer Walze konnte aufgrund dieser ästhetischen Überlegungen nicht unmittelbar von einem Notenblatt aus erfolgen. Engramelle «übersetzte» deshalb das übliche Notenbild mit Hilfe tontechnischer Zeichen, der Caractères tonotechniques, wie er sie nannte. Wie die Notenschrift ist die Bestiftung auf der Walze eine musikalisch selbständige Notation. Das gilt aber nicht für die Um- oder Hilfsschrift, die für sich ohne Wert, jedoch die

Voraussetzung für eine gehaltvolle Bestiftung ist.

Die «Barcelonette»
im Notenbild
mit darübergesetzten
«caractères
tonotechniques»,
darunter der Anfang
des Stiftplans,
Dom François Bedos
de Celles, 1778

Es soll hier nicht auf das von Engramelle entwickelte und geradezu bewundernswerte Verfahren, den Standort jedes Stiftes und jeder Brücke festzustellen, in allen Einzelheiten eingegangen werden, so interessant, ja imponierend seine Überlegungen auch sind. Sie wurden in der Praxis angewendet. Er bediente sich der Einteilscheibe, des Cadrans. Um Stücke unterschiedlicher Länge auf die Walze schlagen zu können, fertigte er Cadrans mit unterschiedlicher Einteilung an. Damit entfiel auch der auf Papier gezeichnete und dann auf die Walze zu klebende Stiftplan. Seine große Aufmerksamkeit galt der Stärke der Stifte, weil sie keinen geringen Einfluß auf die Tonlängen haben. Zu seiner Zeit bedienten sich die Noteure bereits bis zu fünf verschiedener Stiftstärken, doch entsprach das bei weitem nicht den Ansprüchen Engramelles. Diese Auswahl war ihm zu gering, um seine musikalischen Absichten verwirklichen zu können. Daß die Stifte und Brücken nicht nur exakt senkrecht auf dem Walzenmantel stehen, sondern auch absolut gleiche Höhe haben müssen, versteht sich von selbst. Seine Auffassung «tout étant mesuré dans la musique avec précision et justesse» (alles in der Musik sei mit Präzision und Genauigkeit meßbar) ist die eines Mannes, der Wege zur Konservierung der Musik sucht, sich andererseits aber der damit verbundenen Gefahr einfältig mechanischer Wiedergabe bewußt ist und deshalb die Inégalité dagegensetzt. Auch diese Ungleichheit wird sozusagen gemessen, doch sind der Möglichkeiten viele, und die Auswahl unter ihnen trifft der musikalische Geschmack des Noteurs.

Eine Bestiftung von dieser ästhetisch befriedigenden Qualität verlangt nicht nur bedeutendes handwerkliches Können, sondern setzt auch hohe Musikalität des Noteurs voraus. Seine Interpretation muß dem Stück gerecht werden, und sie schlägt sich in der Bestiftung nieder. Sie ist dann allerdings unveränderlich (und gleicht darin der Schallplatte). Sicher liegt in dieser Kunst, die im letzten Viertel des 18. Jahrhunderts und noch kurze Zeit danach gepflegt wurde, auch der Grund dafür, daß kaum mechanische Musikinstrumente mit Stiftwalzen einen solchen Genuß vermitteln wie die Flötenwerke und mechanischen Orgeln aus jener Zeit — wenn überhaupt glückliche Umstände die ursprünglichen Stiftwalzen erhalten haben.

Der Bedarf an Drehorgeln und damit an Stiftwalzen nahm im 19. Jahrhundert ständig zu. Für die Sorgfalt zum Fertigen und Bestiften der Walzen verblieb nicht mehr genügend Zeit, wenn der Gewinn lohnend sein sollte. Entweder ersetzte man die Stiftwalzen durch gelochte Papierstreifen oder Metallscheiben — oder aber man vereinfachte das Verfahren des Bestiftens. Der Leierkasten allerdings blieb bis in unsere Zeit der Walze treu. Dafür mußte er auch Nachteile in Kauf nehmen. Der Cadran fiel dem Vergessen anheim. Die Zahl der unterschiedlichen Stiftstärken wurde wieder be-

Tafel 64

schränkt. Selbst der aufzuklebende Stiftplan war meist schon zu aufwendig. Jeder Walzensetzer mag sein eigenes Verfahren ausgeklügelt haben, das er nicht preisgab, woraus zum Beispiel Stiller in Halle gar kein Hehl machte. Doch ist gewiß, daß er die Bestiftung anhand von Klaviernoten vornahm, wenn die Klavierstimme nicht zu kompliziert war. Die Zahl der Walzensetzer und Drehorgelbauer ist in der Zeit nach dem zweiten Weltkrieg weiterhin zurückgegangen. Einer dieser Walzensetzer erklärte sein persönliches Verfahren des Bestiftens so: Auf der Fis-Linie wird um die Walze ein schmaler Papierstreifen geklebt, auf dem mit dem Stechzirkel die Längen der Takte markiert werden. Dazwischen werden noch auf die gleiche Weise die Unterteilungen nach Vierteln vorgenommen. Kleinere Noten, wozu dann auch schon die Achtel zählen, werden nach Augenmaß gesetzt. Die Verkürzung der Noten wird natürlich beachtet, doch entscheidet das «Gefühl» über das Verhältnis von klingendem und stillem Notenteil. Schließlich aber: Wenn die Klavierfassung des Stückes einfach genug ist und dieses in seiner Länge annähernd in Übereinstimmung steht mit dem Zeitablauf einer Walzenumdrehung, dann wird unmittelbar nach jener bestiftet.

In unserer Zeit fällt das nicht mehr auf, denn die Drehorgel spielte in ihren letzten Tagen — von den wenigen ambulanten Drehorgelmännern der Gegenwart abgesehen — nur noch zu besonderen Anlässen auf. Die Drehorgelbauer verliehen ihre Instrumente nicht selten zu Hochzeiten oder zu den «Herrenpartien» an Himmelfahrtstagen. Die Drehorgel mußte die Rolle eines Ulk-Instruments übernehmen (wenn dieser in der Musikinstrumentenkunde ungebräuchliche Name hier einmal erlaubt ist). Dazu bedurfte sie nur noch der Lautstärke.

6. | Der Drehorgelmann

Kerbe

Tafel 18
Abb. Seite 45

Drehorgelmann oder Leierkastenmann, das ist die nicht immer zutreffende Bezeichnung für den, der die Drehorgel spielt. Wie die Stiche von Weigel, Bouchardon und anderen beweisen, wurde der Leierkasten gelegentlich auch von Frauen gespielt. Aber sie blieben gewiß in der Minderzahl. Bedenkt man dazu, daß die Drehorgel eben auch eine Orgel ist und daß zum zweiten ein Orgelspieler Organist genannt wird, wäre ein anderer Name treffender. In Zürich lebt ein großer Freund der Drehorgeln. Er hat sich die Bezeich- 163 nung Drehorganist zugelegt. Aber das ist sein Nebenberuf (der eigentlich nur im Sammeln von Drehorgeln und anderen mechanischen Musikinstrumenten besteht), im Hauptberuf ist er Verleger. Die Sitten waren früher strenger. Man liebte keine Vermischung der Stände, wie sie etwa durch eine einheitliche Berufsbezeichnung hätte heraufbeschworen werden können. Es muß an dieser Stelle die Krünitzsche Enzyklopädie aus dem Jahre 1833 zitiert werden, um davon einen Begriff zu bekommen. Unter dem Stichwort «Musikant» ist zu lesen:

«Ein Musikant, das ist ein Mann, welcher ein Gewerbe daraus macht, Andere mit seinem Instrumente zu belustigen, nach dieser allgemeinen Benennung würde es ein Jeder seyn, welcher besonders um Geld andere Leute mit der Musik vergnügt; allein es leidet hier einige Einschränkungen, und wird in diesem Sinne nur von demjenigen gebraucht, welcher mit der Drehorgel, Harfe oder Flöte etc. herum geht, und die Leute vor den Häusern und in denselben darauf belustiget, und dafür eine Kleinigkeit von Jedem nach Belieben erhält ... Für Instrumentalisten besserer Art ist es ... zu gewöhnlich, indem man solche daher Musici, und wenn sie eine gewisse Vollkommenheit darauf erlangt haben, oder vollkommen darauf sind, Virtuosen nennt.»

Noch ein Jahrhundert früher war es üblich, zum Beispiel von «Kayserlichen Hof-Musicanten» zu sprechen. Nun gehört auch der Drehorgelspieler zu der — allerdings eben anrüchig gewordenen — Gilde der Musikanten.

Johann Kuhnau (1660–1722), ein verdienstvoller Musikforscher, Komponist und langjähriger Thomaskantor, hatte in seinem auch heute noch wertvollen dickleibigen Buch «Der musicalische Quacksalber» — es erschien im Jahre 1700 — diesen Zwiespalt musikalischer Kultur so geschildert:

«Daher ist derjenige nicht gleich ein Virtuose, der mit seiner Music etwa einen und anderen ungeschickten Menschen delectieren kann. Denn auf solche Weise dürfften auch die Bauer-Fiedler / Sack-Pfeiffer und Leyermänner mit solchem Titul prangen (denn diese stehen den Bauren mit ihrem Exercitio weit besser an / als der beste Musicus mit einem Clavichordio) ...»

Auch das folgende Zitat aus demselben Werk läßt an Deutlichkeit keinen Wunsch offen:

«Ich habe von honetten Gesellschaften geredet / und damit gebe auch zu verstehen / dass ein rechtschaffener Virtuoso in keinen Bauer-Schenken / Bier-Häusern / oder andern liederlichen Zusammenkünfften auffzuwarten pflege / sondern wie er einer edlen und rechtschaffenen Kunst obliegt / die keinen verderben / und in Schanden kommen lässet / also suchet er seinen Respect, so viel ihm möglich ist / zu maintenieren ...»

III
Robert Rabe (1825–1888):
Leierkastenmann und Frau,
Aquarell, um 1850

Damit ist die Welt abgesteckt, in der der Drehorgler sich bewegen darf, damit ist auch seine gesellschaftliche Stellung bestimmt; er teilt sie mit vielen anderen, die ein ähnliches, auf Almosen gegründetes Gewerbe ausüben. Und dazu bleibt immer noch die Frage — der Gesellschaft natürlich — offen, ob der Drehorgelmann ein Bettler oder ein ambulanter Gewerbetreibender ist. Gelegentlich tauchen Stimmen auf, die für ihn eine Lanze zu brechen wagen. Einige davon sind zitiert worden. Doch muß der französische Musikwissenschaftler und Komponist Georges Kastner hier auch noch zu Worte kommen. Er hat in seinen «Les Voix de Paris» (Die Stimmen von Paris) aus dem Jahre 1857 über die Ausrufer von Paris, die Straßenmusikanten, Jongleure und verwandte Künstler einen Essay geschrieben, dem er auch eine Orchesterkomposition folgen ließ, die diesen Stoff zum Gegenstand hatte. In seinem Essay zitiert er die Zeitschrift «Monde musical» vom 23. und 30. Juli 1846, aus der hier einige wenige Auszüge gekürzt folgen sollen:

«Dank der Wachsamkeit des Herrn Polizeipräfekten ist die Zahl der Virtuosen mit vollem Wind seit einiger Zeit zurückgegangen und vermindert sich von Tag zu Tag. Wissen Sie, wie hoch die Zahl der an die Virtuosen erteilten Genehmigungen in diesem Augenblick ist, die sich das Pariser Pflaster zunutze machen? 200 insgesamt! Diese erlauchte musikalische Bohème teilt sich in vier Kategorien, die sich jeweils aus 50 Individuen zusammensetzen: 50 sogenannte Saltimbanques (Gaukler), die das Drama spielen, die Komödie und die lyrische Tragödie; 50 Sänger, die das Recht haben, zu singen und Lieder zu verkaufen; 50 Drehorgelspieler und 50 ambulante Musikanten. Es ist wahr, daß diese 200 Virtuosen einen Krach wie 2000 machen.»

Kastner fährt fort:

«Es hat ehemals nicht viel Drehorgelspieler gegeben, die nicht zu gleicher Zeit Verkäufer der Lieder waren. Um den Wert ihrer zum Verkauf stehenden Lieder bekanntzumachen, begannen sie, diese selbst zu singen oder durch Associés singen zu lassen. Diese waren entweder Frauen oder Kinder. Heute sieht man fast keinen Drehorgelspieler diesen Handel mehr betreiben; aber eine große Zahl von ihnen gehen am Abend von 8 bis 10 Uhr durch die Straßen und rufen: ‹Lanterne magique! C'est curieux!› oder auch ‹Lanterne magique, das neue Stück!›

Man kann nicht sagen, daß es ein direkt faules Metier sei, wenn die Fronarbeit des Kurbeldrehens um 8 Uhr des Morgens beginnt und sich hinzieht, bis Mitternacht vorüber ist. Während der langen Stunden arbeitsmäßiger Flânerie trägt der ländliche Orpheus die schwere musikalische Pracht auf dem Rücken oder hält sie vor sich, wenn er spielt ... 167

Hier wollen wir die hauptsächlichsten Typen aufzeigen und beginnen mit den Joueurs d'Orgues de Barbarie (Spielern der Drehorgel), die sich in ihrer Eigenschaft als Instrumentalisten gewöhnlich mit den Sängern oder den Vorführern der Laterna magica vereinigen. Die Drehorgelspieler tragen Instrumente verschiedener Art und verschiedener Größe mit sich: die kleine Orgel oder Serinette, die mittlere Orgel oder die richtige große, die Orgue d'Italie, die die Form eines in Fächer abgeteilten Schrankes hat und die man von Straße zu Straße auf einem Karren fährt. Sehr oft setzt ein im Inneren dieser verschiedenen Orgeln verborgener Mechanismus kleine Figuren aus Holz oder Pappe in Bewegung, die in der Runde oder paarweise auf dem oberen Teil des Gehäuses tanzen ...»

Tafel 6

Ob dem Drehorgler Sympathien oder Antipathien aus den gebildeten Schichten entgegengebracht wurden, konnte ihm ziemlich gleichgültig sein. Überdies wird er selbst kaum etwas darüber erfahren haben. La Voie publique, die Stimme des Volkes, jedenfalls sprach für ihn. Hingegen konnten der Herr Polizeipräfekt, den Kastner zitiert, und dessen Untergebene zu jeder Zeit und in jedem Land von ihm nicht gut übersehen werden. Von deren Gnade hing für ihn vieles, wenn nicht alles ab. Wie die Obrigkeit mit den ambulanten Straßenkünstlern aller Métiers, darunter auch dem Leiermann, in Deutschland verfuhr, sei nun in Kürze geschildert.

Das Preußische Edikt über die Finanzverwaltung vom 27. September 1810 enthielt ein Programm an Reformen, die summarisch als Stein-Hardenbergsche bezeichnet werden können. In deren Auswirkung wurde im Jahre 1811 die Gewerbefreiheit eingeführt. Voran ging noch im Jahre 1810 das Edikt über die Einführung einer allgemeinen Gewerbesteuer, datiert vom 28. Oktober und veröffentlicht am 2. November 1810, kurz als Edikt vom 2. November 1810 bezeichnet. In dessen Präambel hatte Friedrich Wilhelm III. seinen «getreuen Unterthanen» die Notwendigkeit eröffnet, «auf eine Vermehrung der Staatseinnahmen zu denken».

Im § 1 wird sogleich festgelegt, daß jeder, der ein Gewerbe betreibt, «es bestehe in Handel, Fabriken, Handwerkern, es gründe sich auf eine Wissenschaft oder Kunst», eines Gewerbescheins bedarf und Gewerbesteuern zu zahlen habe. Der § 21 behandelt besondere Gewerbe:

«Zu Gewerben, bei deren ungeschickten Betriebe gemeine Gefahr obwaltet, oder welche eine öffentliche Beglaubigung oder Unbescholtenheit erfordern, können nur dann Gewerbe-Scheine ertheilt werden, wenn die Nachsuchenden zuvor den Besitz der erforderlichen Eigenschaften auf die vorgeschriebene Weise nachweisen.»

Es muß wohl selbst dem Gesetzgeber aufgefallen sein, daß nach diesem Text

kaum festzustellen ist, welche Gewerbe er eigentlich im Auge hatte, und

Nachdem der (Vor= und Zuname), wohnhaft in (Namen der Stadt oder des Dorfs oder des Kreises) um Ertheilung eines Gewerbscheines zum Betriebe (Benennung des Gewerbes) gebeten, und dabei erklärt hat, nicht allein dafür die tarifmäßige jährliche Steuer mit   Rthlr.   Gr., und zwar mit einem Viertheil gleich beim Empfange desselben und ferner in einvierteljährlichen Raten den 1ften September, den 1ften December dieses, und den 1ften März künftigen Jahres entrichten, sondern sich auch bei Ausübung dieses Gewerbes nach den er= lassenen und noch zu erlassenden Polizei=Vorschriften und den ihn angehenden Be= stimmungen des Edikts vom 2. November 1810. achten zu wollen; so ist ihm ge= genwärtiger Gewerbschein darüber ausgefertigt worden, vermöge dessen er für seine Person und zwar auf ein Jahr bis zum letzten Mai 181   befugt ist, das gedachte Gewerbe zu treiben, und darin die Hülfe Unserer Behörden nachzusuchen.

den   ten   181

Die Abgaben= und Polizei=Deputation der Regierung.

(Handschrift des Inhabers.)

Gewerbeschein
nach dem
«Edikt über die Ein-
führung einer allgemeinen
Gewerbesteuer»
vom 2. 11. 1810

so folgt eine lange Liste ebendieser Gewerbe in alphabethischer Reihenfolge, von denen hier nur einige wenige aufgezählt seien:

«1. Abdecker

2. Ärzte und Wundärzte

16. Marionettenspieler

21. Personen, welche mit Thieren und andern Sachen zur Schaustellung umherziehen

23. Schauspiel-Direktoren

29. Seiltänzer, Equilibristen, Taschenspieler.»

Der Drehorgelmann wird nicht ausdrücklich erwähnt; er paßte ohnehin in mehrere dieser Rubriken. Im übrigen befand er sich in guter Gesellschaft, wie schon der kurze Auszug aus der Liste verrät.

«Marionettenspieler, Seiltänzer und dergleichen, wenn sie keinen oder nur 1 Gehülfen gebrauchen», wurden von vornherein in die Steuerklasse 2 einge- stuft, so daß auch für den Drehorgelmann die billigste Steuerklasse nicht in Betracht kam.

Ein Jahr später, am 2. September 1811, erschien das «Gesetz über die poli- zeilichen Verhältnisse der Gewerbe, in bezug auf das Edikt vom 2. Novem- ber 1810, wegen Einführung einer allgemeinen Gewerbesteuer». Nach Zif- fer 135 sollte den «Personen, die umherziehend ein Gewerbe betreiben», der Gewerbeschein nur gegen Vorlegung einer Genehmigung der Regierung

169

erteil werden. Zu den Gewerben, die von dieser erschwerenden Bestimmung betroffen wurden, gehörten nach 138 anderen:

«139. Endlich Marionettenspieler, Seiltänzer, Equilibristen, Taschenspieler, Thierführer, umherziehende Musikanten, überhaupt alle diejenigen, welche umherreisen, um irgendeine Sache oder Verrichtung für Geld auszustellen.»

Damit war nun auch der Leiermann vom Gesetz eingeordnet. Der Gewerbeschein selbst wurde auf den Namen der Person ausgestellt, enthielt den jährlichen Steuersatz mit den Zahlungsterminen und war für ein Jahr gültig. In dieser Form entsprach der Gewerbeschein der Quittung für eine geleistete Zahlung zum Zwecke des Erwerbs einer Berechtigung für einen bestimmten Zeitraum. Er unterschied sich insofern nicht grundsätzlich von dem «Zettel» des 18. Jahrhunderts, der die Quittung für gezahlte Akzise zur Erlangung einer Erlaubnis darstellte. Die Gewerbesteuer war ja nicht in allen Stücken eine völlig neue Einrichtung. Sogenannte Nahrungsgelder, auch Konzessionsgelder gingen ihr voraus. Sie stellten von «denen Kaufleuten, Handwerkern und anderen Professions-Verwandten von ihrem Gewerbe und Handthierungen an die hohe Landes-Obrigkeit zu entrichtende Abgaben» dar. Das Edikt vom 2. November 1810 bestimmte im § 30 auch ausdrücklich, daß bisherige Nahrungs- und Konzessionsgelder durch die Gewerbesteuer abgelöst werden.

In den «Königlich Preußischen Landen» bestand schon lange vor der Einführung der Gewerbesteuer eine sogenannte «Musiksteuer, eine Abgabe an die Obrigkeit». Sie wurde dort erhoben, wo die Musik nicht generell verpachtet war. In allen übrigen Orten sollten «die sich daselbst aufhaltenden Musikanten, ohne Unterschied der Instrumente und ihrer Personen, es seyn privilegierte Stadtmusikanten oder Regimentshautboisten und Trompeter, auch Soldaten und andere, die Instrumente zum Verdienst spielen, jedesmal, da sie auf Hochzeiten und Kindtaufen, auch bey andern Ehrenmahlen und Gelagen, nicht weniger in den Wirtshäusern, Wein- und Bierstuben aufwarten, zuvor von dem Rendanten jeden Orts, einen Zettel, nach der vorgeschriebenen Taxe lösen, eher aber mit der Musik sich nicht hören lassen oder bey jedem Contraventionsfalle in 10 Rthlr. Strafe verfallen».

Der Contraventionsfall, das Zuwiderhandeln, wurde aus guten Gründen vom Gesetzgeber mit außergewöhnlich hoher Strafe belegt, konnte das Staatssäckel doch von vornherein nur mit der Hälfte der Strafe als Einnahme rechnen. Ein Contraventionsfall wurde nämlich von der Obrigkeit vorzugsweise dadurch entdeckt, daß sie einem Denunzianten die Hälfte der Strafe zur Belohnung abtrat, während die andere Hälfte der Strafe bei der

Königlichen Kammer zu verrechnen blieb.

Friedrich Nicolai schrieb in seinem Buch «Beschreibung der königlichen Residenzstädte Berlin und Potsdam und aller daselbst befindlicher Merkwürdigkeiten» im Jahre 1779 schlicht: «Keine Musik kann gemacht werden, es muß darzu von der Stempelkammer ein Musikzettel gelöset werden.» Von der Mithilfe königlicher Denunzianten ließ er dagegen nichts verlauten, sicher aus Gründen der Zweckmäßigkeit gegenüber der Zensur.

Nach 1810/11 wurden die umherziehenden Musikanten schließlich zu den Marionettenspielern und dergleichen Schaustellern gezählt, nicht aber zu den ortsansässigen Musikanten, die im Edikt vom 2. November 1810 selbstverständlich auch erwähnt und denen günstigere Steuersätze eingeräumt waren. Eine solche Unterscheidung war zumindest in der ersten Hälfte des 18. Jahrhunderts nicht üblich. Ein Edikt vom 25. September 1739 befaßte sich mit solchen Geistlichen, die gelegentlich Musikanten vom Abendmahl ausschlossen und sie auf diese Weise mit einer zu damaliger Zeit empfindlichen Strafe belegten. Der Grund für dieses Vorgehen war das Aufspielen der Musikanten bei Hochzeiten und sonstigen Familienfeiern. Solche Maßnahmen können nicht so ausgelegt werden, als richte sich die Einstellung der Geistlichen grundsätzlich gegen die Fahrenden oder die Musikanten überhaupt, die, wenn sie nicht privilegiert waren, auf einer der untersten Sprossen der gesellschaftlichen Leiter standen. Es waren ja selbst zum Beispiel die in der Welt sehr geschätzten Opernsänger allein deshalb, weil sie dem Theater dienten, der Exkommunikation verfallen. Das Bemühen des französischen Hofes beim Papst im Jahre 1735 — «damit die Personen bey der Opera und Comödie von der Exkommunikation, darinne sie bisher gestanden, entbunden werden möchten» — war so aktuell, daß es auch in der deutschen Presse Beachtung fand. So unterrichteten unter anderen die «Leipziger Zeitungen» im Februar und Dezember 1735 ihre Leser ausführlich darüber.

Wenn sich ein Edikt der weltlichen Obrigkeit gegen die Geistlichkeit wenden muß, damit dieser «ihr zu weit getriebener Eifer gegen die Musik verwiesen» wird, dann besteht wohl kein Zweifel, daß sich die kirchliche Sorge um das Seelenheil ihrer Gläubigen nachteilig auf die Staatseinnahmen auswirkte. Die Zahl der auf diese Weise verhinderten Musiken kann nicht gering gewesen sein. Aus dem diesem Edikt zugrunde liegenden Sachverhalt ist aber auch zu schließen, daß der Unterschied eines ansässigen und eines fahrenden Musikanten in der gesellschaftlichen Stellung nur gering gewesen sein kann. Der Musikzettel, ein Vorläufer des Gewerbescheins, enthielt die notwendigen Angaben zur Person, um eine Nachprüfung überhaupt zu ermöglichen, und natürlich die Höhe der Abgabe. Sein Entstehen in dieser Form verdankt er nicht dem Bestreben der Obrigkeit, aus der Besteuerung der Musik eine Einnahme zu erzielen. Vielmehr wurde der Zettel schon vorher in anderer Weise angewendet, wie zum Beispiel aus einer Anordnung des Rates der Stadt Leipzig vom 16. Oktober 1695 hervorgeht:

«... allen denen / welchen nach beschehener Untersuchung ihres Zustandes ein Almosen vor sich zu bitten verstattet werden wird / gedruckte Zettel / worauf ihr Name und die Zeit / wie lange ihnen solcher Umgang verwilliget eingeschrieben zu befinden / ertheilet / ohne dergleichen Schein aber / und länger / als darinne gemeldet / keinem das Betteln nachgesehen werden soll.»

Damit der Hohe Rat der Messestadt nicht mißverstanden werde, gab er noch folgende Erläuterung:

«... Gleichwie um hierbey bloß dem unnützen / faulen und bösen Bettel-Volcke zu steuern das Absehen ist / also wird hingegen ein jeglicher gegen die wahrhafftig Armen und Dürfftigen der Christlichen obliegenden Mildigkeit sich zu befleißigen unvergessen seyn ...»

Das Bemühen, die Bedürftigen von den zweifelhaften Elementen zu scheiden, wird bis in das 20. Jahrhundert fortgesetzt. Der sozialen Frage dieser Schichten entledigte sich die Obrigkeit nur durch Ächtung der von der Gesellschaft Beiseitegeschobenen.

Dem Leiermann, gleichgültig ob er die Drehleier oder die Drehorgel zu seinem Broterwerb benutzte, war allein schon durch den Umstand, daß auch ihm ein «Zettel» ausgestellt werden mußte, die Einordnung unter die Bettler sicher. Mit der Einführung der Gewerbefreiheit und -steuer wird nun aber der Leiermann im Sinne dieses Gesetzes Steuerschuldner als ambulanter Gewerbetreibender. Er übt sein Gewerbe im Umherziehen aus. Wenn ihn aber der Staat durch Anerkennung seiner Tätigkeit auf diese Weise zum Steuerschuldner macht, ist die Frage grundsätzlich entschieden, ob er den Bettlern zuzurechnen sei. Aber der Gesetzgeber möchte sicher gehen und sieht deshalb für diesen Kreis noch eine Erschwernis vor. Erteilung eines Gewerbescheins und die Ausübung des Gewerbes werden von einer Prüfung abhängig gemacht, die nicht in Händen der für das Ausstellen der Zulassung zuständigen Ortspolizeibehörde, sondern der Regierung lag, womit die oberste Instanz eines Regierungsbezirkes (jedenfalls in Preußen) gemeint war.

Deutlicher wird das Bestreben nach Sicherheit im «Gesetz wegen Entrichtung der Gewerbesteuer» vom 30. Mai 1820. Der Kreis der Gewerbesteuerpflichtigen wurde eingeengt und der Gewerbeschein nur noch für ambulante Gewerbe für erforderlich gehalten. Dieses Papier durften aber nur die Regierungen ausstellen, wie das in den Paragraphen 2 und 20 deutlich gesagt wurde. Der § 24 verpflichtete die Gastwirte, sich bei Übernachtungen ambulanter Gewerbetreibender den Gewerbeschein vorlegen zu lassen und bei Fehlen dieser Urkunde sofort Anzeige bei der Ortspolizei zu erstatten. Der jährliche Steuersatz wurde für Marionettenspieler, Musikanten, Seiltänzer und ähnliche Straßenkünstler, die «einen örtlichen Nutzen nicht vermuten ließen», auf den ansehnlichen Betrag von zwölf Talern je Person festgesetzt. Der «örtliche Nutzen» hätte diesen Steuersatz verringert, aber den konnte ein Drehorgler nicht nachweisen. Der Lumpensammler zum Beispiel hatte ihn von Gesetzes wegen und brauchte sich um den Nachweis nicht zu bemühen.

Die Gewerbeordnung für das Deutsche Reich — sie trug das Datum vom 21. Juni 1869 — war in Reichstagssitzungen vorbereitet worden. Selbstverständlich befaßte man sich auch mit den ambulanten Gewerben. Der Leiermann und die ihm Nahestehenden waren es, die in der Reichstagssitzung vom 30. April 1869 nach Äußerungen eines Berichterstatters den «romantischen Teil der Gewerbe-Ordnung ausmachen»; man befaßte sich mit den «fahrenden Leuten, mit denen sich unsere Dichter und die Dichter anderer Länder vorzugsweise gern beschäftigen». Zwar nahm man das gern zur Kenntnis, hielt es aber in einer Kommission doch für nötig, «die Gattung von Gewerbebetrieben, die uns hier beschäftigt, unter mehr erschwerende Bestimmungen zu stellen». Der Präsident des damaligen Bundeskanzleramtes äußerte dazu: «Es handelt sich hier ... um die Musikanten, um die Drehorgelspieler und sodann um diejenigen Personen, welche Schaustellungen, nicht etwa in geschlossenen Räumen, sondern mit Affen und Bären im Lande umherziehen und die sehen lassen ... Es ist ja im großen und ganzen das Umherziehen mit der Drehorgel nichts anderes als eine etwas gelindere Form für die Bettelei, die allerdings dadurch erkauft wird, daß man sich vorher mittelst Zahlung von sechzehn Talern einen Bettelbrief ausstellen läßt.» Es ist nicht überliefert, daß der Reichstag Anstoß an dem Versäumnis des Herrn Präsidenten genommen hätte, eine eigentlich notwendige Erklärung etwa dieser Art zu geben: Trotzdem hält es der Staat für richtig, einem Staatsbürger oder auch Angehörigen eines anderen Staates über den Weg der Steuer sechzehn Taler jährlich abzunehmen, damit er sich das Recht zum Betteln erwerbe, kurz, daß ein Bettler auch noch zur Steuer veranlagt wird. Etwas konzilianter verfuhr Österreich in den ersten Jahrzehnten des 19. Jahrhunderts, als man den Kriegsinvaliden «die Bewilligung erteilte, sich mit einer Drehorgel Erwerb zu schaffen».

Die Gewerbeordnung von 1869 brachte zusätzlich den Legitimationsschein für die Angehörigen des ambulanten Gewerbes. Bei Überbesetzung des Gewerbezweiges oder «aus in der Person des Antragstellers liegenden Gründen» konnte die Legitimation versagt werden. Dieser Schein mußte das Signalement (Größe, Farbe der Augen, des Haares, besondere Kennzeichen) enthalten und die Unterschrift des Inhabers tragen, «falls er schreiben kann». Wenn er den letztgenannten Ansprüchen nicht Genüge leisten konnte, reichte das Handzeichen in Form von drei Kreuzen aus.

Für Ausländer galten an sich die gleichen Bestimmungen, doch führten «sicherheitspolizeiliche Bedenken» zu einigen zusätzlichen Erschwernissen, die sich in den von den Ortspolizeibehörden zu erlassenden Ortsstatuten niederschlugen und demzufolge auch unterschiedlich waren. Es durfte zum Beispiel in einer Stadt bis abends sieben Uhr musiziert werden, wobei eine Mittagsruhe am frühen Nachmittag von ein bis drei Uhr streng zu beachten war. Dem Ausländer war das Spielen am Vormittag überhaupt nicht erlaubt, damit das Terrain, am Vormittag noch gebefreudig, zunächst von den Inländern bearbeitet werden konnte. Daß der Einheimische seine Drehorgel auf ein Wägelchen setzen durfte, der Ausländer jedoch den mitunter zentnerschweren Kasten tragen mußte, war schon erwähnt worden. Auch die Steuersätze für Einheimische und Ausländer wurden in einzelnen Bezirken differenziert, was bedeutete, daß der «Gastarbeiter» selbstverständlich den höheren Satz zu zahlen hatte. Schließlich konnte ein Hausbesitzer das Ortsstatut dadurch verschärfen, daß er im Hauseingang ein Schild anbrachte: «Betteln, Hausieren und Musizieren verboten.»

Der Legitimationsschein und der Gewerbeschein wurden im allgemeinen untrennbar miteinander verbunden. Die Gültigkeit beider Papiere belief sich auf ein Jahr. Die Formulare waren kurz und knapp, sogar verständlich geschrieben. Doch hat sich dieses verhältnismäßig einfache behördliche Verfahren nicht lange halten können. Der Bundesrat erklärte am 21. Juni 1878 mit Wirkung vom 1. Januar des folgenden Jahres ein neues Formular für verbindlich, das den beachtlichen Umfang von sechzehn Seiten hatte. Die Verständlichkeit — insbesondere für diejenigen, die mit drei Kreuzen signierten — war dabei natürlich verlorengegangen. Nach dem § 59 galt es für In- und Ausländer gleichermaßen. Sein Wortlaut:

«Wer auf Straßen oder sonst im Umherziehen oder an einem Orte vorübergehend und ohne Begründung eines stehenden Gewerbes öffentlich Musik aufführen, Schaustellungen, theatralische Vorstellungen oder sonstige Lustbarkeiten öffentlich darbieten will, ohne daß ein höheres Interesse der Kunst oder Wissenschaften dabei obwaltet, bedarf, außer den übrigen Erfordernissen, der vorhergehenden Erlaubnis durch die Behörde des Ortes, an welchem die Leistung beabsichtigt wird.

Die Erteilung von Legitimationsscheinen für dieses Gewerbe wird versagt, sobald der den Verhältnissen des Verwaltungsbezirkes der höheren Verwaltungsbehörde entsprechenden Anzahl von Personen Legitimationsscheine erteilt sind.»

65
Drehorgelspieler, anonyme Pinselzeichnung in Brauntönen, um 1770

66
Jean-Victor Adam (1801–1867):
Drehorgelspieler, um 1850

67
Grandville, eigentlich Jean-Ignace Gérard (1803–1847):
Straßenmusikanten besonderer Art mit Serinette und Drehorgel, 1842

68
Theodor Hosemann: Überfahrt von
Stralau nach Treptow um 1830.
Der Leierkasten sorgt für die Musik «an Bord».

69
Arnold Neumann: Der Stralauer Fischzug im Jahre 1860
(Ausschnitt), der schon lange zu einem Volksfest geworden
war und kaum noch etwas mit dem Fischzug zu tun hatte

Acrobatisch gymnastische Kunstproductionen

Italienischer Feldzug

70
Der Leierkasten und die Kinder harmonisierten immer, wie aus Theodor Hosemanns
«Aus dem Alphabet für Kinder» (1862) zu ersehen ist.
In den Bilderbüchern, die ja für die Kinder gemacht wurden, taucht seit Ende des 18. Jahrhunderts
immer wieder der Leierkastenmann auf. Selbst zu Anfang unseres Jahrhunderts wird in
einem solchen Kinderbuch ein drehorgelspielender Italienerknabe abgebildet und der
Vers hinzugesetzt:
«In Italia bin ich geboren, / Eltern hab ich längst verloren, / schöne Schwestern alle vier. /
Und so bin von allen sieben / ich allein nur übrigblieben, / ich nur und mein Murmeltier.»
Einige der Älteren unter uns erinnern sich vielleicht der Fibel,
mit der sie die Buchstaben eroberten. Das G lernten sie mit dem Satz
«Gute Kinder geben gern» unter dem Bild eines Leierkastenmannes.

71
Hugo
Kauffmann
(1844–1915):
Der Leier-
kastenmann

Neben dem Legitimationsschein und dem Gewerbeschein, neben der Bezahlung der Gewerbesteuer mußte sich der Drehorgelmann nun auch die Erlaubnis von der «Behörde des Ortes, an welchem die Leistung beabsichtigt» wurde, beschaffen. Wenn er also auf einer Wochentour mehrere Ortschaften mit seiner Musik versorgen wollte, mußte er sich vorher schriftlich — mit freigemachter Antwortkarte selbstverständlich — der Genehmigung seines beabsichtigten Spieltages durch die Gemeindeverwaltung als oberster Ortspolizeibehörde versichern.

Am 26. Juli 1900 bekam die Gewerbeordnung eine neue Fassung, ohne daß es darin zu bemerkenswerten Änderungen für das ambulante Gewerbe kam, wenn man von der Umbenennung des Gewerbescheines in Wandergewerbeschein absehen will.

Die 1869 schon auftauchende Formel «Musikaufführungen, Schaustellungen usw., ohne daß ein höheres Interesse der Kunst oder Wissenschaft dabei obwaltet», ist nicht nur in der Gewerbeordnung von 1900 wiederzufinden. Schon im § 1 des Edikts von 1811 werden Wissenschaft und Kunst erwähnt. Diese Begriffe finden sich auch in der «Lustbarkeitsordnung für die Stadt Leipzig» vom 1. August 1925, § 2, wieder. Im § 6 ist auf die sicher nicht leicht zu beantwortende Frage, was wohl unter den höheren Interessen von Kunst und Wissenschaft zu verstehen sei, eine für den subalternen Bürger eindeutige Antwort gegeben:

«Darüber, ob bei einer Veranstaltung ein höheres Interesse der Kunst oder Wissenschaft obwaltet, sowie darüber, ob eine Veranstaltung als eine öffentliche anzusehen ist, entscheidet das Polizeipräsidium ...»

So eindeutig war diese Bestimmung nun auch wieder nicht. Eine Entscheidung über Kunstangelegenheiten zu treffen, war schon immer ein delikates Unterfangen gewesen. Uhl und Nachtigall sahen immer wieder den darüber Befindenden über die Schultern. Ein solcher Fall beschäftigte das Oberlandesgericht in Celle im Jahre 1912. Die AMRE, eine Anstalt zur Wahrung der mechanischen Rechte, hatte die Aufgabe, die Rechte der Autoren und Verlage zu vertreten, wenn ein Musikstück eines zeitgenössischen Komponisten, also ein sogenanntes geschütztes Werk, auf mechanischen Instrumenten gespielt wurde. Das war nur recht und billig, um den Urheber zu seinem wohlverdienten Anteil am finanziellen Gewinn derer kommen zu lassen, die mit seinem geistigen Eigentum keine geringen Geschäfte machten. Für den Drehorgelmann hatte das nun auch zur Folge, daß für jedes geschützte Stück eine Lizenzmarke in Höhe von zwei Mark geklebt werden mußte. Das rief den entschiedenen Unwillen eines Schaustellers hervor, der sein Panorama mit der Musik einer Drehorgel, wie er glaubte, attraktiver für den Zuschauer gestaltete. Da er natürlich auch die Schlager der Zeit,

72
Henryk Pillati: Der
ausländische Künstler,
1867

also zeitgenössische Musik, auf der Walze hatte, sollte er zahlen. Er erhob Einspruch, wurde aber abgewiesen. Das wiederholte sich, bis die Sache vor das Oberlandesgericht in Celle kam. Dort begründete er seine Ablehnung damit, daß — und hier folgen wir dem Bericht der Zeitschrift «Komet, Organ zur Wahrung der Interessen der Besitzer von Sehenswürdigkeiten und Schaustellungen jeder Art» — «die Tätigkeit eines Orgeldrehers keine mechanische sei, denn durch schnelleres oder langsameres Drehen der Kurbel würde ein weit künstlerischeres Spiel erzeugt als bei mechanisch betriebenen Musikwerken». Er führte weiter aus, daß der Drehorgelmann Gefühl in das Spiel legen könnte. Für den Schausteller käme noch hinzu, daß es für ihn finanziell gleichbedeutend wäre, ob er einen Drehorgelspieler oder einen Klavierspieler engagierte. Diese Trümpfe stachen nun gar nicht. Das Oberlandesgericht Celle wies den Einspruch am 2. Dezember 1912 zurück.

In unseren Tagen bedarf es solcher Auseinandersetzungen nicht mehr. Der Drehorgelmann ist fast ausgestorben, die Obrigkeit in dem geschilderten Sinne ebenfalls. Denkbar wäre eher, daß eine Stadt sich ein paar Drehorgelmänner im festen Angestelltenverhältnis leistete — wie eine europäische Hauptstadt zum Beispiel Fiaker zum Schrecken der Autofahrer, zur Freude der Besucher hält —, um, gewissermaßen unter Denkmalschutz, nicht nur alte Bauten zu konservieren.

<table>
<tr><td>7.
Kerbe</td><td>*Die Lieder des Drehorglers*</td></tr>
</table>

Eine der frühesten bildlichen Darstellungen der Drehorgel — übrigens von einer Frau gespielt — stammt von Johann Christoph Weigel und gehört der Zeit um 1720 an. Das Blatt ist mit einem Verschen versehen, in dem sich die «Orgelträgerin» bereit findet, durch schöne Musik ihren Hörern alles Leid um einen «Zweyer» zu nehmen. Der Pilger mit der kleinen Drehorgel, wie er auf dem Blatt von Arnould van Westerhout im «Gabinetto Armonico» von Padre Filippo Bonanni dargestellt ist, braucht für seinen Lebensunterhalt während der Pilgerfahrt nach Rom den «Zweyer» genauso nötig. Beide müssen natürlich eine Musik bieten, die dem Hörer das Geben schmackhaft macht. Das ist bis zu den letzten Drehorgeln in unserer Zeit so geblieben. Der Geschmack des breitesten Publikums bestimmte das Repertoire, das sich der Drehorgler auf seine Walze schlagen ließ. Unter diesen Männern

Tafel 18

Abb. Seite 51

Tafel 44

und Frauen gab es nicht wenige Analphabeten oder nur eine sehr geringe Zahl des Lesens und Schreibens Kundiger. Wenn sich trotzdem meist auf der Innenseite des Deckels ein Repertoirezettel befand, auf dem die Stücke der Stiftwalze in genauer Reihenfolge angegeben waren, dann hatte der Drehorgelspieler kaum etwas davon. Aber der Mann, der gelegentlich in die Verlegenheit kam, ein oder das andere von den acht oder zehn Stücken, mit denen die Walze bestiftet war, löschen und ein anderes oder zwei neu aufsetzen zu sollen, mußte schon über die Stücke und ihre Lage auf der Walze genau unterrichtet sein. Der Grund für das Auswechseln von Liedern oder Tänzen lag einfach darin, daß der Leierkastenmann natürlich die neuesten Stücke auf der Walze haben mußte, um sozusagen des geschäftlichen Erfolges einigermaßen sicher sein zu können. Unsere Zeit kennt diesen Umstand auch. Ein Schlager bringt zwar mitunter den Umsatz von Millionen von Schallplatten — aber nur für verhältnismäßig kurze Zeit. Man kann nicht jahrelang davon leben. Wer erinnert sich zum Beispiel gerade noch dieses oder jenes Hits, der einst von morgens bis nachts zu hören war?

Gewiß hatten die Drehorgelmänner der letzten beiden Jahrhunderte nicht unter einem so atemberaubenden Tempo zu leiden. Der «Jungfernkranz» aus dem «Freischütz» blieb fast ein Jahrhundert modern. Für die allerletzten Drehorgler ist alles noch einfacher geworden. Es wird gar nicht verlangt, daß sie mit dem Allerneuesten aufwarten — sie kämen ohnehin nicht nach —, sondern man nimmt ihnen viel lieber die Evergreens ab, die genauso ein Stück gefühlsgeladener Erinnerung sind wie die Drehorgel selbst. Insbesondere gilt das für die Älteren, die als Kinder mit beiden vertraut waren. Daraus hätte sich der Zeitpunkt des Ablebens übrigens errechnen lassen. Er liegt schon zurück. Der Drehorgelmann, vielleicht gar noch die große Trommel mit dem Becken auf dem Rücken und den kleinen Schellen-

Tafel 93

baum auf dem Helm, wie er gelegentlich noch einmal in Berlin auftaucht, steht schon dem Volkskunstensemble fast näher als seinen ambulanten Kollegen vergangener Zeiten.

Die Repertoirezettel und ein paar Bemerkungen in der Literatur sind so ziemlich das einzige, woraus sich etwas weniges darüber aussagen läßt, womit die Drehorgel das musikalische Entzücken des Volkes hervorrief. Mit einem solchen Zettel haben wir die Titel, aber noch nicht die Musik. Meist sind Stiftwalzen stark beschädigt oder das Instrument selbst gibt keinen Ton mehr. Selbst nach erhaltenen Walzen die Notierung der Melodien zu rekonstruieren ist außerordentlich schwierig und zeitraubend, so daß kein Museum sich der Mühe unterziehen kann. Über die Musik der stattlichen englischen Barrel Organs in Haus und Kirche sind wir besser unterrichtet.

Davon soll hier nicht die Rede sein. In der 5. Kerbe wird ohnehin von diesen Instrumenten, ihren Liedern und ihrem Schicksal berichtet.

Ein Dilemma wird deutlich, in das uns vornehme Musikwissenschaft gebracht hat: Es war Tradition, schon in vergangenen Jahrhunderten, Instrumente, die man nicht ernst nahm, weil sie untersten Volksschichten zu ihrem bescheidenen Vergnügen verhalfen, als «Lumpeninstrumenta» abzutun. Dazu gehörte auch die Drehorgel. Man verdammte die Bierfiedler, die in Schenken und auf Tanzböden Musik boten. Mitsamt der ganzen Einrichtung wären sie eigentlich dem Teufel, aber nicht Gott verpflichtet. Der Erfolg ist nun der, daß wir über die Unterhaltungsmusik — so darf man sie wohl bezeichnen, auch wenn der Terminus jüngeren Datums ist — vergangener Zeit um so weniger wissen, je weiter sie zurückliegt. Zweifellos gehört aber diese Kehrseite zu der von der Wissenschaft auf Hochglanz polierten Schauseite der Musikkultur. Ein Wandel hat sich in bemerkenswertem Maße vollzogen, aber es werden erhebliche Lücken in unserem Wissen über die unterhaltende Musik niederer Schichten im Feudalismus und frühen Kapitalismus bestehen bleiben. Immerhin lassen sich zahlreiche Titel feststellen, kaum die Namen der Komponisten und der Textdichter. Übrigens ist das ein Umstand, der uns nicht fremd ist. Wer kennt schon die Namen des Komponisten und des Textdichters zum Beispiel eines bis zur Qual wiederholten Schlagers! Man bekommt sie kaum zu hören — und wenn schon, dann war es ein Pseudonym oder eins der Pseudonyme. Eigentlich hat erst der Franzose Père Engramelle, mit dem wir wegen seiner kunstvollen Bestiftung von Walzen schon bekannt geworden sind, einen Einblick in die Musik, die auf Drehorgeln und Serinetten um 1770/80 gespielt wurde, ermöglicht. In seinem 1775 in Paris erschienenen Werk, das er «La tonotechnie ou l'art de noter les cylindres» (Die Tontechnik oder die Kunst, Walzen zu bestiften) nennt, hat er eine Anzahl von damals beliebten Stücken in Noten festgehalten. Es sind schon nicht mehr solche, die bestimmten Vögeln beigebracht werden sollten und die dann auch auf den natürlichen Gesang der Vogelarten hätten zugeschnitten sein müssen. Hier ging es vielmehr um die «Favoritstücke», wie man sie in den Straßen von Paris singen und pfeifen hörte. Da Père Engramelle nicht nur ihre Titel nennt, sondern auch die Melodien notiert, sind wir über den Charakter dieser Stücke nicht im Zweifel.* Es seien hier wenigstens die Namen genannt:

* Einige dieser und andere «Drehorgelstücklein aus dem 18. Jahrhundert» sind beim VEB Edition Peters, Leipzig, im Jahre 1973 unter der Nummer EP 9162 erschienen.

1. La Marche du Roy (Der Marsch des Königs)
2. La même Marche plus variée (derselbe Marsch, etwas variiert)
3. Badine d'Alarius (Das Spazierstöckchen des Alarius)
4. Menuet de Zelindor
5. Romance
6. Menuet
7. Le Bûcheron (Der Holzfäller)

8. La Fontaine de Jouvance	11. Menuet du Roy de Prusse
(Der Jungbrunnen)	(Menuett des Königs von Preußen)
9. Allemande	12. Les Portraits à la mode
10. Marche	(Die Modebilder).

«Le Bûcheron» ist vielleicht ein Stück aus der gleichnamigen einaktigen Oper mit dem Untertitel «Les trois souhaits» (Die drei Wünsche) des François André Danican-Philidor (1726–1795), eines Paul Lincke des 18. Jahrhunderts, was die Zahl der Bühnenwerke und ihre Beliebtheit angeht. Das «Menuet du Roy de Prusse» müßte wohl Friedrich II. zugeschrieben werden, doch ließ sich der Nachweis nicht erbringen.

Der verdienstvolle Bibliothekar und Komponist Jean-Baptiste Weckerlin (1821–1910) hat sich des französischen volkstümlichen Liedes mit Leidenschaft angenommen und eine bedeutende Sammlertätigkeit entfaltet. Er ließ verschiedene solcher Sammlungen im Druck erscheinen; eine davon hatte den Titel «Album de la grand'maman» (Album der Großmutter), eine andere «Pastourelles, romances et chansons du XVIIIe siècle» (Schäferlieder, Romanzen und Chansons des 18. Jahrhunderts). Alle diese Sammlungen enthalten unzählige vom Volk gesungene Melodien, die im Charakter durchaus mit den von Engramelle aufgezeichneten übereinstimmen. Auch die Art, wie sie benannt werden, gleicht den Überschriften, die Engramelle angibt. Da finden wir unter anderen «Au bord de la fontaine» (Am Rande des Brunnens), «Le bouquet de Romarin» (Der Rosmarinstrauß), «La batelière» (Die Schifferin), «Belle Manon» (Schöne Manon), «L'amoure s'envole» (Die Liebe verfliegt), «Mon petit coeur soupire» (Mein kleines Herz seufzt). Der Aufbau ist einfach, die Melodie gefällig, geeignet, von jedermann im Kopf behalten zu werden. Wolfgang Amadeus Mozart hatte solche Favoritstücke auch in Paris kennengelernt – das war 1778, als er 22 Jahre alt war – und hat über drei von ihnen Variationen geschrieben: «Ah, vous dirai-je, Maman» (Ach, ich sage Ihnen, Mama), dessen Komponist unbekannt ist; ferner «Je suis Lindor» (Ich bin Lindor), eine Romanze aus Beaumarchais' «Barbier aus Sevilla», von Antoine-Laurent Baudron (1742–1822), der sich im Geschmack des Publikums sehr genau auskannte, in Musik gesetzt. Schließlich ist noch «La belle Françoise» (Die schöne Französin) zu nennen. Der Komponist dieses Chansons ist nicht bekannt, aber bereits seit 1761 war es mehrmals im Druck erschienen, was für die Beliebtheit des Stückes über einen längeren Zeitraum spricht. Nun haben sich diese Chansons bis auf den heutigen Tag erhalten, wenn sie diese Lebensdauer natürlich auch den Variationen verdanken, die Mozart dazu geschrieben hat.

Als Beispiel aus dem 18. Jahrhundert sei noch der Repertoirezettel einer Serinette erwähnt, die 1768 in Basel gebaut wurde und wahrscheinlich das älteste unter den erhaltenen Instrumenten dieser Art ist. Der handgeschriebene Zettel hat diesen Wortlaut:

Airs contenus du present Instrument
(Lieder, die dieses Instrument enthält)

1. Sauteuse Coutoise
2. Les petits Ballets
3. Gigue et son Prélude
4. Allemande Nouvelle
5. Gavotte Dardel
6. Menuet Italien
7. Marche du Roy
8. La Svedoise   Fait à Basle 1768.

Die Sauteuse ist ein Springtanz, und sonst sind alle Stücke, den Marsch ausgenommen, Tänze oder Tanzlieder. Der «Marche du Roy» (Marsch des Königs) taucht hier auf, und fast 20 Jahre später ist er immer noch so en vogue, daß ihn Père Engramelle zitiert und ihm sogar noch eine Variation widmet.* Je mehr die Oper in das Blickfeld des Publikums tritt, um so stärker nehmen sich auch die Drehorgeln dieses Genres an. Sie sind für Aktualität. In einer Zeitschrift «Der Jüngling» berichtet schon im Jahre 1775 ein Musikfreund, daß er immer eine sonderbare Freude empfunden habe, «wenn er Arien von Hasse [Johann Adolf Hasse, 1699–1783], die in den Opern einen großen Eindruck gemacht, auf den Straßen habe singen hören, so sehr sie auch verstellet worden sind». 50 Jahre später schreibt ein französischer Musikgelehrter, daß die Drehorgelspieler über die Ouvertüre zur Oper «La caravane du Caire» (Die Karawane von Kairo) einen unauflöslichen Vertrag geschlossen zu haben scheinen, und es sei ein Glück für sie, daß Grétry [André Ernest Modeste Grétry, 1741–1813] sie komponiert habe. «Wir winden dir den Jungfernkranz» aus dem in Berlin uraufgeführten «Freischütz» von Carl Maria von Weber (1786–1826) scheint das meistgespielte Stück auf den Drehorgeln gewesen zu sein, und das etwa hundert Jahre lang.

Georg Weerth (1822–1856), der in den vierziger Jahren des vorigen Jahrhunderts in England lebte, schrieb in seinem «Jahrmarkt in Yorkshire»: «... Gegen zehn Uhr abends wird der Lust gewöhnlich ein Ende gemacht; ... aus der Ferne hörst du noch ein Lied herübertönen, ein Lied zu einer Orgel; und horchst du auf und folgst dem heimziehenden Musikanten, da hörst du manchmal zu deinem Erstaunen deutsche Worte: es ist das Lied vom schönen, grünen Jungfernkranz, welches ein Schwarzwälder Junge oder ein Würzburger singt; er faßt seine Schwester an der Hand, die das Tambourin schlägt. ‹Wieviel haben wir heute verdient?› fragt der Junge. — ‹Zehn Schillinge›, antwortet das Mädchen. ‹Aber ich wollte, wir wären wieder zu Hause!› — Und dann singen sie noch einmal: ‹Schöner, grüner, schöner grüner Jungfernkranz!›»

Die Oper wurde zum Geschäft — zum bescheidenen für den Leierkasten-

188

* Wilhelm Neef, Das Chanson, Leipzig 1972

IV
Ein «Schild» des Bänkelsängers Ernst Becker: Die Rache der betrogenen Braut oder Adele Torilla, das schöne Landmädchen von Mexiko.
«Treue hat er ihr versprochen / falscher Schwur wird hier gerochen ...
... an der Gattin, die er wählte / und nachdem sie ihn erstochen / macht sie Schluß, die Leidgequälte.»

Treue hat er ihr versprochen

falscher Schwur ward hier gerochen...

... an der Gattin, die er wählte

und nachdem sie ihn erstochen

macht sie Schluß, die Leidgequälte.

mann, zum größeren für die Drehorgelbauer, die sich gegen Ende des Jahrhunderts zum Teil zu bedeutenden Fabrikanten mechanischer Musikinstrumente entwickelten. Aus pekuniären Gründen mußte das Opernschaffen genau verfolgt werden, um immer über das Neueste unterrichtet zu sein und der Konkurrenz nicht die Rosinen zu überlassen. Richard Wagner (1813 bis 1883) hat das einmal in einem Bericht über die Uraufführung der Oper «La Reine de Chypre» (Die Königin von Zypern) von Halévy am 31. Dezember 1841 sehr anschaulich mit folgenden Worten geschildert:

«... denn wenn die neue Oper Glück macht, hat er [der Komponist] zu hoffen, daß jener Verleger bei ihm ‹Phantasien› und ‹Airs variés› über ‹Lieblingsmelodien› [die Übersetzung des Wortes Favoritstücke] derselben bestellt. — Ganz im obersten Range, jener Mann mit prüfend ausgestreckten Ohren hat das Amt, populäre Stückchen den zahllosen Drehorgeln der Hauptstadt einzustudieren — er notiert sich soeben die Arie des sterbenden Königs ...» *

* Richard Wagner, Sämtliche Schriften und Dichtungen, 1. Band, 6. Auflage, Leipzig 1911

Auf diese Art und Weise ist wahrscheinlich schon dreiviertel Jahrhundert vorher ein Stück aus dem «Bûcheron» auf die Stiftwalze geraten. Mag das Verfahren auch kommerzieller Art sein, in der schallplatten- und rundfunkfreien Zeit versah die Drehorgel die Aufgabe — und zwar mit größtem Erfolg —, Opernmelodien populär zu machen, «so sehr sie auch verstellet worden sind». Solche «Volksausgaben» von Ouvertüren und Arien hatten freilich ein unterschiedliches Echo. Möglicherweise haben die Eiferer Heinrich Seidel (1842—1906) veranlaßt, sein Gedicht «Die Musik der armen Leute» mit diesen Worten beginnen zu lassen:

«Der Herr Musikprofessor spricht:
‹Die Drehorgeln, die dulde man nicht!›»

Der Instrumentenkundler Alexander Buchner sagt dagegen in unseren Tagen: «... Und die Geschichte hat in der Tat bereits bewiesen, daß nicht die Mailänder Scala, sondern die italienischen Drehorgeln die Kunst Verdis verbreitet haben ...»* Das kann selbst Verdi nicht bestreiten, der den Drehorgeln gar nicht zugetan war.

* Alexander Buchner, Vom Glockenspiel zum Pianola, Prag 1959

Die streitbaren Männer gegen die Drehorgel, deren Stimmen im 19. Jahrhundert so zunahmen, wie die Drehorgel an Verbreitung gewann, hatten offenbar noch mehr gegen die Drehorgelstücke als gegen das Instrument selbst einzuwenden. Vom Rührseligen bis zum zweideutigen Gassenhauer war alles vertreten, und wenn auch die «hohe Kunst», etwa die Oper, einbezogen wurde, so geschah das doch in einer sehr simplen Form.

Im Jahre 1804 besuchte ein Siegellackfabrikant, der jedoch anonym blieb, die Leipziger Messe und berichtete recht anschaulich über seine Beobachtungen in den «Leipziger Messcenen», die er in mehreren Heften herausgeben ließ. Er erzählt auch von den Drehorgeln und ihren Stücken wenigstens so viel, daß er die Anfänge einiger Lieder, die «den Ohren des horchenden Pöbels» dargebracht werden, zitiert. «Volkslieder, Tänze und Märsche» bildeten das Repertoire. «Willkommen, o seliger Abend» wird an erster Stelle genannt, jenes Lied, das 1795 Fritz von Ludwig gedichtet hatte und dessen Melodie von F. Hurka 1799 geschrieben worden sein soll. Mehr hat dem Fabrikanten wohl das Lied imponiert, das mit diesen Worten anfing:

«In meinem Schlösschen ists gar fein, Komm Ritter kehre bey mir ein ...»

und damit endete:

«Was helfen alle Freyer mir, Mein Liebessinn steht nur nach dir.»

Schließlich «intoniert der Zauberkasten», so beeindruckt ihn die Drehorgel, auf einmal das Ritornell der schönen Arie aus dem «Tyroler Wastl», das so beginnt:

«Ein schöner Mann ist delikat, Wie ein Kapaunerl mit Salat ...»

Das Singspiel «Der Tyroler Wastl», mit dem Text von Emanuel Schikaneder (1751–1812) und der Musik von Jacob Haibel (1762–1826), war 1796 in Wien zum ersten Male aufgeführt worden.
Als weiteres Beispiel erwähnt er dieses:

«Komm feines Liebchen, komm ans Fenster, Die Verliebten und Gespenster
Alles still und stumm!   Wandeln nur herum.»

Diese Verse entbehren nicht des Witzes und einer hübschen Form. August von Kotzebue ist der Autor. Sie kommen in seinem Schauspiel «Graf Benjowsky» vor, das im Jahre 1792 in Weimar zum ersten Male aufgeführt wurde. Dieses Lied hat recht bald verschiedene Vertonungen erlebt. Eine von diesen stammt vom Thomasorganisten und Gewandhauskapellmeister in Leipzig Christian August Pohlenz (1790–1843); der Siegellackfabrikant kann sie jedoch nicht gehört haben.
Das Drehorgelrepertoire bemüht sich, und dieses Beispiel zeigt das auch wieder, immer modern und aktuell zu sein. Die Aktualität kann sich durchaus auf den Bereich beschränken, in dem die Drehorgel sich hören läßt. Dabei wird immer auch die verständliche Absicht spürbar, den verschiedensten Geschmacksrichtungen entgegenzukommen, den verschiedensten Lebenslagen Rechnung zu tragen. Das bleibt so bis in unser Jahrhundert.
Im Musikinstrumentenmuseum der Karl-Marx-Universität zu Leipzig wird

eine Drehorgel aufbewahrt, deren Walze mit den zuletzt notierten Stücken wahrscheinlich in den dreißiger Jahren des vorigen Jahrhunderts bestiftet worden ist. Das Instrument ist zweifellos älter, sicher auch die Walze, die vorher vermutlich andere Stücke trug. Der Repertoirezettel, schwungvoll mit der Hand geschrieben, weist folgende Stücke aus:

«1. Zampa-Walzer von Strauß

2. do. do. von demselben

3. Victoria do. v. Lanner

4. Nachtwandler do. v. J. Strauß

5. Erinnerungen an Berlin Walzer v. J. Strauß

6. Gartenfest-Galopp v. J. Lanner

7. Champagner-Knall-Galopp v. demselben

8. Damen-Galopp v. J. Strauß

9. Galopp aus dem reisenden Studenten v. demselben

10. Marsch der Griechen bei der Schlacht bei Missolunghi.»

Joseph Lanner (1800–1843) und Johann Strauß Vater (1804–1849) sind die Komponisten der zu damaliger Zeit beliebten Tänze auf dieser Drehorgel. Im Eifer der Begeisterung für beide Meister ihres Genres ist die Nummer 9 wahrscheinlich versehentlich Johann Strauß zugeschrieben worden. Tatsächlich scheint es sich um ein Bruchstück aus einem Quodlibet — einer potpourriartigen Zusammenstellung von Teilen verschiedener bekannter Kompositionen von verschiedenen Komponisten — zu handeln, das unter dem Titel «Der reisende Student oder das Donnerwetter» im Jahre 1802 seine erste Aufführung erlebte, also noch zwei Jahre vor der Geburt des Strauß.

Die Verteilung des Repertoires auf Kompositionen von Strauß Vater und Lanner deutet darauf hin, daß das Instrument in Wien gespielt worden ist. Zwischen beiden stehgeigenden Kapellmeistern, die zunächst zusammen musiziert hatten, trat eine Rivalität ein, nachdem Strauß eine eigene Kapelle gegründet hatte. Die Folge war, daß die Wiener Bevölkerung sich in zwei Parteien teilte, wie Johann Strauß Sohn dem Verlag Breitkopf & Härtel einmal mitteilte, «deren jede aufs trotzigste für ihren Abgott eintrat». Und das taten die Wiener selbst dann noch, als Strauß und Lanner wieder in bester Freundschaft harmonierten. Was bleibt einem Wiener Werkelmann anderes übrig, als die strategische Situation mit Takt zu berücksichtigen?

Der Marsch der Griechen in der Schlacht bei Missolunghi ging nun nicht nur die Wiener an. Er berührte die Gefühle der Patrioten vieler europäischer Länder. Nicht dem Vergnügen bei Walzer und Galopp, sondern der Parteinahme für die Griechen zu dienen, war das Anliegen des Drehorglers, wenn vielleicht auch nicht ohne den Blick auf die Verbesserung des Geschäfts. Im Jahre 1822 hatten nach jahrhundertelangem Kampf die Griechen das türkische Joch endgültig, wie es schien, abgeschüttelt und ihre wiedererlangte Unabhängigkeit durch eine Verfassung im gleichen Jahre gekrönt. Die Türken gaben aber nicht auf. Im Jahre 1826 gelang es ihnen, die Seefestung Missolunghi zurückzuerobern. Daß die heldenhaften Griechen einen verzweifelten Kampf führten und schließlich sich selbst und einen Teil der schon eingedrungenen Türken mitsamt der Festung in die Luft sprengten, war ein Fanal für die europäischen Staaten. Es entstand eine starke philhellenistische Bewegung, an der Dichter und Musiker regen Anteil nahmen. Wenn auch im Jahre 1829 die Türkei das unabhängige Griechenland anerkennen mußte, war die patriotische Bewegung immer noch in Schwung und zumindest so frisch, daß eine freundliche Erinnerung an den Europa bewegenden Freiheitskampf der Griechen um Missolunghi dem Drehorgelmann aus gutem Grund am Platz schien.

Weil er schon für jeden etwas haben mußte, bildete sich eine Art Repertoiremodell heraus, das zumindest bis zum ersten Weltkrieg beibehalten wurde. Die Walze mußte mit unterhaltenden Erfolgsstücken bestiftet sein. Sie waren Opern, Operetten oder Singspielen entnommen, es konnten Bänkel- oder andere, nicht weniger erfolgreiche Lieder sein. Doch ein Choral und ein Marsch durften im allgemeinen nicht fehlen. Der Leiermann wollte ja leben, und oft genug war seine Drehorgel die einzige Chance, um zu ein paar Pfennigen zu kommen. Daß gewisse Berufserfahrungen sich herausbildeten und sein Verhalten bestimmten, kann ja nicht überraschen. Ob allerdings eine Bemerkung, die sich 1848 im «Mecklenburgischen Propheten» findet, ganz wörtlich zu nehmen ist, sei dahingestellt. Dort kann man lesen:

«Ein alter geriebener Orgeldreher lässt sich immer vorher in seinem Quartier die frommen Häuser angeben und spielt bei solchen dann statt ‹Heinrich schlief bei seiner Neuvermählten› und ‹Wenn der Mut in der Brust seine Spannkraft übt› flugs ‹Nun danket alle Gott› und ‹In allen meinen Taten.›»

Sicher wird er in der Nähe der Kirche, ohne daß ihn das Schicksal erst alt und gerieben machen mußte, das Pfarrhaus vermuten und sich darauf mit seinem Konzert einrichten. Und die gespensterhafte Liebesgeschichte eines gekrönten Heinrich war ja freilich seit 1779 in allen deutschen Kleinstaaten bekannt genug, aber für sittsame Pfarrerstöchter nicht eben geeignet. Von dem anderen erwähnten Stück ist eine weniger poetische Fassung noch in unseren Tagen bekannt: Wenn der Mops mit der Wurst über'n Rinnstein springt!

Zu diesen nicht für jedermanns Geschmack geeigneten Liedern gehörte auch das «Kanapeelied», das schon um 1740 bekannt wurde, als auch dieses bequeme Möbel in Mode kam. Es hatte eine für solche Lieder ungewöhnliche Lebensdauer, was wohl darauf zurückzuführen ist, daß neben dem sozusagen offiziellen Text, der vielfach abgewandelt wurde, auch Versionen aufkamen, die für den Druck nicht bestimmt waren, dennoch offenbar in keiner Weise unbekannt blieben. Ursprünglich auf vier Strophen beschränkt, nahm ihre Zahl ständig zu. Aus einer späteren Fassung sei eine Strophe angeführt, die andeutet, welcher Thematik sich die noch zahlreicheren ungedruckten Strophen zuwandten:

«Wenn ich mich in die Länge strecke,   Ein lilienweißes Kißchen für!
So setzt mein Schätzchen sich zu mir,   Das kutzelt in der großen Zeh
Es hält mir anstatt einer Decke   Auf meinem lieben Kanapee.»

Deutlich wird der Drang nach sozusagen wohlproportionierter Aktualität in «großen Zeiten», in denen mit Aufwand aller Art und in allen Bereichen die Gefühle des kleinen Mannes beschäftigt werden sollen, damit er die Ursache seiner mißlichen Lage nicht überdenke und bereitwillig die Zeche bezahle, die andere verursacht haben. An der Mundharmonikafabrikation während des ersten Weltkrieges, um nur ein kleines Beispiel zu nennen, war das schon zu erkennen. Eine in Halle/Saale in Privatbesitz befindliche Drehorgel enthält an der üblichen Stelle den Repertoirezettel aus dem Jahre 1915. Die vaterländischen Gefühle bedurften wegen der bitteren Erfahrungen, die vielen Familien schon in reichlichem Maße zuteil geworden waren, der Aufmunterung aller Art. Die Walze ist mit diesen sieben Stücken beschlagen:

1. Die graue Felduniform   5. Brüssler Einzugsmarsch
2. Liederpotpourri (Marsch)   6. Vertrau auf Gott, er kehrt zurück
3. Oller, tapferer Hindenburg   (Lied)
4. Ich bin klein, Du bist klein (Polka) 7. Wie sie so sanft ruhn (Choral).

Infolge hoher patriotischer Anforderungen ist die Zuteilung an Märschen höher ausgefallen, als das sonst üblicherweise der Fall war. In geruhsamen Zeiten beschränkte man sich auf einen Marsch, der im nördlichen Teil Deutschlands vorwiegend der «Hohenfriedberger» oder der «Friedericus Rex» war. Bayern traf eine eigene, eine blau-weiße Auswahl. Wollte man sich gesamtdeutsch geben, dann ließ man einen «Ruf wie Donnerhall» brausen, man sang und spielte die «Wacht am Rhein». Ein junger Kaufmann hatte in Sorge um das linke Rheinufer den Text 1840 verfaßt. Der Musikdirektor Karl Wilhelm setzte ihn 1854 unter Musik, und sogleich wurde es ein Paradestück der zahlreichen Männergesangvereine. Wie der Volksliedforscher Franz Magnus Böhme 1895 schrieb, war dieses Lied das Kriegs- und Sturmlied der Deutschen im Kriege 1870/71 geworden.* Der Komponist, der 1873 in Schmalkalden verstarb, hatte eine Sammlung «Lieder und

* Franz Magnus Böhme, Volksthümliche Lieder der Deutschen im 18. und 19. Jahrhundert, Leipzig 1895

195

Gesänge ...» eigener Kompositionen herausgegeben und «Ihrer Majestät der Kaiserin von Deutschland, Königin Augusta von Preußen» in dankbarer Verehrung zugeeignet. Im Vorwort erwähnt er die «Wacht am Rhein», die nun wieder verklungen sei, nachdem sie die Dienste eines Armeekorps getan; sie hätten es so oft gesungen, so oft von den Leierkasten, von den kleinen Jungen auf der Gasse gehört. Es war insofern ein Irrtum, als dieser chauvinistische Text noch bis in den zweiten Weltkrieg hinein gesungen und — auch von Drehorgeln — gespielt wurde. Augusta hatte sich nobel revanchiert und Karl Wilhelm eine Jahresrente von 3000 Mark ausgesetzt.

Auf der Hallenser Drehorgel sind schon zwei Märsche ausgewiesen, und es besteht wohl kein Zweifel, daß weder die «graue Felduniform» noch der «olle, tapfere Hindenburg» sich anders als alla marcia bewegen. «Vertrau auf Gott, er kehrt zurück» war an die Adresse derjenigen gerichtet, die noch voller Hoffnung sein konnten, während der Choral «Wie sie so sanft ruhn» für diejenigen gedacht war, die ebendiese Hoffnung schon hatten begraben müssen. Übrigens handelt es sich gar nicht um einen Choral. Den Text hatte August Cornelius Stockmann, Professor der Rechte in Leipzig, im Jahre 1779 geschrieben und Pastor Friedrich Burchard Beneken aus Wennigsen bei Hannover die Melodie. Beides erschien in einer Sammlung, die Beneken unter dem Titel «Lieder und Gesänge für fühlende Seelen» 1787 in Hannover herausbrachte. Man begegnet diesem Lied wieder bei der Lektüre des «Hesperus» von Jean Paul. Er schildert das Auftreten eines berühmten reisenden Virtuosen auf der Maultrommel, die auch als Brummeisen bezeichnet wird. Der Gipfel der Gefühlsbewegung unter den Zuschauern wird erreicht, als das Licht hinausgetragen wird und der 1761 geborene Koch die «Melodie der Toten» spielt: «Wie sie so sanft ruhn ...»!

73
Flugblatt aus Frankfurt, Satire auf den Kaiser von Österreich (möglicherweise stellt der Moritatensänger Robert Blum und der Leierkastenmann von Gagern dar), vermutlich 1849
74 (folgende Seite)
«Rinaldo Rinaldini», eines der Blätter aus dem Angebot des Leierkastenmannes. Der Redakteur war ein wenig durcheinandergeraten. Der Leser muß sich ab der siebenten Strophe die Reihenfolge selbst zusammensuchen. Die letzte Strophe dieses Gedichts aus dem 4. Band des Romans «Rinaldo Rinaldini» von Christian August Vulpius hat er überhaupt unterschlagen. Sie soll dem Leser nicht vorenthalten werden:
Rinaldini, lieber Räuber! / Raubst den Weibern Herz und Ruh'; / Ach, wie schrecklich in dem Kampfe, / Wie verliebt im Schloß bist du!
75 (übernächste Seite)
Titelseite zu Moritz Kässmayers «höchst schauderöser Ballade», die freilich nicht Gemeingut, schon gar nicht der Drehorgler, wurde, sondern dem witzigen und parodierenden Geist eines zu seiner Zeit nicht unbedeutenden Komponisten entsprang. 1886

Rinaldo Rinaldini.

1.
In des Waldes finstern Gründen und in
Hölen tief versteckt, ruht der Räuber bei den
Linden, bis ihm seine Rosa weckt.

4.
Draußen bellen laut die Hunde alles rüstet
hin und her, jeder rüstet sich zum Streite
ladet doppelt sein Gewehr.

Seht sie fechten: seht sie streiten, jetzt
verdoppelt sich ihr Muth; aber ach sie müssen
weichen nur vergebens strömt ihr Blut.

2.
Rinaldini ruft sie schmeichelnd, Rinaldini
wache auf, deine Leute sind schon munter,
längst ging schon die Sonne auf.

5.
Und der Hauptmann schön gerüstet, tritt
nun mitten unter sie; guten Morgen Kamera-
den! sagt, was giebts denn schon so früh.

7.
Rinaldini eingeschlossen, haut sich muthig
kämpfend durch, und erreicht im finstern Wal-
de eine alte Felsenburg.

8.
Zwischen hohen düstern Mauern lächelt
ihm der Liebe Glück, es erheitert seine Seele
Dianorens Zauberblick.

3.
Und er öffnet seine Augen, lächelt ihr den
Morgengruß, sie sinkt sanft in seine Arme und
erwiedert seinen Kuß.

6.
Unsre Feinde sind gerüstet, ziehen gegen
uns heran, nun wohlan sie sollen sehen, daß
der Waldjohn fechten kann.

Laßt uns fallen oder siegen. Alle rufen:
Wohl es sey, und es tönen Berg und Wälder
rund herum von Feldgeschrei.

Zu bekommen in Berlin, Adlerstraße No. 6.

Eine höchst schauderöse Ballade

von einem grausamben Ritter,
welcher sein Ehe-Gespons
zu Tode leyern liess.

In fünf Bildern

lebenswahr dargestellt von W. WIESBERG

für eine Singstimme mit Klavierbegleitung

in Musik gesetzt von

MORITZ KÄSSMAYER

Op. 42. Pr. M 1.50

BERLIN,
Verlag u. Eigenthum der SCHLESINGER'schen Buch & Musikhandlung.

WIEN, CARL HASLINGER qᵉᵗᵐ

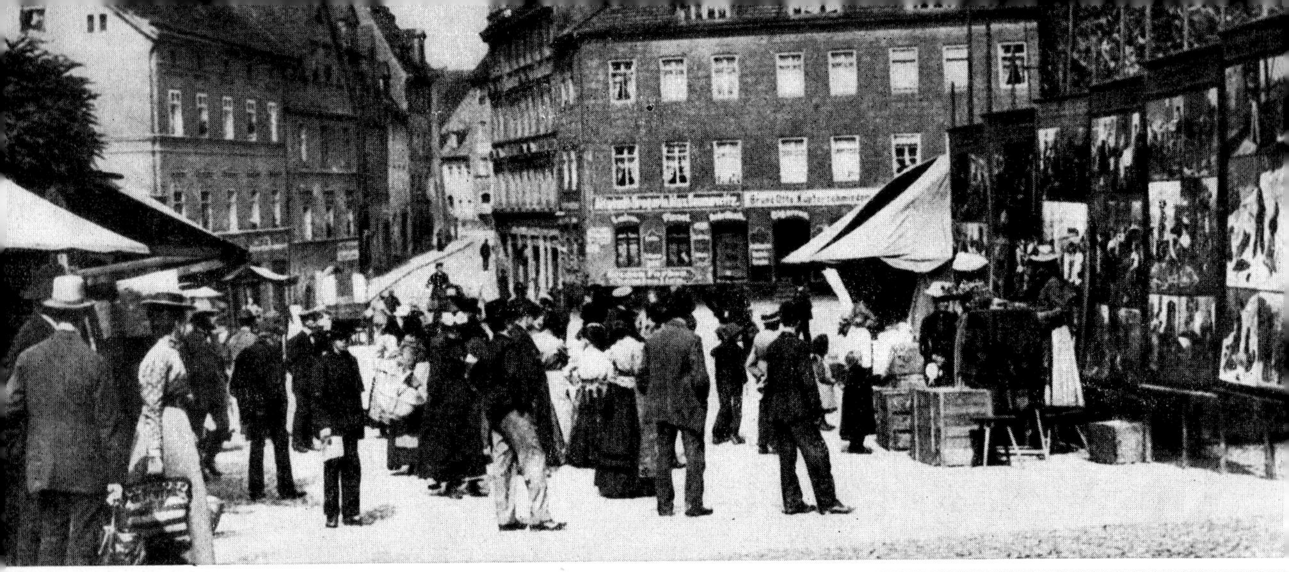

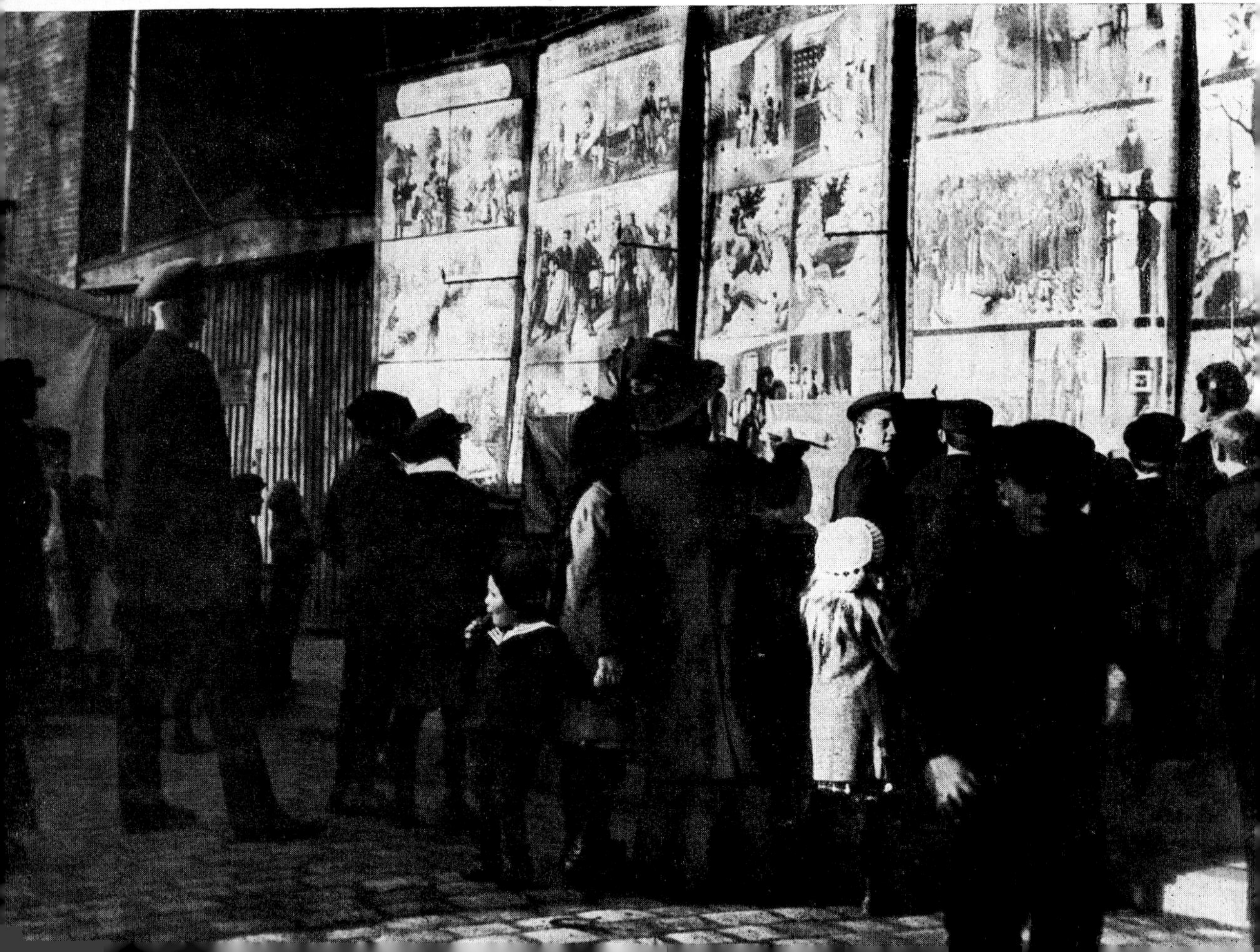

Der erste Weltkrieg war schließlich überstanden, man schien etwas profitiert zu haben, obwohl jedermann, mit Ausnahme der Kriegsgewinnler, nicht wenig zugesetzt hatte. Auf dem Repertoirezettel einer Drehorgel aus dem Anfang der zwanziger Jahre sah es so aus:

1. Ausgerechnet Bananen
2. Ja zum Schluss schuf der liebe Gott den Kuss
3. Du bist so keusch, Du bist die Reinste aller Reinen
4. Wenn Du nicht kannst, lass mich mal
5. Im Hotel zur grünen Wiese
6. Wir versaufen unser Oma ihr klein Häuschen
7. Was ist denn mit der Pau-, Pau-, Paula los?
8. Komm, mein Schatz, wir trinken ein Likörchen
9. Ich bleib dir treu
10. Sei ein bisschen nett zu mir bei Sekt und Liebeslust.

Die Drehorgel ist wieder aktuell. Auf den Choral und auf den Marsch kann sie verzichten. «Fridericus Rex» ist abgemeldet – zunächst – bis 1933. Dann ist er wieder erwünscht. Der «Rosengarten von Sanssouci» kommt noch dazu, damit klar wird, in welcher Gegend die patriotische Erbauung zu suchen ist. Die Zeit ist der Drehorgel aber schon nicht mehr günstig, besonders in Deutschland und Italien. Mussolini hatte in den zwanziger Jahren befohlen, daß die zahlreichen italienischen Drehorgelmänner in das Vaterland zurückkehren sollten. Es schien ihm wohl unpassend zu sein, den «passo romano», auf den er sich nicht wenig einbildete und der im Ausland ein Begriff werden sollte, durch seine drehorgelspielenden Landsleute in Mißkredit bringen zu lassen. Und außerdem hatte er ja wohl andere Absichten hinsichtlich ihrer weiteren Beschäftigung. Am anderen Ende der Achse Rom – Berlin legte Hitler der Sache kein Gewicht bei. Er ließ den Drehorglern nicht viel Zeit, bis sie den Leierkasten mit dem Tornister vertauschen mußten. Bisher war es umgekehrt gewesen, wie das Heinrich Zille in einer Zeichnung sarkastisch festgehalten hat.

Das «tausendjährige Reich» war dennoch dem Leierkasten mehr verpflichtet, als es ihre Größen wahrhaben wollten. Man sprach schon in der Weimarer Zeit, unmittelbar danach nur noch hinter vorgehaltener Hand, davon, daß das Horst-Wessel-Lied eine Moritatenmelodie habe. Der letzte Bänkelsänger Deutschlands – er wohnt in Berlin-Moabit – kannte das bescheidene Karussell neben der Bleibe des teutonischen Barden, dem er es heute noch nicht vergessen kann, eine Leierkastenmelodie so verballhornt zu haben. Ein Lied der Drehorgel dieses Karussells hatte es Wessel angetan. Er bastelte einen Text und bastelte an der Melodie so lange, bis die Montage keine Schwierigkeiten mehr machte. Das Ergebnis bekam im «Taschenbüchlein der Musik» von Frank/Altmann diese schlichte Erläuterung: «Horst-Wessel-Lied,

76
Die zu ihrer Zeit in Deutschland bekannte und beliebte Bänkelsängerfamilie Rosemann aus Liegnitz bei der Darbietung ihrer Moritaten – mit Drehorgelbegleitung – am Nicolaiturm in Görlitz, um 1900

77
Schilder, so wurden die Tafeln mit den gruseligen Bildergeschichten genannt, eines Moritatensängers auf dem Freimarkt in Bremen 1913

neben dem Deutschlandlied Nationalhymne des dritten Reichs, gedichtet von Horst Wessel nach älterer Melodie». Ein Text zu dieser älteren Melodie hatte den Titel «Das Bild der Mutter» oder «Die beiden Brüder» und begann so: «Es wollt' ein Mann in seine Heimat reisen, er sehnte sich nach seinem Weib und Kind.» Bei dieser Reise hatte der Mann das Malheur, von einem Räuber überfallen zu werden. Das Malheur war um so größer, als dieser Räuber sich bei näherem Hinsehen als sein Bruder entpuppte, der sich flehentlich ob seiner Missetat entschuldigte und mit dem Versprechen des Weges trollte: «Verzeih! Verzeih! Du siehst mich nimmermehr»! Es fehlt zum Schluß die in wenigen Worten ausgesprochene Moral der Geschicht', sonst müßte man sie zu den perfektesten Bänkelliedern zählen.

Nicht selten gibt es für eine Melodie zwei verschiedene Texte, manchmal sogar noch mehr. Wir verdanken dem Dichter und Komponisten Peter Cornelius (1824–1874) die Kenntnis einer zweiten Textierung zu dieser Melodie. Der erfolgreiche Komponist — seine Oper «Der Barbier von Bagdad» verdiente es, wieder aufgeführt zu werden — hatte offenbar auch eine Schwäche für die Straßenmusikanten, zumindest achtete er darauf, was und wie sie ihre Kunst dem Publikum auf den Straßen darboten. In einem Brief, den er am 17. März 1841 aus London an seinen Vater schrieb, läßt er sich über die ambulanten Musikanten so aus:

«Und die Musik auf den Straßen! Hier orgelt einer Bellini, dort stehen ein paar arme Kinder und schreien, da spielt einer lustige Walzer auf einer Klarinette, hier steht eine rüstige Violinspielerin. Alles will sich Geld verdienen.»

Mit diesem offenen Ohr für die Musik der armen Leute mußte ihm ja eine Begegnung in Berlin auffallen, die er in warmen Worten seiner Braut in einem Brief vom 24. Juni 1865 schildert:

Ich blieb in Berlin an einem Haustor stehen, eine volle, dicke, etwas rohe aber schöne Mädchenstimme sang zum Leierkasten:

Wenn du mich liebst, kann mich der Tod nicht schrek-ken, denn A = mor

seh' ich nur am Himmelsraum, denn dei-ne Lieb' kann mich vom Tod er-

wel = ken, liebſt du mich nicht, war al = les nur ein Traum!

Das hab' ich seitdem behalten, und es fällt mir so manchmal in einer erregten Stunde ein — es kommt, weil eine Individualität aus der Stimme jenes Mädchens klang, die ich nicht sah, nur im Hof singen hörte.

Die Noten hatte Cornelius mit Akkordbuchstaben versehen und empfahl seiner Braut, die Akkorde so zu nehmen, wenn sie sich das Lied selbst am Klavier vorspielen würde.

Das Rätselraten um die Herkunft der zweiten Nationalhymne des «Dritten Reichs» setzte sich auch nach 1933 in für gewisse Kreise beängstigender Weise fort, so daß in einem Vertraulichen Rundschreiben den in Betracht kommenden Stellen am 27. Mai 1937 mitgeteilt werden mußte, Nachforschungen wegen des Horst-Wessel-Liedes seien auf Veranlassung von Herrn Goebbels untersagt. Die Drehorgel, immer auf Aktualität bedacht, konnte für sich in Anspruch nehmen, um die Mitte des vorigen Jahrhunderts der Zeit weit voraus gewesen zu sein, brachte sie doch schon eine der Nationalhymnen des «Dritten Reichs».

Peter Cornelius war mit seiner Anteilnahme an der Musik der Straßen und Hinterhöfe nicht der einzige. Der englische Musikgelehrte Charles Burney (1726–1814) bereiste Europa und schrieb ausführliche Berichte über das Musikleben auf dem Festland. Er hat den Straßenmusikanten sehr viel Aufmerksamkeit geschenkt und mit anerkennenden Worten über ihre zum Teil frappierenden Leistungen nicht gespart. Der Drehorgel ist er ohne Zweifel begegnet, erwähnt hat er sie nicht. Das Mechanische, das Fehlen einer persönlichen Interpretation mag ihn zu dieser reservierten Haltung veranlaßt haben. Antonín Dvořák dagegen schrieb einmal in einem Artikel, der 1895 in «Harper's Magazine» in Amerika erschien, daß für den Musiker nichts zu niedrig oder zu unbedeutend sein könne. Er achte beim Spaziergang auf jeden pfeifenden Jungen, auf jeden Straßensänger oder blinden Orgeldreher. Er werde von solchen Leuten oft sehr gefesselt und könne sich kaum losreißen. Und immer wieder erhasche er eine Melodie oder Bruchstücke, die wie die Stimme des Volkes klängen.

Edvard Grieg (1843–1907) beklagte sich im Jahre 1896 in einem Brief an den Verlag C. F. Peters in Leipzig über die mitunter unheimlichen Arrangements neuer Werke. Er vermisse eigentlich noch, bemerkte er ironisch, die

Bearbeitung der Peer-Gynt-Suite für Flöte und Klavier und setzte hinzu: «Von der unerreichbaren Popularität der Drehorgel will ich gar nicht reden.» Auch Felix Mendelssohn Bartholdy (1809–1847) äußerte sich ähnlich, als er an einen Freund schrieb und ihm mitteilte, daß er an einer Sinfonie arbeite. «Meine Symphonie soll gewiß so gut werden, wie ich kann; ob aber populär, ob für die Drehorgel – das weiß ich freilich nicht.»

Die Bänkelsänger – ihr Gewerbe ist älter als die Drehorgel selbst – sahen in ihr das geeignete Instrument, um ihre Gesänge zu begleiten. Auf großen Bildtafeln war eine Schauer- oder Räubergeschichte, ein aufregender Bericht über eine Naturkatastrophe, die Hinrichtung eines Verbrechers oder ein anderes heftig zu Gemüt gehendes Geschehnis in verschiedenen Stationen abgebildet. Während des Singens und Orgelns zeigte der Bänkelsänger mit einem langen Zeigestab auf das entsprechende Bild. Es ging dabei nicht etwa nur um phantasievolle Dichtung ohne einen Bezug auf die Wirklichkeit, sondern ein unter dramatischen Umständen verübter Mord zum Beispiel wurde in zum Teil unfreiwillig komischer, aber anschaulicher Weise dargestellt. An den Schluß wurde die «Moral der Geschicht'» gestellt. Im Archiv der Stadt Leipzig befindet sich folgender amtlicher Bericht über das Auftreten von Bänkelsängern, wobei nur unverständlich bleibt, wieso zu dieser Zeit – der Bericht ist mit dem Datum vom 5. Januar 1824 versehen – der Bänkelgesang überhaupt noch Aufsehen erregen konnte.

Farbtafel IV

Tafel 76, 77

«Leipzig, den 5. Januar 1824

Zeigt der Policeydiener Otto an: Vor dem Grimmaischen Tor in der Allee singt ein gewisser Franz nach einem auf einer hohen Stange ausgestreckten Bilde schreckliche Mordgeschichten ab und eine Menge Menschen haben sich um denselben versammelt.   (Unterschrift)

Ist das gn. Gemählde nebst den Beschreibungen der Mordgeschichten auf das Rathaus eingefordert worden.»

Zusatz von anderer Hand:

«So fern von Seiten Polic. Amts Franzen der Aufenthalt auf so lange gestattet wird, mag ihm auch die Ausstellung s. Bilder bis Donnerstag Abend, excl. der Kirchenzeit gestattet werden.»

Offenbar war der Polizeidiener Otto allzu ängstlich. Seine Dienststelle hielt mehr von der Moral, die am Ende dem Volke in aller Deutlichkeit verabreicht wurde, und weniger vom Einfluß der «schrecklichen Mordgeschichte» auf das versammelte Publikum. Carl Gottlob Franz hat nur wenige Monate später, am 3. Mai 1824, die Genehmigung zu neuerlichem Auftreten erbeten, denn es heißt später in den Akten:

«Leipzig, den 3. Mai 1824

Bittet …

2) Carl Gottlob F r a n z
zur Aufstellung eines Mordthaten darstellenden Bildes unter Gesang und
Begleitung einer Drehorgel ...
zu genehmigen.»

Mit den Beschreibungen der Mordgeschichten waren zweifellos die gedruck-
ten Textblätter gemeint, die nicht nur die Bänkelsänger, sondern auch die
Drehorgelspieler, wenn sie sozusagen als Solisten auftraten oder sich von
der Frau durch Gesang begleiten ließen, an das Publikum verkauften. Bis
in unser Jahrhundert hinein war das üblich. Verlage spezialisierten sich auf
dieses Gewerbe und brachten in Massen diese fliegenden Liedblätter heraus.

Tafel 74
Die Überschriften waren reißerisch aufgemacht und die Titelseiten oft mit
primitiven, aber schrecklichen Illustrationen versehen. Bei J. Kahlbrock Wwe.
in Hamburg erschien zum Beispiel «Das Todtenschiff, oder der Namenlose
ohne Hände und Zunge, durch den eine furchtbare Schauderthat an den Tag
kam.» Ein anderes Blatt aus dem gleichen Verlag trug diesen Titel: «Schau-
dervolle Ermordung einer jungen und hübschen Ehefrau durch ihren Mann
und dessen Zuhälterin.» Der bedeutendste Verlag auf diesem Gebiet war

Abb. Seite 206
der des Hermann Reiche in Schwiebus. Bis in unser Jahrhundert hinein lebte
der Bänkelgesang. Nach dem ersten Weltkrieg ging das Gewerbe zurück,
und nach dem zweiten Weltkrieg blieb nur noch Ernst Becker, der letzte
Bänkelsänger, übrig, der jedoch infolge hohen Alters nun nur noch in seinen
Erinnerungen den Bänkelgesang betreibt.

Im Leben der Drehorgel hat es mancherlei Merkwürdigkeiten gegeben. Eine
von besonderer Art muß hier noch erwähnt werden. Vielleicht knüpfte sich
daran gar schon die Hoffnung auf eine Sternstunde. Aber es wurde nichts
daraus.

Carl Philipp Emanuel Bach (1714–1788), zweiter Sohn Johann Sebastian
Bachs (1685–1750), war von 1740 bis 1767 Hofkammer-Cembalist Fried-
richs II. (1712–1786). Dieser hatte nun eine besondere Vorliebe nicht nur
für die Flöte, sondern auch für mechanische Musikinstrumente und schaffte
auch solche an. Es liegt die Vermutung nahe, daß sich darunter eine Drehorgel befand. Vielleicht hat Friedrich II. im Siebenjährigen Krieg (1756 bis
1763) während seines Aufenthalts in Dresden den Orgel- und Drehorgelbauer Daniel Silbermann (1717–1766), Neffen des bedeutenden Orgelbauers Gottfried Silbermann (1683–1753), kennengelernt und dabei Geschmack an den Drehorgeln gefunden. Carl Philipp Emanuel Bach schrieb
jedenfalls zwei Originalkompositionen «für die Drehorgel», deren Auto-
graphe noch heute in der Bibliothèque Royale de Musique in Brüssel aufbewahrt werden.* Aus diesen Manuskripten ist nun nicht zu ersehen, wann
Bach diese Kompositionen, die von ihm auch für andere Instrumente ein-

* enthalten in: «Drehorgelstücklein aus dem 18. Jahrhundert»,
herausgegeben von Helmut
Zeraschi, Ed. Peters Nr. 9162,
Leipzig 1973

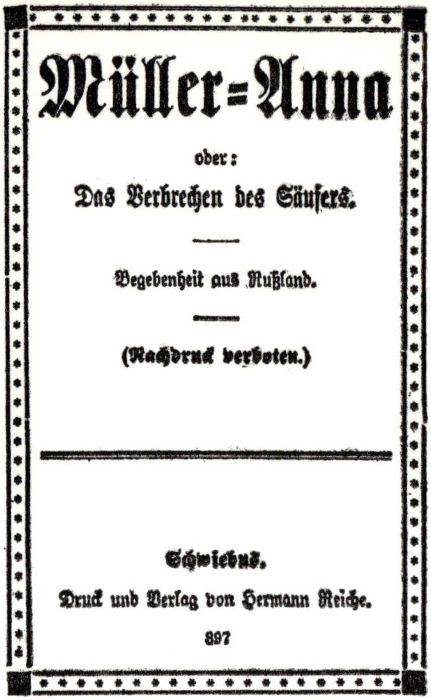

Müller=Anna

oder:

Das Verbrechen des Säufers.

———

Begebenheit aus Rußland.

———

(Nachdruck verboten.)

———

Schwiebus.

Druck und Verlag von Hermann Reiche.

897

Des Findlings Schicksale

oder:

Gott verläßt die Unschuld nicht.

(Nachdruck verboten.)

Schwiebus.

Druck und Verlag von Hermann Reiche.

674

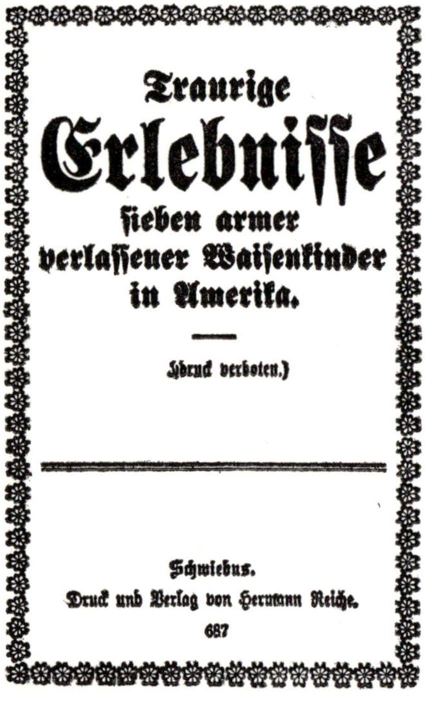

Traurige Erlebnisse

sieben armer verlassener Waisenkinder in Amerika.

(Nachdruck verboten.)

———

Schwiebus.

Druck und Verlag von Hermann Reiche.

687

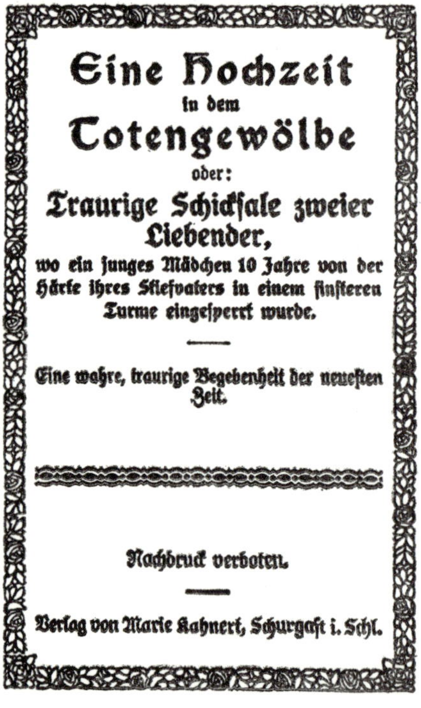

Eine Hochzeit in dem Totengewölbe

oder:

Traurige Schicksale zweier Liebender,

wo ein junges Mädchen 10 Jahre von der Härte ihres Stiefvaters in einem finsteren Turme eingesperrt wurde.

———

Eine wahre, traurige Begebenheit der neuesten Zeit.

———

Nachdruck verboten.

———

Verlag von Marie Kahnert, Schurgast i. Schl.

Drei Liedblatt-Drucke
von Hermann Reiche
in Schwiebus,
ein Liedblatt-Druck
von Marie Kahnert
in Schurgast in Schlesien,
2. Hälfte
des 19. Jahrhunderts

gerichtet wurden, niedergeschrieben hat. Die Umstände sprechen dafür, daß beide Stücke in Berlin entstanden sind. Es handelt sich einmal um ein Adagio in g-Moll und zum anderen um ein Allegro in C-Dur. Soviel bisher bekannt geworden ist, sind das die einzigen originalen Kompositionen für die Drehorgel. Eine Auswirkung für den Drehorgler und seinen Leierkasten konnten sie freilich nicht haben. Voraussetzung für die Aufnahme in das Repertoire einer Drehorgel war die schon vorhandene oder doch mit Gewißheit zu erwartende Popularität eines Stückes. Das ist verständlich, denn das Bestiften einer Walze stellte für den Drehorgler eine beträchtliche und reiflich zu überlegende Ausgabe dar. Er konnte es sich nicht leisten, Pionier auf dem Gebiet der Musik zu sein. Wahrscheinlich kannte er weder Bach, noch hatte er eine Ahnung von der Existenz dieser Stücke. Zahlreiche Kompositionen für mechanische Musikinstrumente sind geschrieben worden, zum Teil von bedeutenden Meistern wie Händel, Carl Philipp Emanuel Bach (der außer den beiden Drehorgelstücken noch eine Reihe anderer Stücke für Flöten- und Harfenuhren geschrieben hat), Haydn, Mozart, Beethoven und anderen. Diese Werke waren für bestimmte Instrumente geschrieben und an sie gebunden. In ihrer originalen Gestalt haben sie keine weitere Verbreitung finden können. Die beiden Stücke «für eine Drehorgel» machten keine Ausnahme.

8. Die Drehorgel in den Künsten

Kerbe

Mit welcher Liebe und in welcher Zahl haben große Meister der Malerei die Laute und das Cembalo dargestellt! Aristokratische Instrumente in ihnen gemäßer Umgebung! Prächtig gekleidete Damen und Herren in kostbaren und farbenfrohen Gewändern als Spieler dieser Instrumente reizten das empfindsame Auge des Malers immer wieder. Unvergängliche Werke entstanden.

Die Drehorgel, zunächst ein schlichter, beinahe unansehnlicher Kasten, später erst mit bescheidenem Schmuck versehen, vermochte auf einen Maler kaum einen so nachhaltigen Eindruck zu machen, daß daraus schließlich ein Bild entstanden wäre. Das große Gemälde William Hogarths — diesem englischen Meister verdanken wir die erste Darstellung der Vogelorgel — gilt *Tafel 38* den Kindern der wohlhabenden Familie Graham. Die Szene mit dem die

Serinette spielenden Knaben, dem Vogelbauer und der auf den gefiederten Sänger begierigen Katze hat den Charakter einer beiläufig erzählten Anekdote. Auch Chardin erzählt, daß seine vornehme Dame einem gefiederten Sänger in einem schönen Käfig zumindest einen Teil ihrer Liebe schenkt und sich der musikalischen Fortschritte ihres kleinen Zöglings erfreut. Sie bringt ihm ja auch Opfer! Nach Hervieux sollte eine Melodie in einer Lektion etwa zehnmal wiederholt werden, und da nach Père Engramelle eine Walzenumdrehung, also ein Stücklein, vierzig Umdrehungen der Handkurbel bedarf, ergibt das immerhin die stattliche Zahl von vierhundert Kurbeldrehungen! Aber es ging um die vornehme Dame und bei Hogarth um die nicht weniger vornehmen Kinder, nicht um die Serinette, wenn sie auch im 18. Jahrhundert in diesen Kreisen zu Hause war.

Konnte schon die Straßendrehorgel den Maler nicht animieren, diesem Objekt ein Gemälde zu widmen, so gelang das dem Drehorgelmann selbst noch weniger. Seine Kleidung prangte nicht mit leuchtenden Farben in teuren Gewändern, das Milieu war auch nicht das malerischste. Die Zeit der Niederländer, die an derben Volks- und Wirtshausszenen ihre Kunst entzündeten, war vorüber. Es gab Ausnahmen im 19. Jahrhundert, wie etwa das Bild eines zünftigen Drehorgelmannes mit seiner großen Straßenorgel von Ludwig Knaus (1829–1910) oder der Leierkastenmann von Zandvoort von Fritz Uhde (1848–1911). Dennoch hat der Drehorgelmann oder die -frau schon im 18. Jahrhundert die Aufmerksamkeit der Künstler erregt, und gar im folgenden Jahrhundert nahm deren Zahl noch zu. Kupferstich und Holzschnitt waren die beliebtesten Techniken, vielleicht auch die dem Gegenstand gemäßesten, weil man der Farbe nicht unbedingt bedurfte. Bestenfalls wurde ein Stich koloriert. Oft waren die Darstellungen Teil einer Serie, die sich im ganzen einer sozial niedrigen Schicht annahm, der Straßenhändler mit ihren charakteristischen Ausrufen und der Fahrenden. Edmonde Bouchardons (1698–1762) Blatt mit der Drehorgelfrau gehört zu seiner Serie «Cris de Paris», Charles-Nicolas Cochins (1715–1790) «Charmante Catin» hatte ihren Ursprung in einer Reihe von Karikaturen, die dem Pariser Straßenleben gewidmet waren, Mattheus Deischs (1718–etwa 1789) Blatt mit dem Drehorgelspieler gehört zu seinen vierzig Blättern «Danziger Ausrufer». Christoffer Suhrs (1781–1842) Radierung ist eines von den 120 Blättern «Ausruf in Hamburg», die sämtlich koloriert sind, und ferner wären Honoré Daumier (1808–1879) und Paul Gavarni (1814–1866) zu nennen. Und selbst diejenigen Zeichner und Stecher, die sich nicht auf einen Zyklus festlegten, haben, wie jene auch, ein Herz für die am Rande der Gesellschaft Lebenden bewiesen und die Aufmerksamkeit ihrer Mitmenschen auf diese Schicht der Bevölkerung gelenkt.

Abb. Seite 45

Tafel 23

Tafel 87

78
M. de Sallieth (1749–1791):
Drehorgel und Tamburin,
Stich im Punktierverfahren

Es kommt ja nicht immer so bleiben!

vive le Roi!

Das Volk in Avignon zwang den Napolean 1814
als er im Monath Mai durch diese Stadt
transportirt wurde Vive le Roi!
zu rufen.

80
Drehorgel mit Tamburin,
Radierung aus einer Serie
«Le Bon Genre», nach
L. M. Lauté (geb. 1789)
gestochen von G. J. Gatine
(1773–nach 1824)
81
Drehorgler mit abgerich-
tetem Hund, Anfang des
19. Jahrhunderts, Frank-
reich, anonym

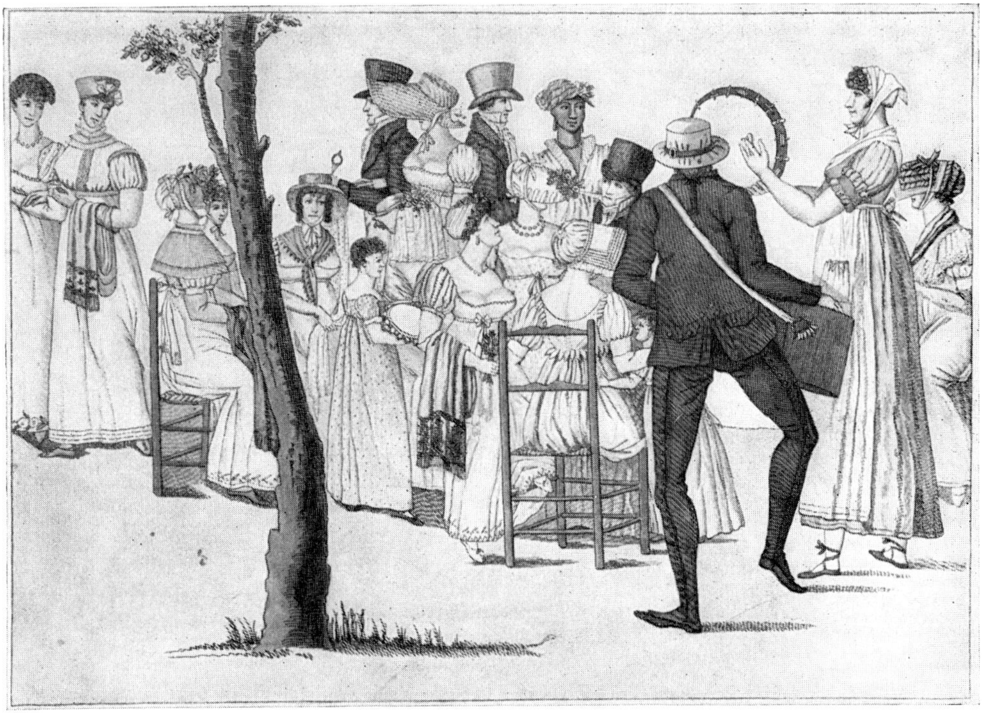

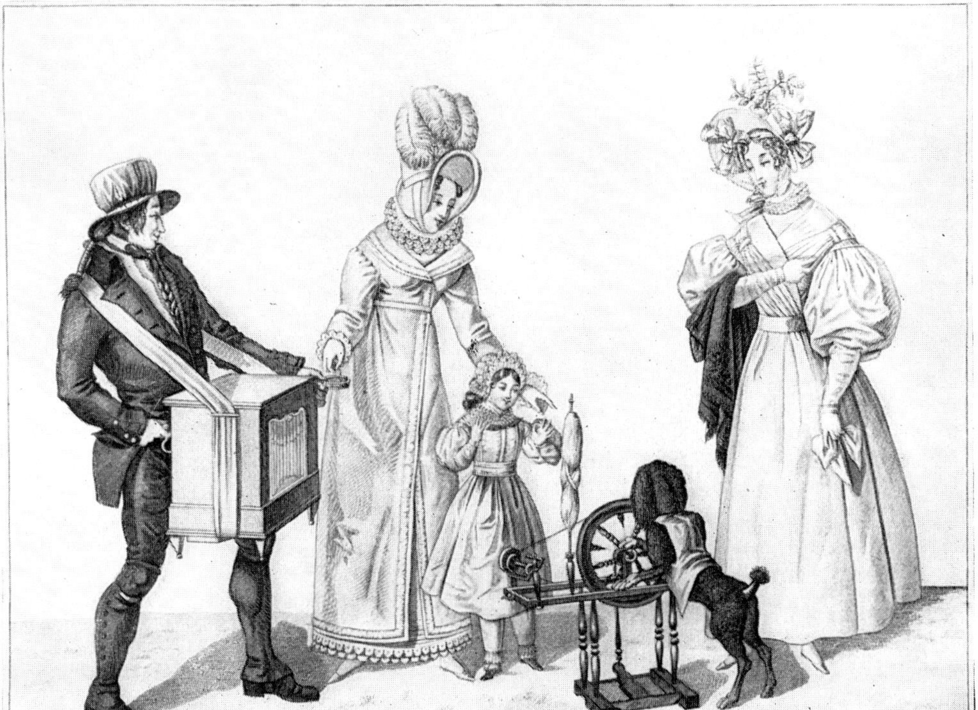

82
Jean-Victor Adam (1801–1867): Drehorgelspieler, Lithographie, um 1850

83

Iwan Schedrowski: Marktszene mit Drehorgelspieler, Lithographie, 1846

84
W. G. Perow (1834–1882): Drehorglerin

85
L. J. Solomatkin (1837–1883): Wandernde Musikanten

86
Drehorgelspieler, Lithographie von W. Timm nach einem Gemälde von
Alexei Filippowitsch Tschernitschew aus dem Jahre 1852

87
Honoré Daumier (1808–1879):
L'orgue de Barbarie, um 1860

Lith. Jnst. v. Levy Elkan, Bäumer & C° (vormals Arnz & C°) in Düsseldorf.

Dat klingt scheun! — dat Lied bidden laht mi′ noch mal hören — dreih mal wedder torück. (zurück)

88

Chr. Reimers: Leierkastenmann, 1849

89
Julian Fałat: Drehorgelspieler, 1882

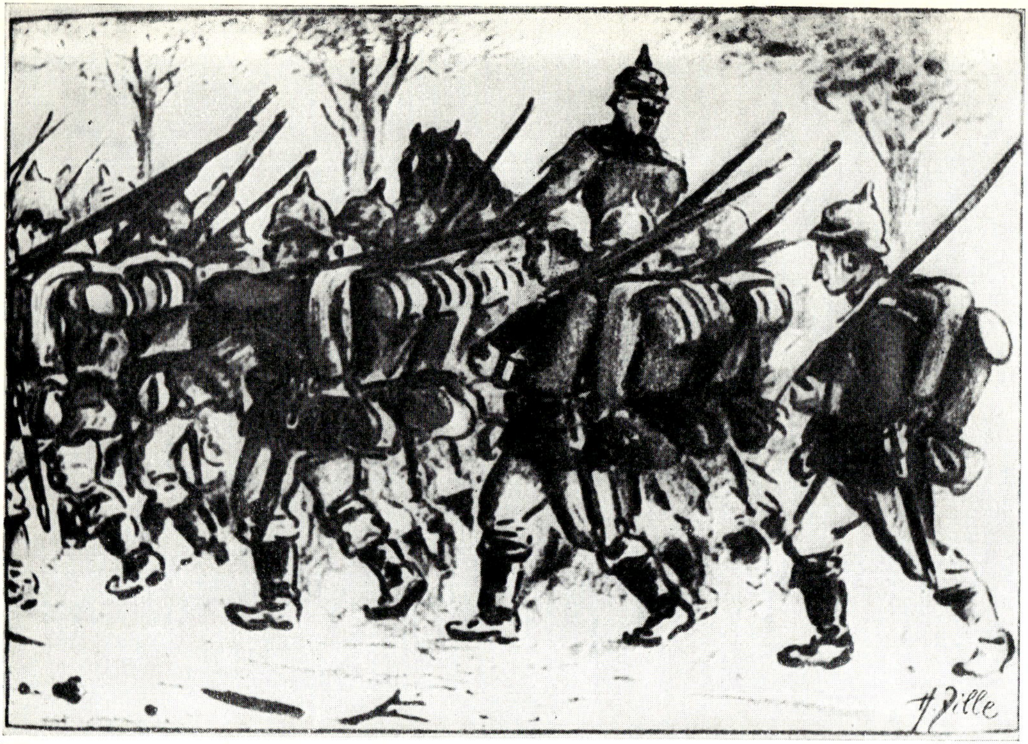
H. Zille

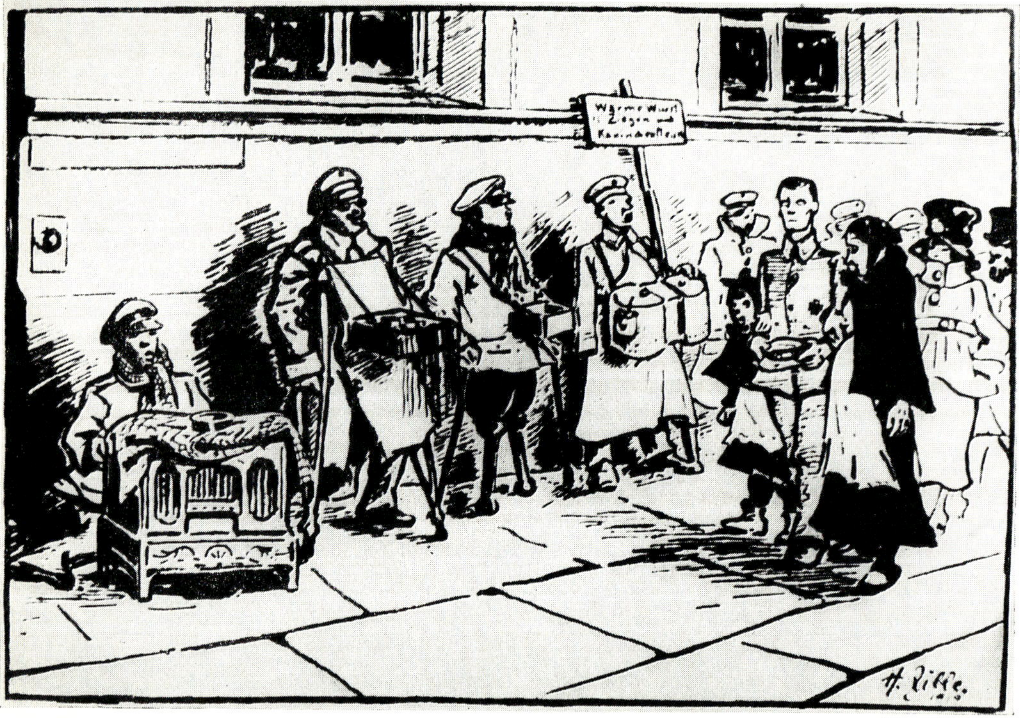
Warme Wurst
Ziegen
H. Zille

...und ich sage mit mein janzet Mitjeföh: "Maxe, Du bist ooch unser lieber Mann!" H. Zille.

Max Liebermann zum 20 Juli 1927. Die Deutsche Kunstgemeinschaft.

H. Zille.

90
Heinrich Zille (1858—1929):
«Müller VI, Sie tragen Ihren Affen wie 'nen Leierkasten; so weit sind Sie noch nicht!»
Weit war es nicht mehr. Dieses Blatt entstand 1912.

91
Heinrich Zille (1858—1929): «Herrlichen Zeiten führ' ich euch entgegen», 1913

92
Heinrich Zille
(1858—1929):
Gedenkblatt für
Max Liebermann,
Lithographie, 1927

„– – – und mit de Neese könn'se nischt?"

93
Das Ein-Mann-Orchester aus den 1950er Jahren

94
Hans Baluschek (1870–1935): Leiermann, 1920

95
Alfred Frank (1884–1945): Leierkastenmann, um 1925

Nicht immer ist mit dieser Auswahl aus vorhandenen Stoffen schon eine gesellschaftskritische Aussage verbunden, und nur im Falle Cochins wird sie deutlich durch unter das Blatt gesetzte Verse. Mitunter scheint sich die Aussage in ihrer Wirkung darin zu erschöpfen, daß sie das Mitleid des Betrachters mit den Dargestellten herausfordert, wie etwa bei Josef Navratils (1798 bis 1865) «Leierkastenmann mit Frau und Kind» oder Albert Hendschels (1834–1883) «Drehorgelspielpaar mit kostümiertem Äffchen». Theodor Hosemanns (1807–1875) Darstellung eines Drehorglers mit der Unterschrift «Du hast ja die schönsten Augen, mein Liebchen, was willst Du noch mehr» geht darüber doch schon hinaus, weil die Ironie dieser Zeilen deutlich wird. Gewiß sind im 19. und auch in unserem Jahrhundert viele Zeichnungen entstanden, die es auf die mitunter bohémienhafte Figur des Drehorglers abgesehen hatten und nichts als das Vergnügen des Beschauers wollten. Eine *Tafel 90, 91, 94* kritisch-realistische Haltung wird erst bei Heinrich Zille (1858–1929), Hans *Tafel 95* Baluschek (1870–1935), Alfred Frank (1884–1945), Walter Trier (1890 bis 1951) und einigen anderen deutlich. Hier verbindet sich nicht selten eine aktuell politische Aussage mit der Darstellung.

Nicht immer hat das Bemühen der Künstler Erfolg gehabt, ob nun eine direkte und aggressive Kritik an der Gesellschaft beabsichtigt war oder diese mehr aus einer allgemeinmenschlichen Haltung entsprang. In der Reichstagssitzung vom April 1869 waren die Dichter erwähnt worden, die sich der Fahrenden so gern annehmen, aber ihre poetische Stimme wog nichts in der rauhen Wirklichkeit. Der Maler und Zeichner hatte man gar nicht erst gedacht. Ihre Aussagen waren vielleicht auch weniger bekannt, und wenn man schon dieses oder jenes Blatt kannte, so wurde es möglicherweise als Idylle *Abb. Seite 226, 228* (wie zum Beispiel die Darstellungen Ludwig Richters, 1803–1884) oder gar als Karikatur aufgefaßt, wie etwa das Blatt des Jean-Victor Adam (1801 *Tafel 82* bis 1867) mit dem Drehorgler auf dem Pferdewagen. Und waren nicht auch die Zille-Bälle eine völlige Verkennung der Absichten Zilles? Natürlich kam die Karikatur ebenfalls vor, sowohl die des Drehorglers selbst als auch die des hoch im Kurs stehenden Komponisten und Politikers, denen die Drehorgel in die Hand gegeben wurde, um sie in die allzu menschliche Sphäre zurückzuholen.

In der bildenden Kunst ist eine Porzellanplastik von Johann Joachim Kändler (1706–1775) bemerkenswert. Sie gehört überraschenderweise ebenfalls *Farbtafel I* zu einer Serie «Pariser Ausrufer», die – und das ist noch überraschender – Kändler nach Vorlagen von Edmonde Bouchardon in der Zeit zwischen 1756 und 1763 geschaffen hat. Bouchardons realistisch dargestellte Orgelfrau, der die Kümmernisse ihres kärglichen Daseins nur zu deutlich in das Gesicht gegraben sind, war nicht nach dem Geschmack des am sächsischen

Ludwig Richter (1803–1884):
Drehorgelspieler unter einem Wegweiser,
um 1840

Königshofe wirkenden Kändler, wobei möglicherweise der Geschmack des
Hofes den Vorrang vor dem des Plastikers hatte. Hinzu kommt, was auch
nicht übersehen werden darf, daß das geschmeidige und glänzende Porzellan
schon vom Material her diesem Vorwurf nicht adäquat ist. Kändler übersetzte den Stich nicht nur in die Plastik, sondern auch ins Rokoko mit dem
Ergebnis, daß aus der abgehärmten Orglerin ein seinem Vergnügen leben-
der Leiermann wird.

So haben den Leiermann gelegentlich auch Dichter gesehen, wovon hier
eine Kostprobe gegeben werden soll. Das folgende Gedicht stammt aus der
Feder des Flamen Theodor van Rijswijk (1811–1849):

Der arme Leiermann

Brave Leute, hört mich singen,
bin ein armer Leiermann,
der kein ander Handwerk kann
und geboren ward zum Singen.
Wohl begriff ich es schon lang,
daß vom Glück ich ausgeschlossen,
doch das Schicksal hat's beschlossen,
daß mir werde der Gesang.

Seit der Kindheit frühsten Zeiten
saß ich froh und sorgenlos
mit der Leier in dem Schoß,
rührte kräftig alle Saiten;
wenn's der Schlechtigkeit gelang,
mit Erfolg mich zu verhöhnen,
stimmt' ich mit erhabnen Tönen
an den mächtigen Gesang.

Was mir immer dafür werde,
ander Ziel und andern Drang
als den vaterländ'schen Sang
hatt' ich niemals auf der Erde;
heucheln lehrte mich kein Zwang,
selbst kein Gold kann mich bewegen,
denn besitz' ich kein Vermögen,
ich besitze den Gesang.

Nie will ich das Schicksal fragen:
«Was verfolgst du mich so sehr?
Was bedrückst du mich so schwer?»
Das Gebotne kann ich tragen,
Stürme machen mir nicht bang,
Ketten können mich nicht binden,
Ruh' und Freiheit kann ich finden
in der Gabe vom Gesang.

Hab' ein Weib und hab' drei Kleine,
niedrig ist mein Haus und klein,
schmale Bissen müssen sein,
so für mich wie für die Meinen;
aber meiner Saiten Klang
gab' ich dennoch nimmer, nimmer,
nicht für Schätze, nicht für Schimmer,
denn mein Leben ist sein Sang.

Sollten einst, wo Frohe singen,
wenn ich, armer Leiermann,
selber nicht mehr singen kann,
meine Lieder noch erklingen,
dann soll bei der Becher Klang,
die von goldnem Weine blinken,
einmal auch auf ihn man trinken,
der so viele Lieder sang.

Ob der Leiermann — es ist hier der Drehleiermann gemeint wie auch in dem Gedicht Wilhelm Müllers, das Franz Schubert vertont hat — wirklich «seit der Kindheit frühsten Zeiten ... froh und sorgenlos mit der Leier in dem Schoß» gesessen hat? Niemand hätte ihn und sein Weib fragen sollen, ob ihnen mit einem Toast geholfen gewesen wäre. Anders steht es um das bekannte Gedicht «Musik der armen Leute» von Heinrich Seidel (1842–1906) aus dem Jahre 1896. In überzeugender Weise ist ihm die Einfühlung in den Bereich gelungen, für den die Drehorgel zwangsläufig zur musikalischen *Tafel 92* Offenbarung wurde. Was Heinrich Zille in seinen Blättern so oft in typischer Ausprägung wiedergegeben hatte, war von Seidel in Worte gefaßt, wenn auch vielleicht nicht mit der Prägnanz, die dem Zilleschen Stift eigen war. Selbst ein namhafter und seriöser Musikwissenschaftler von bedeutendem Rang bemerkte dazu: «Wie auch dem Leiermann noch ein großer Kulturwert für die Höfe der Großstädte zukommt, hat Heinrich Seidel in dem Gedicht von der ‹Musik der armen Leute› allerliebst bewiesen.» Daß er den Kulturwert betonte, wird nicht nur Seidel eingegangen sein, daß er das Ganze aber «allerliebst» fand, zeigt einmal mehr, wie Kritik «ankam».

Die Musik der armen Leute

Der Herr Musikprofessor spricht:
«Die Drehorgeln, die dulde man nicht!
Sie sind eine Plage und ein Skandal!»
Mein lieber Professor, nun hören Sie mal:

Ein enger Hof — kein Sonnenschein
Fällt dort das ganze Jahr hinein.
Da herrscht ein seltsam muffiger Duft,
Nach Armut riecht's und Kellerluft,
Da blüht keine Blume, da grünt kein Laub,
Die Kinder spielen in Müll und Staub.

Nun kommt ein Leiermann hervor
Und schleppt seinen Kasten durchs offene Tor.
Einen lustigen Walzer spielt er auf,
Da rennt es herbei in schnellem Lauf,
Da krabbeln aus ihren Höhlen heraus
Die Kinder in dem ganzen Haus,
Und über die blassen, ernsten Gesichter
Fliegt es dahin wie Sonnenlichter.
Sie tanzen und wiegen sich hin und her
Im Walzertakt — was will man mehr?
In der Kellertür steht ein schlumpiges Weib,
Ihr hängen die Kleider um den Leib,
Den Säugling hält sie in dem Arm,
In ein Wollentuch gewickelt warm.
Sie läßt ihn tanzen, und wie er sich regt
Und mit den mageren Ärmchen schlägt,
Ist über den vergrämten Wangen
Ein Strahl von Mutterfreude gegangen.
Das Mädchen für Alles im ersten Stock,
Es faßt mit den Fingerspitzen den Rock
Und trällert die Weise und reckt sich und lacht:
An den blauen Dragoner hat sie gedacht;
Des Sonntags nach vollbrachtem Werk
Im «Schwarzen Adler» zu Schöneberg —
Er war so unbeschreiblich flott
Und tanzte den Walzer wie ein Gott.
Der Leiermann hat die Blicke erhoben
Und wartet auf den Segen von oben.
Dann kommt — das hört ein jeder gern:
«Einst spiel ich mit Scepter, Krone und Stern.»
Der arme Schreiber in seiner Kammer
Vergißt eine Weile den täglichen Jammer.

228 Er läßt die kritzelnde Feder stehn

Und seinen Blick zu den Wolken gehn,
Die über die Dächer dahin gezogen.
So hoch sind einst seine Träume geflogen
Von Ruhm und Glück und Sonnenschein:
«O selig, o selig, ein Kind noch zu sein!»

Der Leiermann dreht seine Kurbel um,
Seine Blicke wandern rings herum.
Ein anderes Stück nun stellt er ein:
«Ich bitt' Euch lieben Vögelein!»
Die Nähterin läßt die Maschine stehn,
Und ihre Traumgedanken gehn
Zum letzten Roman, den sie gelesen.
Wie edel ist doch der Graf gewesen,
Daß er das arme Mädchen nahm,
Obgleich es doch fast zur Enterbung kam.
Dann seufzt sie. Ach, sie weiß wie es geht:
Die edlen Grafen sind dünn gesät!
Doch wenn auch kein Graf, wenn einer nur käme,
Den sie möchte, und der sie nähme.
Draußen schießen die Schwalben vorbei,
Sie blickt ihnen nach und summt dabei:
«Ich bitt' Euch lieben Vögelein,
Will keins von Euch mein Bote sein?»

Der Leiermann aber schaut sich stumm
Von einem Fenster zum andern um,
Zieht sein Register und spielt mit Schall:
«Es braust ein Ruf wie Donnerhall!»
In seiner Werkstatt der Schuster nun
Läßt eine Weile den Hammer ruhn.
Er war bei Wörth und bei Sedan
Und vor Paris und Orleans,
Und wie er denkt an jene Zeit,
Wird sein Soldatenherz ihm weit!
Er klopft mit kampfgewohnter Hand —
Mit Gott für König und Vaterland —
Gar mächtig auf das Leder ein:
«Lieb' Vaterland, magst ruhig sein!»

Der Leiermann aber blickt und späht,
Damit sein Lohn ihm nicht entgeht.

Und sieh, der Segen bleibt nicht fern,
Denn Armut gibt der Armut gern.
Bald hier, bald dort mit leisem Klapp,
In Papier gewickelt, fällt es herab.

Und ob auch der Herr Professor schreit —
Hier fühlt man nichts als Dankbarkeit,
Denn ein wenig Licht in's graue Heute
Bringt die Musik der armen Leute.

Die Zahl der Gedichte um den Drehorgelmann ist gering, dazu stammen
sie durchweg aus dem Ende des 19. und dem 20. Jahrhundert. Nach dem
zweiten Weltkrieg lebte der Leiermann kaum noch wirklich, aber ein paar
Gedichte wurden ihm gewidmet. Eine Welt war in Trümmer gesunken. Der
Blick richtete sich nur zu leicht rückwärts, um in romantischer Schau die hin-
weggefegten Dinge des Alltags zurückzurufen, sie mit dem lichten Glanz
wehmütiger Erinnerung wie mit einem Zuckerguß zu glasieren — und damit zu verniedlichen, ja zu verfälschen.

In Romanen, Novellen, Skizzen und ähnlichen literarischen Formen taucht
die Drehorgel gelegentlich auf, ohne mehr zu sein als ein Detail der Schilderung, die vom Ort der Handlung gegeben wird. So verfuhr Joseph von
Eichendorff in seiner Novelle «Aus dem Leben eines Taugenichts» (1826),
ausführlicher noch Karl Leberecht Immermann in seinem «Münchhausen»
(1838/39). Sein «Patriotenkaspar», Spitzname seines Drehorglers, sang die
Lieder selbst, und «neben seinem Singen schöner Lieder, gedruckt in diesem
Jahr, trieb er auch einen kleinen Handel mit Schriften wie ‹Des Herzogs von
Luxemburgs Verbündnis mit dem Satan› oder ‹Die schöne Karoline als Hu-
sarenoberst›, welche auf dem Leierkasten zur Anreizung der Wißbegierigen
ausgebreitet lagen, wenn er sang und spielte». Josef Winckler benutzt den
Drehorgelmann in dem Schelmenroman «Der tolle Bomberg» (etwa 1925)
als Assistenzfigur, die den Baron bislang noch nicht kennengelernt hatte und
daher leichtfertig genug war, die Einladung, in dessen Kutsche mitzufahren,
anzunehmen.

Auch in England war die Barrel Organ gelegentlich in den Werken großer
Schriftsteller wiederzufinden. Von Thomas Hardy, der in seinem Roman
«Under the greenwood tree» (1872) gegen die Barrel Organ heftig polemi-
sierte, war schon die Rede. Charles Dickens benutzte sie für eine literarische
Karikatur in seinem Roman «Dombey & Son» (1847/48), um seinen Mr.
Feeder zu charakterisieren. Natürlich war das für die Barrel Organ gewiß
nicht schmeichelhaft. Er schrieb:

«... he was a kind of human barrel organ, with a little list of tunes at which he was continually working over and over again, without any variation. (... er war eine Art menschlicher Barrel Organ, mit einer kleinen Liste von Stücken, die er unausgesetzt bearbeitete, ohne irgendwelche Variationen).»

Die Reihe solcher Werke könnte fortgesetzt werden, doch seien nur noch zwei genannt, die den Drehorgelmann zur Hauptfigur machen. In Alexander J. Kuprins (1870–1938) Novelle «Der weiße Pudel» wird der Leiermann Lodyshkin mit seinen kleinen Freuden und großen Leiden dargestellt. Es scheint, daß zum Teil wahre Begebenheiten die Grundlage für diese Erzählung waren. Lodyshkin bemerkt seufzend, daß zur Zeit zwar die «Geisha» von Sidney Jones (1896 uraufgeführt) und der «Vogelhändler» von Karl Zeller (1891 uraufgeführt) modern seien, daß er sich aber den Luxus des neuen Bestiftens der Walze nicht leisten könne. Er mußte bei seinen beiden Stücken, einem Lannerschen Walzer und einem Galopp aus der «Reise nach China» von François Bazin (1865 in Paris uraufgeführt) bleiben. Die Stifte für die anderen Stücke der Walze waren offenbar nicht mehr vollzählig vorhanden, und so blieb nur noch ein kleiner Rest des ursprünglichen Repertoires.

Das persönliche Erlebnis und die Freundschaft mit dem alten Gaetano, einem italienischen Drehorgelspieler in Paris mit dem ewig frierenden Äffchen, hat Axel Munthe veranlaßt, dem Drehorgelspieler im «Buch von San Michele» (deutsche Ausgabe 1931) und in der Erzählung «Für Leute, die Musik gern haben» (deutsche Ausgabe 1934) ein Denkmal zu setzen.

Auch auf der Bühne hat der Drehorgler mitunter einen Platz eingenommen. Das älteste Beispiel dieser Art ist eine englische Travestie von Septimus Globus, dessen Buchform mit Radierungen des Karikaturisten Cruikshank versehen war. Carl Maria von Webers «Freischütz» hatte nicht nur bei der Uraufführung im Jahre 1821 außerordentlichen Erfolg, der ihm bis auf den heutigen Tag treu geblieben ist. Das hatte aber zur Folge, daß diesem ungewöhnlichen Werk eine nicht unbedeutende Reaktion in Form von Parodien folgte. Eine davon war die von Septimus Globus, die schon 1824 erschien. Die erste Szene soll hier nach dem Originaldruck wiedergegeben werden:

An empty room

Enter on one side Agnes, with a bird-organ. Enter on the other side Rodolphe, with a hand-organ. They play at each other.

(Exeunt playing «A bird in the hand» etc.)

Die Übersetzung dieser Travestie, von der auch im «Artistischen Notizenblatt» von 1824 und im «Mitternachtsblatt für gebildete Stände» aus dem Jahre 1826 berichtet wurde, lautet:

Ein leerer Raum

Auf der einen Seite tritt Agnes auf, mit einer Vogelorgel. Auf der anderen Seite tritt Rudolf mit einer Handorgel (Straßenorgel) auf. Sie spielen sie gegeneinander.

(Sie treten ab, indem sie spielen «Ein Vogel in der Hand» usw.)

In Giacomo Puccinis einaktiger Oper «Der Mantel» (1918) wird die Drehorgel am Seineufer von einem Leiermann gespielt. Puccini scheint nicht die besten Erfahrungen mit diesen Instrumenten gemacht zu haben, denn die hohl klingende Begleitung zur Melodie in verminderten Oktaven kennzeichnet den verstimmten Leierkasten.

Zwei Leierkästen, diesmal aber rivalisierend, läßt Igor Strawinsky in seiner Ballettburleske «Petruschka» (1911) auftreten. In Boris Blachers Ballettgroteske «Chiarina» (1950) wird dem Leierkastenmann ein Auftritt auf der Kurpromenade mit dem Blumenmädchen eingeräumt. Kurt Weill schreibt in der «Dreigroschenoper» (1928) dem Orchester vor, die Moritat von Mackie Messer «in der Art eines Leierkastens» zu spielen, um den Bänkelsängerton heraufzubeschwören.

Abb. Seite 234, 235

Immer handelt es sich um Szenen, die Musik in der Musik — Darstellung von Musik auf der Bühne im Rahmen eines musikalischen Bühnenwerkes — vermitteln und nicht am Fortschreiten der Handlung beteiligt sind. Stimmungsbilder werden gegeben.

Nur in einem Falle scheint die Drehorgel über diesen bescheidenen Auftrag hinausgewachsen zu sein. Am 24. Dezember 1856 wurde im Théatre des Bouffes Parisiens die einaktige Operette «L'orgue de Barbarie» von Giulio Alary aufgeführt. Das Libretto hatte Léris geschrieben. Alary war 1814 in Mantua als Sohn französischer Eltern geboren worden, kam nach Ausbildung am Mailänder Konservatorium nach Paris und machte sich dort einen Namen als Komponist unterhaltender Musik, geriet aber sehr schnell in Vergessenheit.

Der Klavierauszug, der nur die Musiknummern enthielt, wurde, wie das Textbuch auch, gedruckt. Die Musik verrät in keiner Weise das Bemühen, mehr als eingängige Melodik mit konventioneller Begleitung zu bieten. Der Notwendigkeit, die Drehorgel durch entsprechende Orchestrierung in der Musik nachzuahmen, war Alary zum Glück enthoben, weil sie, unglücklicherweise, vom Librettisten als eine Art Kleiderschrank behandelt wird. In ihr verstecken sich nacheinander zwei Verliebte, deren Verehrung selbstverständlich nur einer Dame, der musikalischen Eleonore, gilt.

Der Leierkastenmann und seine Drehorgel haben keine Aussicht mehr, ihre

Stellung in der Literatur und Kunst zu verbessern. Ihre Zeit ist vorüber.

Spätere historische Romane werden ob der «Geringfügigkeit» ihrer nicht bedürfen. Immerhin hat einer der wenigen letzten, vielleicht der letzte Drehorgelmann in Berlin unwissentlich zwei Texter und einen Komponisten angeregt, ihn zu besingen. Der Text ist aufgenommen in das Postludium.

à son Ami

Mario

L'ORGUE de BARBARIE

OPÉRETTE en UN ACTE · PAROLES de M⁣ᵣ LERIS

Musique de

Giulio Alary

Prix net 7 Fr.

PARIS, chez FLAXLAND, Éditeur de Musique, 4 Place de la Madeleine
pour la France et l'Etranger
1857

Der Leierkasten
war immer aktuell.
Selbst bei der Uraufführung
der «Dreigroschenoper»
war er dabei.
Er begleitete Mackie Messer
bei dessen Song
«Und der Haifisch,
der hat Zähne».
Er befand sich übrigens
in bester Gesellschaft,
wie man sieht.
Neben ihm wirkten mit
unter anderen
Harald Paulsen, Erich Ponto,
Ernst Busch,
Theo Makeben, Erich Engel
und Caspar Neher.

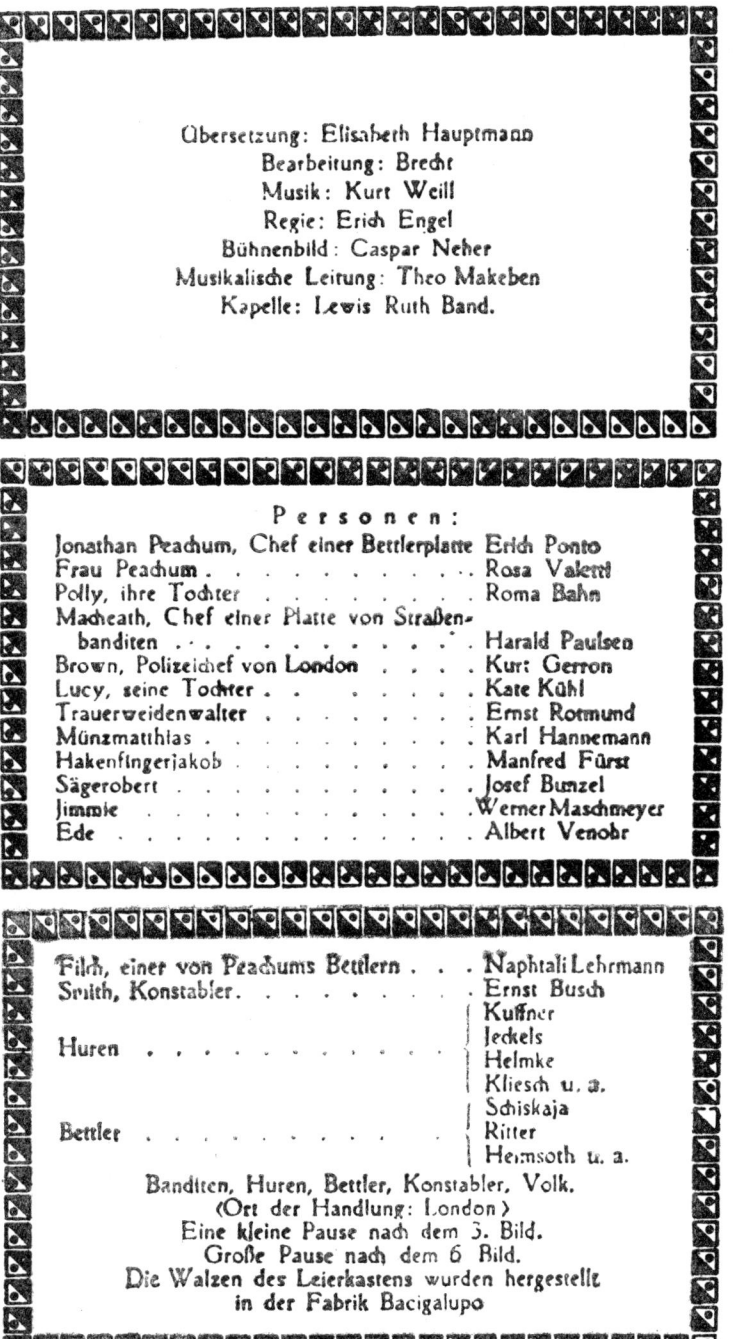

Übersetzung: Elisabeth Hauptmann
Bearbeitung: Brecht
Musik: Kurt Weill
Regie: Erich Engel
Bühnenbild: Caspar Neher
Musikalische Leitung: Theo Makeben
Kapelle: Lewis Ruth Band.

P e r s o n e n :

Jonathan Peachum, Chef einer Bettlerplatte	Erich Ponto
Frau Peachum	Rosa Valetti
Polly, ihre Tochter	Roma Bahn
Macheath, Chef einer Platte von Straßen- banditen	Harald Paulsen
Brown, Polizeichef von London . . .	Kurt Gerron
Lucy, seine Tochter	Kate Kühl
Trauerweidenwalter	Ernst Rotmund
Münzmatthias	Karl Hannemann
Hakenfingerjakob	Manfred Fürst
Sägerobert	Josef Bunzel
Jimmie	Werner Maschmeyer
Ede	Albert Venohr

Filch, einer von Peachums Bettlern . .	Naphtali Lehrmann
Smith, Konstabler.	Ernst Busch
Huren	Kuffner Jeckels Helmke Kliesch u. a.
Bettler	Schiskaja Ritter Heimsoth u. a.

Banditen, Huren, Bettler, Konstabler, Volk.
⟨Ort der Handlung: London⟩
Eine kleine Pause nach dem 3. Bild.
Große Pause nach dem 6. Bild.
Die Walzen des Leierkastens wurden hergestellt
in der Fabrik Bacigalupo

Nachruf auf den Leierkasten

Runde dreihundert Jahre hast Du, lieber Leierkasten, Deine Freunde und
die anderen mit Musik versorgt und dafür von jenen Liebe und von diesen
Haß geerntet. Dein Feld waren die Volksfeste und Jahrmärkte, die Straßen
und die Hinterhöfe. Freude hast Du jenen gebracht, so viel, daß Du manchmal für würdig befunden wurdest, zur Hochzeit aufzuspielen. Das aber war
wohl eine Ausnahme, daß Du beim Tode eines Menschen — ich meine nicht
seine Beerdigung — Dich hören ließest. Als der Orgel- und Drehorgelbauer
Meissner in Zörbig dem Knochenmann schon in die Augenhöhlen sehen
konnte, ließ er noch schnell eine seiner Drehorgeln in sein Sterbekämmer-
chen hereintragen und sich darauf einen Marsch so lange spielen — es war
aber nicht mehr lange —, bis er sich, wohl in strammer Haltung, auf den
Marsch ins Jenseits begab.

Deine nächsten Anverwandten hatten, wie es den Anschein hat, ein glück-
licheres Los, als es das Deine war. Doch bin ich mir darin gar nicht sicher.
Die kleine zierliche Vogelorgel, die Serinette, wurde von den schönen und
prächtig gekleideten Damen der französischen Aristokratie gespielt, und die
großen englischen Drehorgeln, die Barrel Organs, ließen in den Schlössern
der Lords und in den Dorfkirchen ihre Lieder, Tänze und Hymnen erklingen. Aber sie haben lange vor Dir das Zeitliche gesegnet.

Gegen sie warst Du so etwas wie ein Straßenmädchen. Du gingst ja auch
nach Geld. Oft genug warst Du aber auch die letzte Rettung vor dem Ver-
hungern für einen im Kriege angeschossenen Krüppel. Das Vaterland lieh
Dich ihm aus, damit Du ihm helfen könntest, sein Leben zu fristen, und dem
Staat die Rente erspartest.

Deine Stücke zählten immer zu den modernsten. Im 18. Jahrhundert waren
es die «Favoritstücke» (für die unserer Zeit haben wir uns einen anderen
Namen ausgedacht). Im 19. Jahrhundert nahmst Du Dich mit Vorliebe der
Oper an. Den «Jungfernkranz» aus dem «Freischütz» hast Du populär gemacht, und das heißt dem peuple — die Gebildeten sagten dem Pöbel — ins
Herz gepflanzt, jenen also, die sich den «Freischütz» im Theater gar nicht
ansehen und anhören konnten.

«Was machst Du mit dem Knie, lieber Hans» war einer Deiner letzten
«Schlager» (diesen Namen hatten wir nun gefunden). Du konntest nichts
dafür. Deine Stimme mußtest Du im zunehmenden Straßenlärm der Zeiten
immer lauter erheben, um Dich noch vernehmlich zu machen. Die zarten

Flötentöne reichten nicht mehr aus. Der Wandel tat Dir nicht gut – und genützt hat er auch nichts: Andere waren noch lauter, und sie boten noch viel mehr. Das war Dein Tod.

Ilse Theuer:
Melodie aus ferner Zeit,
1946

Dem letzten Deiner Sippe in Berlin — Stadt der Drehorgelmänner, die, hätte sie sich nicht schon für einen Bären als Symbol entschieden, zweifellos den Leierkasten gewählt haben würde — sind dieses Gedicht und diese Melodie gewidmet, die etwas für Dich und Deine schöne Zeit gewesen wären. (Mit dem Refrain fange ich an. Das war zu Deiner Zeit auch schon das Wichtigste):

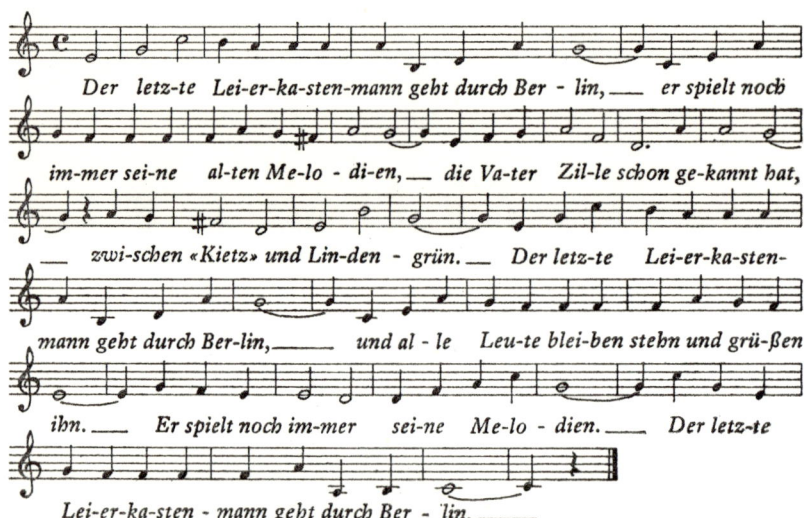

Der letz-te Lei-er-ka-sten-mann geht durch Ber - lin, ___ er spielt noch im-mer sei-ne al-ten Me-lo - di-en, ___ die Va-ter Zil-le schon ge-kannt hat, ___ zwi-schen «Kietz» und Lin-den - grün. ___ Der letz-te Lei-er-ka-sten-mann geht durch Ber-lin, ___ und al - le Leu-te blei-ben stehn und grü-ßen ihn. ___ Er spielt noch im-mer sei-ne Me-lo - dien. ___ Der letz-te Lei-er-ka-sten - mann geht durch Ber - 'lin. ___

Er war das Ein-Mann-Orchester
auf dem dritten Hinterhof.
Zwischen Neujahr und Silvester
spielte er auf manchem Schwoof.
Und man tanzte Schieberpolka
flott nach seinem Drehkonzert.
Zu den Herzen der Berliner
blieb ihm keine Tür versperrt.

Längst sind alte Gaslaternen
überstrahlt vom Neonlicht.
Auch den schwarzen Schornsteinfeger
kennen neue Häuser nicht.
Doch wenn unser Orgelspieler
durch die weiten Straßen zieht,
freu'n sich groß' und kleine Kinder,
haben Spaß an seinem Lied.

Tafel 93

Helmuth K. Reich und Dieter Schneider haben die Worte niedergeschrieben und Willibald Winkler die Musik dazu.*
Du siehst, viele Freunde bewahren Dir noch immer ein von Herzen kommendes Gedenken. So wie

Dein
Helmut Zeraschi

* erschienen im Verlag «Lied der Zeit», Berlin, Klavierausgabe als «Schlager des Monats» Nr. 270

Anhang

Anonym, *Museo di Strumenti Musicali Meccanici, Collezione Marino Marini*, Ravenna (o. J., etwa 1972)

Anonym, *Drehorgeln zum Gebrauch in Landkirchen*, in: «Beobachter an der Spree», XX. Jg., Berlin 1821

Anonym, *Die Welte-Philharmonie-Orgel der Sammlung Heinrich Weiss-Stauffacher in Seewen (Schweiz)*, Privatdruck 1970

ADLUNG, M. Jacob, *Anleitung zu der musikalischen Gelahrtheit*, Erfurt 1758

ADLUNG, M. Jacob, *Musica Mechanica Organoedi*, Berlin 1768

BEDOS DE CELLES, Dom François, *L'art du facteur d'orgues*, 4. Band, Paris 1778

BONANNI, Filippo, *Gabinetto armonico pieno d'Istromenti sonori*, Rom 1722, 2. Auflage 1776

BONANNI, Filippo, *Musaeum Kircherianum sive Musaeum AP. Athanasio Kirchero in Collegio Romano, Societas Jesu …*, Rom 1709

BORMANN, Karl, *Orgel- und Spieluhrenbau*, Zürich 1968

BORMANN, Karl, *Heimorgelbau*, Berlin 1972

BOSTON, Canon Noel, *The Barrel Organ*, in: «Hinrichsen's Eleventh Music Book», London 1961

BOSTON, Canon Noel, *Exhibition of the 18th and 19th Century Barrel Organs arranged by Lady Jeans …*, Introductory by Canon Noel Boston, London 1957

BOWERS, Q. David, *Put another Nickel in …*, New York 1966

BOWERS, Q. David, *Encyclopedia of Automatic Musical Instruments*, New York 1972

BUCHNER, Alexander, *České Automatofony*, Prag 1957

BUCHNER, Alexander, *Vom Glockenspiel zum Pianola*, Prag 1959

BUSCH, Gabriel Christ. Benj., *Handbuch der Erfindungen*, 1. Band, 4. Auflage, Eisenach 1802

CAUS, Salomon de, *Les raisons des forces mouvantes*, Frankfurt (M.) (o. J.),
in deutscher Sprache: *Von gewaltsamen Bewegungen …*, Frankfurt (M.) (o. J., Vorwort datiert 15. Februar 1615)

CHAPUIS, Alfred, *Histoire de la Boîte de Musique*, Lausanne 1955

CHAPUIS, Alfred, et Edouard GÉLIS, *Le Monde des Automats*, Paris 1908

CLARK, John E. T., *Musical Boxes — A History and an Appreciation*, 2. Auflage, London 1952

CLOSSON, Ernest, *La Facture des Instruments de Musique en Belgique*, Brüssel 1935

DEISCH, Mattheus, *Danziger Ausrufer*, Danzig um 1763

DEUTSCH, Otto Erich, *Burney, Handel and the Barrel Organ*, in: «The Musical Times», Juli 1949

ELVIN, Laurence, *Barrel Organs*, in: «The Organ», Nr. 149. Vol. XXXVIII

The Encyclopaedia Britannica, a Dictionary of Arts, Sciences, Literature and General Information, 11. Auflage, Cambridge 1910

Encyclopédie Méthodique — Arts et Métiers Mécaniques, 4. Band, Paris–Liège 1785

FLADE, Ernst, *Gottfried Silbermann*, Leipzig ²1953

FLUDD alias de Fluctibus, Roberto, *Utriusque Cosmi scilicet et Minores Metaphysica, Physica atque Technica Historia*, Oppenheim, 1. Band 1617, 2. Band 1619

GALPIN, Francis W., *Old English Instruments of Music*, London (1910)

GODMAN, Stanley (Herausgeber), *The Bird Fancyer's Delight*, London 1717, Neuausgabe London 1954

GODMAN, Stanley, *Shelland Church Barrel Organ*, in: «Musical Times», Juni 1959

GODMAN, Stanley, *Shelland Church and Barrel Organ*, in: «East Anglian Magazine», Juni 1959

GUÉDON, Joseph, *Nouveau manuel complet du facteur d'orgues …*, Paris 1903

HAMEL, Marie Pierre, *Nouveau manuel complet du facteur d'orgues …*, Paris 1849

«Het Pierement», Officieel Orgaan van de Kring van Draaiorgelvrienden, 's-Gravenhage

(HERVIEUX DE CHANTELOUP), *Neuer Tractat von denen Canarien-Vögeln …*, Leipzig 1712, ³1718

Histoire de l'Académie Royale des Sciences, Anné MDCCII, Paris 1743

HOOVER, Cynthia A., *Music Machines - American Style, A Catalogue of the Exhibition — National Museum of History and Technology*, Washington D. C., 1971

JACQUOT, Albert, *Dictionnaire pratique et raisonné des instruments de musique anciennes et modernes*, Paris 1866

KASTNER, Georges, *Les Voix de Paris*, Paris 1857

KIRCHER, Athanasius, *Musurgia universalis*, Rom 1650

KISTNER, Adolf, *Die Schwarzwälder Uhr*, in: «Heimatblätter Vom Bodensee zum Main», Karlsuhe 1927

LANGWILL, Lyndesay G., *Church and Chamber Barrel-Organs*, Edinburgh 1967, 2. Auflage 1970

MACE, Thomas, *Musick's Monument or a Remembrancer of the best Practical Musick, Both Divine and Civil ...*, London 1671

MATETZKI, J., *Über die Behandlung und Instandsetzung von pneumatischen Musikwerken*, Leipzig 1913

MERSENNE, Marin, *Harmonie Universelle, contenant la théorie et la practique de la musique*, Paris 1636

MOSER, Hans Joachim, *Der Leierkasten und die musikalische Kultur*, in: «Die Singgemeinde», 1. Jg., 1924

MUNTHE, Axel, *Das Buch von San Michele*, deutsche Ausgabe Leipzig 1931

MUNTHE, Axel, *Seltsame Freunde*, deutsche Ausgabe Leipzig 1934

MYRMIDON, *Sendschreiben von Fabriquen, insonderheit aber in Ansehung der Musicalischen Instrumente, und vornehmlich der Orgeln*, Leipzig 1755

PÈRE ENGRAMELLE, *La tonotechnie ou l'art de noter les cylindres*, Paris 1775

PROTZ, Albert, *Mechanische Musikinstrumente*, Kassel 1941

RAMBOSSON, J., *Les Harmonies du Son et l'Histoire des Instruments de Musique*, Paris 1878

SACHS, Curt, *Handbuch der Musikinstrumentenkunde*, Leipzig 1920, 2. Auflage 1930, Reprint 1966

SCHELLENBERG, Anton Otto, *Die Pasimusik oder das Hermans-Spiel ...*, Göttingen 1811

SCHIEFNER, A., *Scharmanka – Katrynka – Katrinchen*, in: «Archiv für Slaw. Philologie», 2. Bd., Berlin 1877

SCHIFFERLI, Peter (Herausgeber), *Kleiner Drehorgelgruß – Nachruf in Wort und Bild auf die verklungene Welt der Leierkästen, der Straßenmusikanten und der Drehorgelmänner* [Gedichte], Zürich 1968

SCHIFFERLI, Peter (Herausgeber), *Ferner Leierkastenklang – Drehorgelgeschichten*, Zürich 1969

SCHOTT, Caspar, *Technica curiosa sive mirabilia artis*, Nürnberg 1664

SIMON, Ernst, *Mechanische Musikinstrumente früherer Zeiten und ihre Musik*, Wiesbaden 1960

STRAETEN, Edmond van der, *La Musique aux Pays Bas*, Brüssel 1885

TRICHTER, Valentin, *Curiöses Reit-, Jagd-, Fecht-, Tantz- oder Ritter-Exercitien-Lexikon ...*, Leipzig 1742

UNGER, Joachim Friedrich, *Entwurf einer Maschine, wodurch alles, was auf dem Klavier gespielt wird, sich von selber in Noten setzt*, Braunschweig 1774

VALDRIGHI, Luigi Francesco, *Nomocheliurgographia antica e moderna ossia Elenco di Fabbricatori di Strumenti Armonici*, Modena 1884

WAARD, Romke de, *Van speeldoos tot pierement*, Haarlem 1960

WEBB, Graham, *The Cylinder Musical-Box Handbook*, London 1948

WECKERLIN, J. B., *Musiciana – Extraits d'ouvrage rares ou bizarres*, 3. Bd., Paris 1877

WILKE, Christ. Friedr. Gottlieb, *Über eine Empfehlung der Drehorgel zum Gebrauch in Landkirchen*, in: «Allgemeine Musikalische Zeitung», 24. Jg., Nr. 48, Leipzig 1822

WINKLER, Rudolf, *Die Dampforgeln des Mister Denny*, in: «Instrumentenbauzeitschrift», 10. Jg., 1955/56

WIT, Paul de, *Welt-Adreßbuch der gesamten Musikinstrumentenindustrie*, 1. Auflage 1883, weitere bis 1925/26

WULF, Joseph, *Musik im Dritten Reich*, Gütersloh 1963

Zeitschrift für Instrumentenbau: *Die Entwicklung der Drehorgelindustrie*, in Jg. XLVI, 1926

Zeitschrift für Instrumentenbau: *Der Drehorgelbau in Österreich*, in Jg. XLVII, 1927

ZERASCHI, Helmut, *Drehorgel, Serinette und Barrel Organ*, Dissertation Leipzig 1961

ZERASCHI, Helmut, *Zum Instrumentarium um 1900*, in: «Das Musikinstrument», Frankfurt (M.), XVI. Jg., Heft 2–4 = Februar bis April 1967

ZERASCHI, Helmut, *Das Buch von der Drehorgel – Geschichte und Herkunft*, Zürich 1971

Zeraschi, Helmut, *Die Drehorgel in der Kirche*, Zürich 1973

Zeraschi, Helmut, *Drehorgelstücklein aus dem 18. Jahrhundert*, Edition Peters Nr. 9162, Leipzig 1973

Zu den Fotos und Abbildungen

Zahlreichen Institutionen und Freunden, Liebhabern der Welt mechanischer Musikinstrumente und Verehrern der Drehorgel bin ich für ihre Liebenswürdigkeit dankbar, mir bei der Beschaffung von Bildern und Fotos, von denen einige alte leider nicht wiederholt werden können, hilfreich zur Hand gegangen zu sein. Ich möchte sie an dieser Stelle namentlich aufführen und ihnen auf diese Weise den Dank abstatten:

Herr Klavierbaumeister Ahlheit und seine Frau, Tochter des Drehorgelbauers Karl Stiller, Halle (Saale);

Herr Ernst Becker, letzter Bänkelsänger und als solcher in die Literatur eingegangen, Berlin (West) (-Moabit);

Herr Dozent Dr. Edmund Kotarski, Direktor der Bibliotheka Gdańska, Polskiej Akademii Nauk;

Bibliothèque Royale de Musique, Bruxelles;

Herr Dr. Alexander Buchner, Prag;

City of Manchester Art Galleries, Manchester;

Herr Direktor C. F. Colt von der Colt Clavier Collection in Bethersden, Kent, England;

Herr Werner R. Eisermann, Herausgeber der «Sammelblätter für Freunde mechanischer Musikinstrumente», Hamburg;

Herr Dr. Konrad Sasse, Direktor des Händel-Hauses, Halle (Saale);

Frau Liselotte Herrmann, Begründerin und Leiterin der Heimatstube Baumgartenbrück, Geltow bei Potsdam;

Herr Dr. Walter Nef, Historisches Museum Basel — Sammlung alter Musikinstrumente;

Herr Dozent Dr. Ludvik Kunz, Brno;

Kupferstichkabinett und Sammlung der Zeichnungen, Staatliche Museen zu Berlin;

Herr Lyndesay G. Langwill, O. B. E., Hon. M. A,, Hon. F. T. C. L., der mir in uneigennütziger Weise eine Anzahl von Klischees zu Fotos seines Buches «Church and Chamber Barrel-Organs», 2. Auflage 1970, zur Verfügung stellte, Edinburgh;

Märkisches Museum Berlin;

Herr Stanisław Michta, Kraków;

Herr Marino Marini und sein Museo di Strumenti Musicali Meccanici, Savio (Ravenna);

Herr J. Ricart Matas vom Museo Municipal de Musica, Barcelona;

Herr Prof. Dr. Ernst Emsheimer und Dr. Gunnar Larsson, Musikhistoriska Museet, Stockholm;

Museum der bildenden Künste, Leipzig;

Musikinstrumentenmuseum der Karl-Marx-Universität, Leipzig;

Herr Drs. J. J. Haspels und die Sekretärin Frau S. H. Swellengrebel vom National Museum van Speeldoos tot Pierement, Utrecht;

Mrs. und Mr. Page, denen ich die Aufnahmen von Shelland Church und der noch heute verwendeten Barrel Organ verdanke, Thetford (Norfolk);

Puschkin-Museum der bildenden Künste, Moskau;

Royal College of Music — Museum of Instruments, London, South Kensington;

Herr Peter Schifferli, Zürich;

Herr John T. Fesperman, Curator der division musical instruments in Smithonian Institution — The National Museum of History and Technology, Washington D. C.;

Frau Barbro Sörensen, Orgelbauerin mit offenem Herz auch für die Drehorgel; schloß ihr musikwissenschaftliches Studium im Jahre 1972 erfolgreich mit einer Arbeit ab, deren Titel (ins Deutsche übersetzt) lautet: Eine Drehorgel in Göteborgs Historischem Museum;

Herr Direktor Dr. Werner Becker in den Staatlichen Museen Greiz;

VEB Staatliche Porzellanmanufaktur Meißen;

Staatliche Ermitage, Leningrad;

Herr Dr. Dieter Krickeberg, Staatliches Institut für Musikforschung, Preußischer Kulturbesitz, Berlin (West);

Tretjakow-Galerie, Moskau;

Universitätsbibliothek Leipzig;
Herr Willy Vanselow, Waldkirch;
Victoria and Albert Museum, London;
Herr Direktor D. W. Cimino vom Wanganui Regional
Museum, Wanganui (New Zealand).
In zwei Fällen befinde ich mich in arger Verlegenheit.
Mit der Karikatur, die einen behelmten Leierkastenmann und eine kleine Göre vorstellt, wurde ich dadurch
bekannt, daß mir vor einigen Jahren ein Bekannter
einen Zeitungsausschnitt mit diesem reizenden Bildchen
schickte. Auf die Frage, in welcher Zeitung und wann
diese Karikatur erschienen sei, bin ich ohne Antwort geblieben. So muß ich einem Unbekannten — vielleicht
auch im Namen der Leser — meinen Dank sagen.
Der Leierkastenmann vor der «Wilhelm-Raabe-Diele»
ist von Ilse Theuer zu Papier gebracht worden. Sie aus-
findig zu machen ist mißlungen. Vielleicht gelingt es,
wenn ich ihr an dieser Stelle meinen Dank ausspreche.

Verzeichnis der Abbildungen auf den Textseiten

einer allgemeinen Gewerbesteuer vom 2. 11. 1810.
Archiv des Verfassers

202, 203 Nachdruck eines Briefes von Peter Cornelius an seine Braut vom 24. Juni 1865.
Archiv des Verfassers

206 «Müller-Anna oder: Das Verbrechen des Säufers», Liedblatt-Druck von Hermann Reiche in Schwiebus, 2. Hälfte des 19. Jahrhunderts.
Archiv des Verfassers

206 «Des Findlings Schicksale oder: Gott verläßt die Unschuld nicht», Liedblatt-Druck von Hermann Reiche in Schwiebus, 2. Hälfte des 19. Jahrhunderts.
Archiv des Verfassers

206 «Traurige Erlebnisse sieben armer verlassener Waisenkinder in Amerika», Liedblatt-Druck von Hermann Reiche in Schwiebus, 2. Hälfte des 19. Jahrhunderts.
Archiv des Verfassers

206 «Eine Hochzeit in dem Totengewölbe oder: Traurige Schicksale zweier Liebender, wo ein junges Mädchen 10 Jahre von der Härte ihres Stiefvaters in einem finsteren Turme eingesperrt wurde. Eine wahre, traurige Begebenheit der neuesten Zeit». Liedblatt-Druck von Marie Kahnert in Schurgast in Schlesien, 2. Hälfte des 19. Jahrhunderts.
Die «neueste Zeit» wurde nie genau angegeben, wie auch das Liedblatt ohne jedes Datum blieb, damit nicht nach einer gewissen Zeit ein altes Liedblatt angeboten werden mußte. Der Bänkelsänger und der Drehorgelmann konnten die Liedblätter von den darauf spezialisierten Verlagen beziehen und hatten für ein halbes Ries = 500 Stück 4,50 Mark und für ein ganzes Ries 8,10 Mark zu zahlen.
Archiv des Verfassers

226 Ludwig Richter (1803–1884): Drehorgelspieler unter einem Wegweiser, um 1840.
Nach: Musenklänge aus Deutschlands Leierkästen, 1849

228 Ludwig Richter (1803–1884): Altes Bänkelsängerpaar, um 1840.
Nach: Musenklänge aus Deutschlands Leierkästen, 1849

233 Titelseite der Operette «L'orgue de Barbarie» von Giulio Alary.
Archiv des Verfassers

234, 235 Der Leierkasten war immer aktuell. Selbst bei der Uraufführung der «Dreigroschenoper» war er dabei. Er begleitete Mackie Messer bei dessen Song «Und der Haifisch, der hat Zähne». Er befand sich übrigens in bester Gesellschaft, wie man sieht. Neben ihm wirkten mit unter anderen Harald Paulsen, Erich Ponto, Ernst Busch, Theo Makeben, Erich Engel und Caspar Neher.
Archiv des Verfassers

237 Ilse Theuer: Melodie aus ferner Zeit.
Aus: Berliner Miniaturen, Berlin 1946

238 Refrain «Der letzte Leierkastenmann geht durch Berlin»
Nach Zeichnung von Armin Wohlgemuth

Verzeichnis der Tafeln

genannt, sie wurden nach Quadratmeter bemalter Fläche bezahlt.

Foto: Herbert Strobel

Tafel 1 Chiesa Bianca – ausgestorbenes Dorf, das einst, wie viele seiner Art auch, Drehorgler und andere «Professionisten» in die Welt schickte.

Foto: Verfasser

2 Chiesa Bianca – verlassene Häuser, rechts das Portal zum kleinen Vorhof der Kirche.

Foto: Verfasser

3 Lazaro Zeraschi, geboren 1846 in Chiesa Bianca, gestorben 1891 und begraben in Görlitz.

Foto: Archiv des Verfassers

4 Drehorgel mit Becken, großer und kleiner Trommel in Berlin in den dreißiger Jahren. Yehudi Menuhin gibt seinen Obolus mit den Worten: «We musicians must stick together.» (Wir Musiker müssen zusammenhalten.)

Foto: Archiv des Verfassers

5 «Mausifalliratzki» bei Baumgartenbrück an der Havel vor dem ersten Weltkrieg. Die amtliche Bezeichnung hieß «Drahtwarenhändler».

Privatfoto aus der Heimatstube Baumgartenbrück

6 Edmond Texier: «Le joueur d'orgue» (Der Drehorgelspieler). Aus «Tableau de Paris», 1852.

Foto: Archiv des Verfassers

7 Elektrischer Flügel mit eingebauter «Pianola». Aus einer Anzeige im Jahre 1908.

Foto: Archiv des Verfassers

8, 9 Anzeigen aus dem Jahre 1899.

Fotos: Archiv des Verfassers

10 Illustration zu einer Werbeanzeige für «selbstspielende Pianos» der Firma Ludwig Hupfeld, Leipzig, im Jahre 1899.

Foto: Archiv des Verfassers

11 Zungendrehorgel der Firma Ehrlich in Leipzig. Sammlung Willy Vanselow, Waldkirch.

Foto: Willy Vanselow

12 Spieldose «Kalliope» mit Stahlkamm und Glöckchen. Sammlung Willy Vanselow, Waldkirch.

Foto: Willy Vanselow

13 Oberteil der Phonoliszt-Violina, eines Automaten, der das mechanische Violinspiel mit mechanischer Klavierbegleitung ermöglicht, gebaut von der Firma Hupfeld in Leipzig im Jahre 1914.

Foto: Nationalmuseum van Speeldoos tot Pierement, Utrecht

14 Wandbild mit aufziehbarer Uhr und Spielwerk. Links neben der Turmuhr der Schlitz für den Einwurf einer Münze, unten links neben den Brückenbögen der Aufziehschlüssel für das Spielwerk. Sammlung Willy Vanselow, Waldkirch.

Foto: Willy Vanselow

15 «Prof. Dr. Max Reger beim Aufnahmespiel für Künstlerrollen» bei der Firma Hupfeld in Leipzig.

Foto: Archiv des Musikinstrumentenmuseums der Karl-Marx-Universität Leipzig

16 Guiseppe Maria Crespi (Lo Spagnuolo) (1665–1747): Drehorgler mit Frau, zwischen 1700 und 1720.

Foto: Archiv des Verfassers

17 Kupferstich von Claude du Bosc nach Antoine Watteau (1684–1721): Musizierende Bettler, zwei von ihnen mit Drehleiern, Anfang des 18. Jahrhunderts.

Foto: Archiv des Verfassers

18 Johann Christoph Weigel: «Orgel Trägerin». Aus dem «Musicalischen Theatrum», um 1720.

Foto: Volkmar Herre

19 Jean-Michel Moreau (le jeune) (1741–1814): Laterna magica und Drehorgel, 1776.

Foto: Archiv des Verfassers

20 Laterna magica, anonymer französischer Kupferstich, Ende des 18. Jahrhunderts.

Nach: Max von Boehn, Puppenspiele, München 1929

21 Edmonde Bouchardon (1698–1762): «La charmante Catin», Radierung aus den «Cris de Paris», um 1745.

Nach: Max von Boehn, Puppenspiele, München 1929

22 Mattheus Deisch (1718–etwa 1789): Laterna magica. Aus «Danziger Ausrufer», 1763.

Foto: Biblioteka Gdańska Polskiej Akademii Nauk

23 Mattheus Deisch (1718–etwa 1789): Drehorgelspieler. Aus «Danziger Ausrufer», 1763.

Foto: Biblioteka Gdańska Polskiej Akademii Nauk

24 Selbst dieser Moritatensänger hat noch den Leierkasten mit beweglichen Figuren, erste Hälfte des 19. Jahrhunderts, anonym.

Foto: Archiv des Verfassers

25 Holzschnitt von G. Czacki nach einem Gemälde des polnischen Malers Antoni Kozakiewicz: Drehorgel-spieler, 1880.
Foto: Stanisław Michta, Kraków

26 Drehorgel, unsigniert, Anfang des 19. Jahrhunderts. Händel-Haus in Halle (Saale).
Foto: Walter Danz

27 Drehorgel für das Haus, wahrscheinlich schwedische Arbeit aus dem Ende des 18. Jahrhunderts. Musik-historiska Museet, Stockholm, Inv. Nr. 55 567.
Foto: Musikhistoriska Museet, Stockholm

28 Aufmarsch zum Orchestrion-Wettbewerb in Holland, 1973.
Foto zur Verfügung gestellt vom Nationaal Museum van Speeldoos tot Pierement, Utrecht

29 Die Jury bei der Bewertung der zum Wettbewerb vor-geführten Orchestrions in Holland, 1973.
Foto zur Verfügung gestellt vom Nationaal Museum van Speeldoos tot Pierement, Utrecht

30 Orchestrion von Gebr. Wellershaus, Mülheim-Saarn (Ruhr), 119×70×152 cm – 50 Tonstufen, um 1900. Nationaal Museum van Speeldoos tot Pierement, Ut-recht.
Foto: Nationaal Museum van Speeldoos tot Piere-ment, Utrecht

31, 32 Schießscheibe vom Jahre 1819 aus Olmütz (Olo-mouc).
Gesamtaufnahme (32) vermutlich Karnevalsszene; in den unteren Logen links und rechts Musikanten mit Jagdhorn, Hirtentrompete, Dudelsack, Trumscheit so-wie (links) Maultrommel, Tamburin, Glockenspiel oder Hackbrett (?) und Drehorgel, Holztafel 120× 120 cm.
Im Detail (31) vorn der Drehorgelspieler, dahinter vermutlich ein mit Hämmern anzuschlagendes Glok-kenspiel (Metallstabspiel), ein Tamburin und eine Maultrommel (auch Brummeisen genannt).
Fotos zur Verfügung gestellt von Dr. Ludvik Kunz, Brno

33, 34, 35 Drehorgel mit beweglichen Figuren, Schwarz-wald, um 1835, Rückansicht, Seitenansicht und Vorder-ansicht. Schweizerisches Museum für Volkskunde.
Fotos: Historisches Museum Basel

36 Drehorgel von Cocchi, Bacigalupo & Graffigna, Ber-lin, um 1895.
Foto: Märkisches Museum Berlin

37 Straßendrehorgel «Harmonipan» von Cocchi, Baciga-lupo & Graffigna, Berlin, nach 1891, Walzenorgel mit 33 Tonstufen. Nationaal Museum van Speeldoos tot Pierement, Utrecht.
Foto: Nationaal Museum van Speeldoos tot Piere-ment, Utrecht

38 William Hogarth (1697–1764): Die Kinder der Fami-lie Graham (Ausschnitt), 1742. Der Knabe spielt auf seiner Serinette dem gekäfigten Vogel ein Stücklein vor.
Foto: Tate-Gallery, London

39 Vogelkäfig mit singendem und sich bewegendem Kana-rienvogel, vermutlich von Bontems, Paris, Ende des 18. Jahrhunderts.
Foto: Historisches Museum Basel

40 «Der glückliche Zeisig», Stich von R. Gaillard (1719 bis 1790) nach einem Gemälde von Johann Eleazar Schenau (auch Schönau), von dem die Bibliothèque Na-tionale zu Paris auch ein Blatt besitzt, das die Laterna magica und die Drehorgel zeigt und das zwischen 1756 und 1770, als Schenau in Paris lebte, entstanden sein muß.
Foto: Haags Gemeentemuseum, 's-Gravenhage

41 Serinette, geöffnet.
Foto: Victoria and Albert Museum, London

42, 43 Serinette in Buchform, Frankreich, Ende des 18. Jahrhunderts, geöffnet und geschlossen.
Fotos: Staatliches Institut für Musikforschung Preußi-scher Kulturbesitz, Berlin (West), Musikinstrumenten-Museum

44 Repertoirezettel in der Serinette «Fait à Basle 1768».
Foto: Historisches Museum Basel

45 Serinette, Basel 1768, 25×19×15 cm.
Foto: Historisches Museum Basel

46 Serinette-Perroquette, Blick in das Innere: linke Pfei-fenreihe gedackt (geschlossen), daneben die beiden offenen Register; unten links zwei Registerzüge. Na-tionaal Museum van Speeldoos tot Pierement, Utrecht.
Foto: Nationaal Museum van Speeldoos tot Piere-ment, Utrecht

246

47 Church Barrel Organ von Bryceson Bros., London, etwa 1810, in Shelland, Suffolk.
Foto: Mr. Page, Thetford

48 Die Kirche King Charles the Martyr in Shelland, Suffolk. Diese Kirche hatte der Rev. Dr. F. W. Bussel aus Oxford 1896 gekauft. Er «sammelte» solche Kirchen, wie andere das mit Briefmarken machen. Shelland Church war seine erste Dorfkirche, aber er brachte es im Laufe der Zeit bis auf dreißig.
Foto: Mr. Page, Thetford

49 Chamber Barrel Organ von Holland in Sutton-on-Trent, Nottinghamshire, um 1795. Colt Clavier Collection in Bethersden, Kent.
Foto: Studio Photocraft Ltd., Ashford, Kent

50 Chamber Barrel Organ von Broderip & Wilkinson, London, zwischen 1798 und 1811. The Royal College of Music – Museum of Instruments, London–South Kensington.
Foto: The Royal College of Music – Museum of Instruments, London–South Kensington

51, 52 Eine Stiftwalze zur Church Barrel Organ von A. Buckingham (Tafel 53) mit dem Firmenschild.
Foto: Wanganui Regional Museum, New Zealand

53 Church Barrel Organ von A. Buckingham, unten vier Registerzüge, darüber die Walze und die Reihe der Claves, rechts die Handkurbel.
Foto: Wanganui Regional Museum, New Zealand

54 Street Barrel Organ (Straßendrehorgel) von George Hicks in Brooklyn (New York), um 1860.
Foto: Smithsonian Institution – The National Museum of History and Technology, Washington, D. C., USA

55, 56, 57 Dumb Organist von Bevington & Sons, London, etwa 1845; oben: Blick auf die Stiftwalze, Mitte: Rückseite mit den Abstrakten, die auf die Tasten des Manuals einwirken, unten: in geschlossenem Zustand.
Mit freundlicher Erlaubnis von Mr. Lyndesay G. Langwill, C. A., Edinburgh

58 Zwei Straßenklaviere in der Umgebung von Rimini. Sie gehören zum Bestand des Museo di Strumenti Musicali Meccanici in Savio (Ravenna).
Foto: Museo di Strumenti Musicali Meccanici in Savio (Ravenna)

59 Das «Steinrad» mit sechs Takten des Madrigals «Che fera fed al cielo» von Alessandro Striggio (um 1535 bis zwischen 1589 und 1595).
Nach: Salomon de Caus, Von gewaltsamen Bewegungen ..., deutsche Ausgabe Frankfurt (Main) 1615.
Foto: Volkmar Herre

60 «Eine Machina, mit welcher ein Orgel durch Wasser getrieben».
Aus: Salomon de Caus, Von gewaltsamen Bewegungen ..., deutsche Ausgabe Frankfurt (Main) 1615

61 Darstellung einer Stiftwalze, die nicht nur Orgelpfeifen zum Klingen bringt, sondern auch Figuren in Bewegung setzt.
Nach: Athanasius Kircher, Musurgia universalis, Rom 1650

62 Serinette, Vorder- und Rückansicht.
Nach: Dom François Bedos de Celles, L'art du facteur d'orgues, 4. Band, Paris 1778

63 Serinette, zwei Seitenansichten und Schraube ohne Ende.
Nach: Dom François Bedos de Celles, L'art du facteur d'orgues, 4. Band, Paris 1778

64 Serinette mit Cadran.
Nach: Dom François Bedos de Celles, L'art du facteur d'orgues, 4. Band, Paris 1778

65 Drehorgelspieler, anonyme Pinselzeichnung in Brauntönen, um 1770.
Foto: Staatliches Institut für Musikforschung Preußischer Kulturbesitz, Berlin (West), Musikinstrumenten-Museum

66 Jean-Victor Adam (1801–1867): Drehorgelspieler, um 1850.
Foto: Staatliche Museen zu Berlin, Kupferstichkabinett und Sammlung der Zeichnungen

67 Grandville, eigentlich Jean-Ignace Gérard (1803 bis 1847): Straßenmusikanten besonderer Art mit Serinette und Drehorgel.
Aus dem Zyklus «Scènes de la vie des animaux», 1842.
Foto zur Verfügung gestellt von Peter-Georg Schuhknecht, Hannover

68 Theodor Hosemann: Überfahrt von Stralau nach Treptow um 1830. Der Leierkasten sorgt für die Musik «an Bord».
Foto: Märkisches Museum Berlin

69 Arnold Neumann: Der Stralauer Fischzug im Jahre 1860 (Ausschnitt), der schon lange zu einem Volksfest geworden war und kaum noch etwas mit dem Fischzug zu tun hatte.
Foto: Märkisches Museum Berlin

70 Der Leierkasten und die Kinder harmonisierten immer, wie aus Theodor Hosemanns «Aus dem Alphabet für Kinder» (1862) zu ersehen ist.
Foto: Märkisches Museum Berlin

71 Hugo Kauffmann (1844–1915): Der Leierkastenmann.
Foto: Staatliche Museen zu Berlin, Kupferstichkabinett und Sammlung der Zeichnungen

72 Henryk Pillati: Der ausländische Künstler, 1867.
Foto: Stanisław Michta, Kraków

73 Flugblatt aus Frankfurt, Satire auf den Kaiser von Österreich (möglicherweise stellt der Moritatensänger Robert Blum und der Leierkastenmann von Gagern dar), vermutlich 1849.
Foto: Staatliche Museen Greiz

74 «Rinaldo Rinaldini», eines der Blätter aus dem Angebot des Leierkastenmannes.
Foto: Märkisches Museum Berlin

75 Titelseite zu Moritz Kässmeyers «höchst schauderöser Ballade», die freilich nicht Gemeingut, schon gar nicht der Drehorgler, wurde, sondern dem witzigen und parodierenden Geist eines zu seiner Zeit nicht unbedeutenden Komponisten entsprang. 1886.
Foto: Archiv des Verfassers

76 Die zu ihrer Zeit in Deutschland bekannte und beliebte Bänkelsängerfamilie Rosemann aus Liegnitz bei der Darbietung ihrer Moritaten – mit Drehorgelbegleitung – am Nicolaiturm in Görlitz, um 1900.
Foto: Archiv Ernst Becker, Berlin

77 Schilder, so wurden die Tafeln mit den gruseligen Bildergeschichten genannt, eines Moritatensängers auf dem Freimarkt in Bremen 1913.
Foto: Archiv Ernst Becker, Berlin

78 M. de Sallieth (1749–1791): Drehorgel und Tamburin, Stich im Punktierverfahren.
Foto: Haags Gemeentemuseum, 's-Gravenhage

79 Anonyme Karikatur auf Napoleon nach 1814.
Foto: Staatliche Museen Greiz

248 80 Drehorgel und Tamburin, Radierung aus einer Serie «Le Bon Genre», nach L. M. Lauté (geb. 1789) gestochen von G. J. Gatine (1773–nach 1824).
Foto: Haags Gemeentemuseum, 's-Gravenhage

81 Drehorgler mit abgerichtetem Hund, Anfang des 19. Jahrhunderts, Frankreich, anonym.
Foto: Haags Gemeentemuseum, 's-Gravenhage

82 Jean-Victor Adam (1801–1867): Drehorgelspieler, Lithographie, um 1850.
Foto: Staatliche Museen zu Berlin, Kupferstichkabinett und Sammlung der Zeichnungen

83 Iwan Schedrowski: Marktszene mit Drehorgelspieler, Lithographie aus dem Album «Episoden aus dem russischen Volksleben», 1846.
Foto: Puschkin-Museum der Bildenden Künste, Moskau

84 W. G. Perow (1834–1882): Drehorglerin.
Foto: Tretjakow-Galerie, Moskau

85 L. J. Solomatkin (1837–1883): Wandernde Musikanten.
Foto: Tretjakow-Galerie, Moskau

86 Drehorgelspieler, Lithographie von W. Timm nach einem Gemälde von Alexei Filippowitsch Tschernitschew aus dem Jahre 1852, Tretjakow-Galerie. Friedrich Moritz Wendler (1814–1872) hat nach dem Gemälde von Tschernitschew eine Sepiazeichnung geschaffen.
Foto: Staatliche Ermitage Leningrad

87 Honoré Daumier (1808–1879): L'orgue de Barbarie, um 1860. Musée des Beaux-Arts Paris.
Foto: Archiv des Verfassers

88 Chr. Reimers: Leierkastenmann.
Aus den Düsseldorfer Monatsheften, XII. Band, Nr. 39, 1849.
Foto: Staatliche Museen Greiz

89 Julian Fałat: Drehorgelspieler, 1882.
Foto: Stanisław Michta, Kraków

90 Heinrich Zille (1858–1929): «Müller VI, Sie tragen Ihren Affen wie 'nen Leierkasten; so weit sind Sie noch nicht!» Weit war es nicht mehr. Dieses Blatt entstand 1912.
Foto: Archiv des Verfassers

91 Heinrich Zille (1858–1929): «Herrlichen Zeiten führ' ich euch entgegen», 1913.
Foto: Archiv des Verfassers

Register